그들은
아우구스티누스에 대해
무엇을 말하는가

Original title: What Are They Saying About Augustine
Copyright © 2014 Joseph T. Kelly
Published by Paulist Press
997 Macarthur Blvd, Mahwah, New Jersey

# 그들은 아우구스티누스에 대해 무엇을 말하는가

2021년 7월 1일 교회 인가
2024년 1월 19일 초판 1쇄 펴냄

지은이 · 조셉 켈리
옮긴이 · 안기민
펴낸이 · 정순택
펴낸곳 · 가톨릭출판사
편집 겸 인쇄인 · 김대영
편집 · 정주화
디자인 · 정호진
마케팅 · 안효진

본사 · 서울특별시 중구 중림로 27
등록 · 1958. 1. 16. 제2-314호
전자우편 · edit@catholicbook.kr
전화 · 1544-1886(대표 번호)
지로번호 · 3000997

ISBN 978-89-321-1884-0  03230

값 30,000원

이 책의 한국어 출판권은 (재)천주교서울대교구 가톨릭출판사에 있습니다.
저작권법에 의해 한국 내에서 보호를 받는 저작물이므로 무단 전재와 무단 복제를 금합니다.

가톨릭의 모든 도서와 성물을 '**가톨릭출판사 인터넷쇼핑몰**'에서 만나 보실 수 있습니다.
http://www.catholicbook.kr | (02)6365-1888(구입 문의)

# 그들은
# 아우구스티누스에 대해
# 무엇을 말하는가

What Are They Saying
About Augustine

조셉 켈리 지음
안기민 옮김

가톨릭출판사

## 목 차

아우구스티누스 연보      8
들어가는 말      11

### 제1장 생애: 아우구스티누스와의 만남

어린 시절      20
마니교      23
로마, 밀라노, 개종      27
도나투스파      32
펠라지오파      36
아리우스파      38
논쟁을 넘어서      41

### 제2장 전기 저서: 주요 저서

고백록      49
신국론      57
삼위일체론      69
그리스도교 교양      74
시편 주해      78
카시치아쿰의 대화편      81

## 제3장 후기 저서: 신학 논쟁, 강론과 편지, 개정본

    신학 논쟁                                                         90

    강론집과 서간집                                      118

    개정본                                                        126

## 제4장 전기 유산: 중세 시대와 르네상스 시대

    중세 초기(500~1100)                            133

    중세 전성기(1100~1400)                     143

    르네상스 시대(1350~1550)                 155

## 제5장 후기 유산: 종교 개혁에서 오늘날까지

    종교 개혁                                             163

    트리엔트 공의회                                    167

    17세기에서 21세기                              170

## 제6장 최근 연구 방향

| | |
|---|---|
| 아우구스티누스 연구 방법론 | 192 |
| 그리스도의 역할 | 204 |
| 아우구스티누스의 성경 해석학 | 211 |
| 하느님 사랑과 이웃 사랑 | 218 |
| 은총 | 222 |
| 여성, 성생활, 결혼, 순결 | 225 |

## 제7장 아우구스티누스와의 재만남: 아우구스티누스에 대한 새로운 연구

| | |
|---|---|
| 아우구스티누스 생애에 대한 새로운 연구 | 233 |
| 학술지와 연구소 | 260 |
| 명문집, 논문 편집 모음집, 입문서 | 263 |

| | |
|---|---|
| 나가는 말 | 275 |
| 주석 | 279 |
| 참고 문헌 | 328 |

전 세계의 성 아우구스티누스 수도회 가족들에게

고백하건데, 저는 특히 세상의 추문으로 지쳤을 때, 자비하신 분께 제 모든 것을 편하게 둡니다. 그리고 그 안에서 저는 어떤 걱정도 없이 쉼을 얻습니다. 왜냐하면 하느님께서 거기 계시고, 그분 안에 저를 안전하게 두었으며, 그 안에서 안전하게 쉬고 있음을 느끼기 때문입니다.

— 《편지LETTERS》 73장 10절

# 아우구스티누스 연보

| | |
|---|---|
| 354 | 오늘날 알제리의 수크 아라스Souk-Ahras라고 불리는 타가스테Thagaste에서 11월 3일에 태어남. |
| 366~369 | 오늘날 알제리의 마다우로스Mdaourouch라고 불리는 마다우라Madauros에서 문법을 공부함. |
| 369~370 | 타가스테에 돌아와 1년간 무의미한 시간을 보냄. |
| 370~373 | 오늘날 튀니지의 수도 튀니스 근처 카르타고Carthage에서 수사학을 공부함. 아들 아데오다투스Adeodatus가 태어남. 키케로의 《호르텐시우스Hortensius》를 읽음. 마니교에 입교함. |
| 373~374 | 타가스테에 돌아와서 가르침. |
| 374~383 | 카르타고에서 가르침. 마니교의 파우스토Faustus를 만남. |
| 383~384 | 로마에서 가르침. 병에 걸림. 밀라노에서 수사학 교사가 됨. |
| 384~386 | 밀라노의 궁정에서 황제의 수사학자로 일함. 어머니 모니카가 아우구스티누스와 그의 가족과 함께 지냄. 암브로시오 성인을 만남. 플라톤 학파의 책을 읽음. 그리스도교 수도원 생활에 관해 들음. |

| | |
|---|---|
| 386 | 밀라노에 있는 정원에서 회심함. |
| 386~387 | 오늘날 이탈리아의 카사고 브리안자Cassago Brianza인 카시치아쿰cassicia-cum에서 세례받기 전 피정함. |
| 387 | 4월 26~27일 부활절에 아들 아데오다투스와 친구 알리피우스와 함께 암브로시오 성인에게 세례받음.<br>8월에 어머니 모니카가 오스티아에서 죽음. |
| 387~388 | 로마에 두 번째 머무름. |
| 388~390 | 타가스테에 돌아와 수도원 설립. |
| 391 | 오늘날 알제리의 안나바Annaba인 히포Hippo에 가서 수도원을 설립.<br>아들 아데오다투스가 죽음.<br>히포의 발레리오 주교에게 사제품을 받음. |
| 391~395 | 히포에서 사제 직무 수행. |
| 395 | 부주교로 서품.<br>발레리오 주교의 후임이 됨. |
| 396 | 바오로 사도의 저서를 다시 읽고 은총 신학을 발달시킴. |
| 397~400 | 《고백록》을 저술. |
| 403 | 카르타고 공의회 열림. |
| 410 | 서고트족의 왕 알라리크가 로마를 약탈함. |
| 411 | 카르타고에서 도나투스파와 가톨릭 교회 회의가 열림. |
| 416 | 카르타고와 밀레비스Milevis 공의회에서 펠라지오Pelagius와 첼레스티우스Caelestius의 가르침을 반박함. |
| 418 | 펠라지오 추종자였던 에클라눔의 율리아누스와 불화가 시작됨. |
| 427 | 사제 에라클리오Eraclius를 후계자로 임명함. |
| 430 | 3개월간의 반달족의 포위 공격 중 8월 28일에 히포에서 죽음. |

※ 세르주 란셀Serge Lancel의 《성 아우구스티누스St. Augustine》[1]의 "주요 연대기적 주안점Principal Chronological Highlights"에서 재구성.

## 들어가는 말

"그들은 아우구스티누스에 대해 무엇을 말하는가?" 이 책의 제목이기도 한 이 질문에 우리는 다음과 같은 몇 가지 질문을 더하게 된다. 그리스도교로 개종하여 북아프리카 히포의 주교가 되었으며 전 시대에 걸쳐 그리스도인에게 가장 영향력이 있는 사람으로 알려진 아우렐리오 아우구스티누스(354~430)에 대해 무언가를 말하려는 '그들'은 도대체 누구인가? 오늘날 아우구스티누스에 대해 글을 쓰는 이는 누구인가? 우선 신학자, 철학자, 역사학자들을 떠올릴 수 있을 것이다. 하지만 그뿐만 아니라 고전 연구, 문헌학, 언어학, 정치학, 다른 학문 분야에서 연구한 학자들도 있다.

또한 그리스도교 성직자들도 포함되어 있다. 베네딕토 16세 교황인 요제프 라칭거와 캔터베리의 대주교였던 로완 윌리엄스는 아우구스티누스에 대해 광범위한 저술을 남겼다.[2] 가톨릭

교회의 여러 수도회 학자들도 북아프리카 출신인 5세기의 주교 아우구스티누스에게 관심을 갖는다.[3]

마르틴 하이데거, 한나 아렌트와 같은 20세기 철학자들도 아우구스티누스 사상에 큰 영향을 받았다.[4] 대륙의 포스트모더니스트인 자크 데리다조차 변치 않는 아우구스티누스 철학 유산에 관심을 두었다.[5] 20세기 후반에 들어오면서 여기에 다양한 영역에서 활동하는 학자적 관심을 가진 이들, 철학과 종교를 선호하는 이들도 관심을 두고 있다. 아우구스티누스를 연구하는 이러한 이들의 명단은 계속 늘어나고 있는 중이다.[6]

명단이라는 말은 너무 무미건조한 표현이다. 아우구스티누스라면 세상을 떠난 지 1,600년이 지난 후에도 자신을 연구하는 수천 명의 학자를 지칭할 때 공동체라는 말을 선호했을 것이다. 아우구스티누스에 대한 전기를 처음으로 쓴 포시디오 성인은 아우구스티누스가 주교좌 수도원에서 손님과 더불어 저녁 식사를 하면서 대화하길 좋아했다고 기록했다.[7]

오늘날 아우구스티누스 학파는 히포의 주교 아우구스티누스가 살아생전에 시작한 토론과 논쟁을 계속하고 있다. 5세기 항구 도시 히포 레기우스Hippo Regius에 위치한 소박한 수도원 식탁에서 시작된 이 토론은 중세 때 유럽의 유명한 대학교 강의실에서 학문적으로 다루어졌다. 이 논쟁은 종교 개혁이 일어나면서 격렬해졌고, 현대의 학술회의와 교회 피정에서도 계속되고 있다. 아우구스티누스는 신앙인과 회의론자라는 범주를 처음으로 규정했다. 또한 그는 신앙과 철학, 영혼과 사회, 인간 의지와 하느님 은총, 사랑과 구원, 전쟁과 평화에 관한 질문을 계속 던졌다. 그 결과 6세기에 아우구스티누스보다 그리스도인의 삶과 사상에 많은 영향을 준 신학자는 없었다. 아우구스티누스와 동시대 인물인 성경 학자 예로니모 성인은 아우구스티누스를 '신앙의 두 번째 설립자'(《편지*Letter*》 195)[8]라고 불렀다. 아마 그는 이 엄청난 영향력을 예견한 것 같다.

"그들은 아우구스티누스에 대해 무엇이라 말하는가?" 이에 대한 대답을 얻으려면 교회 일치의 측면에서 여러 학문 분야에 걸친 국제 학자 공동체가 아우구스티누스를 어떻게 지속해서 연구하고 있는지 알아야 한다. 그들은 종교와 철학에 대해 다양한 신념을 가진 이들이다. 하지만 오래전에 아우구스티누스가 시작한 논쟁이 오늘날 세계와 우리가 해결해야 하는 주요 논제들이며 여전히 매우 중요하다는 점에 의견을 같이한다.[9]

이 책은 아우구스티누스에 관한 여러 학술 연구를 소개한다. 특히 영어로 가능한 연구와 저서에 중점을 두고 있다. 하지만 유럽의 다른 언어로 쓴 귀중한 책과 학술지도 참고 문헌에 포함되어 있다. 필자는 지난 50~60년 동안, 다시 말해 제2차 바티칸 공의회와 그 이후 수십 년 동안 아우구스티누스에 대해 연구했다. 그리고 이 기간 동안 아우구스티누스에 대한 연구와 저술이 엄청나게 진행되는 것을 목격했다. 여러 문헌과 유용한 논문들에서 아우구스티누스 학문의 현대적 경향을 강조하고 있으며, 추후 연구 방향까지 제시하고 있다.

이 책은 먼저 아우구스티누스의 생애와 저서를 살펴본 후, 여러 세기를 걸쳐 오늘날까지 그가 미친 영향을 고찰할 것이다. 또한 지난 반세기 동안 나온 아우구스티누스에 관한 풍부한 연구를 토대로 각 단계의 특징을 규정할 것이다. 이를 위해서는 세 방향으로 연구해야 한다. 바로 아우구스티누스 자신과 각 시대의 아우구스티누스 해석자들, 그리고 오늘날 아우구스티누스를 연구하는 학자들을 중심으로 살펴보는 것이다. "그들은 아우구스티누스에 대해 무엇을 말하는가" 하는 질문에서, '그들'은 인류를 대표하는 학자 공동체를 지칭한다. 다양한 관점을 대변하며, 다양한 수준으로 해석하고 재해석하는 이들 말이다.

제1장에서는 아우구스티누스의 생애를 전반적으로 살펴볼 것이다. 그의 전기 작가 포시디오 성인(370년경~440년경)[10]의 저술뿐만 아니라 아우구스티누스의 작품 《고백록Confessions》에서도 상당히 많이 알 수 있다. 지난 60년에 걸친 연구는 4세기와 5세기의 종교, 정치, 사회 맥락을 밝혀 주었다.

제2장에서는 아우구스티누스의 주요 저서를 중심으로 다시 살펴볼 것이다. 주요 저서에는 《고백록》, 《신국론City of God》, 《삼위일체론The Trinity》, 《그리스도교 교양Teaching Christianity》, 《시편 주해Expositions of the Psalms》, 네 권으로 이루어진 카시치아쿰의 대화편(《행복한 삶》, 《아카데미학파 반박》, 《질서론》, 《독백》)이 있다.

제3장에서는 4세기 말부터 5세기 초에 대두된 그리스도교

신앙에 관한 핵심 교의 질문에 대하여 가톨릭 교회의 입장을 명확히 하려고 저술한 아우구스티누스의 저서를 살펴볼 것이다. 또한 이 장에서는 현재까지 남아 있는 아우구스티누스의 강론 5백여 편과 편지 250여 통에 관한 최근 연구도 살펴볼 것이다. 그리고 아우구스티누스가 죽기 직전에 검토한 《개정본$^{Revisions}$》을 살펴볼 것이다. 아우구스티누스가 쓴 글을 모두 요약하거나 이에 대한 내용을 현대적으로 밝히는 것은 힘든 일이다. 여기서 포시디오 성인의 말이 떠오른다. "아우구스티누스가 구술하고 출판한 작품들은 아주 많다. 교회에서 강론하고 그런 다음 기록하고 수정한 강론도 아주 많다. 학생들이 이를 모두 읽고 알기에는 힘이 부족할 것이다."(포시디오,《아우구스티누스 성인의 삶》18권 9장).

제4장에서는 아우구스티누스의 신학 유산과 중세 시대부터 르네상스 시대에 이르기까지 교회와 사회의 사상을 서술할 것이다. 아우구스티누스를 연구하는 학자들이 계속 연구하고 밝힌 아우구스티누스의 죽음 이후 천 년 동안 지속된 그의 영향력과 이에 대한 새로운 통찰을 밝힐 것이다. 또한 제5장에서는 종교 개혁에 미친 그의 영향력과 오늘날까지 이어지는 그의 천재성을 살펴볼 것이다.

제6장에서는 최근 10년 동안 학자들이 관심을 갖고 있는 아우구스티누스 연구를 살펴볼 것이다. 방법론의 중요한 변화를 알아본 후, 사상, 성경 해석학, 사랑 개념, 은총 신학, 여성과 결

혼과 순결에 관한 저술에서 아우구스티누스가 그리스도의 역할에 대해 말했다고 현대 학자들이 제시한 내용을 살필 것이다.

제7장에서는 전기들을 다시 살펴볼 것이다. 이 전기들은 지난 50~60년 동안 아우구스티누스에 대한 연구를 풍부하게 했다. 아우구스티누스의 사상을 독자들에게 소개하고 아우구스티누스에 대한 연구를 도운 학술 잡지, 원론서, 명문집, 다른 모음집을 포함하는 방대한 2차 자료도 간략하게 살펴볼 것이다.

피터 브라운은 새로이 편집한 아우구스티누스 전기(2000) 서문에서 "30년 동안 아우구스티누스 연구에 전반적으로 새로운 시야를 열어 주기 위해 내가 처음 쓴 글을 수정하고 있다."[11]라고 말한다. 미국 성바오로 출판사가 출판한 〈그들은 뭐라고 말하고 있는가 시리즈〉 표제이기도 한 이 문장을 통하여 독자들이 최근 10년간 이루어진 아우구스티누스 연구를 새로운 관점에서 볼 수 있기를 기대한다. 교부학 분야에서는 오래된 입문서를 읽고 잘못된 정보를 전하거나, 때로는 시대에 뒤떨어진 정보에 따라 잘못된 방향으로 나갈 수 있다. 그러면서 아우구스티누스에 대해 '더 이상 새로울 게 없다'고 여길 수 있다.[12]

오늘날 학자들은 아우구스티누스라는 인물, 그의 세계관과 사상을 다시 고찰한다. 그들은 새로운 합의에 동참하라고 요구하지 않는다. 오히려, 연구를 통해서 급속하게 변하는 교회와 세상에서 그리스도 신앙의 의미를 밝히려고 노력한 아우구스티누스의 성찰을 더 사려 깊게 살펴보라고 조언할 뿐이다.

# 제1장

## 생애: 아우구스티누스와의 만남

아우구스티누스의 초상화를 보면 주로 중세의 수도복이나 주교복을 입고 탑 모양의 모관毛冠을 쓴 채 빛나는 지팡이를 쥐고 있는 모습으로 아우구스티누스를 묘사한다. 이는 다소 사실과 맞지 않다. 모관과 지팡이는 후대의 종교 행사와 전례에서 사용한 것이기 때문이다. 이러한 종교 예술과 아우구스티누스의 강렬한 언사는 그가 그리스도교 교도권을 발휘하고 이교도를 물리쳐 유럽 전 지역에 새로운 교의를 전파한 영향력 있는 주교임을 보여 준다.

하지만 아우구스티누스의 이야기, 상황, 의도는 이와는 상당히 다르다. 오히려 그가 살았던 시대와 장소가 별 볼일 없었기에 그의 천재성은 훨씬 더 찬란히 빛난다. 아우구스티누스가 태어나고 성장한 장소는 유럽이 아니라 로마 제국의 한 지방이며 북아프리카 중앙 지역인 누미디아라고 불리는 곳이다. 그의 고향은 오늘날 알제리의 수크 아라스 지역인 타가스테이다. 주교직을 수행했던 항구 도시 히포 레기우스는 오늘날 알제리의 현대식 도시 안나바이다. 오늘날 알제리인은 그 지역 출신으로 430년에 세상을 떠난 아우구스티누스를 무척 좋아한다. 아우구스티누스가 세상을 떠난 해는 무함마드가 태어나기 140년 전이고, 북아프리카 전 지역에 이슬람교가 전파되기 200년 전이다.

### 어린 시절

젊었을 때 아우구스티누스는 당시 로마 지주 귀족의 아들을 위한 특별 교육을 받았다. 그가 받은 초기 교육은 문법, 수학, 문학이었다.[13] 아우구스티누스는 타가스테의 지역 학교에 다녔다. 그는 공동 체벌을 매우 싫어했다(《고백록》 1권 9장 14절~10장 16절). 아우구스티누스가 11살 또는 12살이었을 때에 부모는 돈을 충분히 모아서 로마와 그리스 문학을 더 공부시키려고 남쪽으로 42킬로미터 떨어진 마다우로스로 그를 보냈다.[14] 15살(또는 16살)에는 부모가 더 공부하도록 돈을 보내지 못해서 1년 정도의 휴가를 허락받고 집에 돌아왔다. 그는 그 당시에 자신이 저지른 장난과 성에 눈을 뜨기 시작한 내용도 기록했다(《고백록》 2권).

371년에 아우구스티누스 아버지 파트리치우스는 아우구스티누스를 위해서 타가스테에 거주하는 루마니아누스라는 이름의 부유한 후원자를 알게 되었다. 이로 말미암아 17살인 아우구스티누스는 타가스테에서 240킬로미터 떨어진 곳이자 '서로마제국의 두 번째 도시'인 카르타고에서 공부할 수 있었다.[15] 다른 많은 대학생과 마찬가지로 그곳에서 아우구스티누스는 '격렬한 정사의 유혹'에 자신을 던졌다(《고백록》 3권 1장 1절).

　《고백록》에 나타난 아우구스티누스의 성적 행위는 당시 그곳에 사는 다른 젊은이들의 전형적인 행동이었다. 그러다 아우구스티누스는 한 소녀와 금방 사랑에 빠졌고, 그녀는 아우구스티누스의 아들을 낳았다. 두 사람은 아들의 이름을 아데오다투스라고 지었다. 이는 '하느님께서 주셨다'라는 뜻이다. 두 사람이 밀라노에서 헤어질 때까지 아우구스티누스는 어머니 모니카의 강요로 아내에게 충실했다. 그렇지만 모니카는 그가 출세하려면 밀라노 사회의 권력 집단에서 적합한 아내를 맞이해야 한다는 것을 알고 있었다(《고백록》 4권 16장 25절).[16]

　《고백록》을 자세히 읽어 보면 나중에 그가 후회하여 하느님께 고백하는 내용이 나온다. 이를 통해 젊었을 때의 그의 행동이 단순히 성적 문란함이 아니라 오만과 교만, 정치적이며 사회적으로 기회주의자였다는 사실에서 비롯된 것임을 알 수 있다.[17] 아우구스티누스는 자신의 성적 욕망을 욕정의 한 예로 서술한다. 성공이라는 목적을 달성하기 위해 야망을 갖고 타인을 이용하는 것은 죄가 되며 이는 지나친 욕망의 결과와 다르지 않다. "분명히 당신은 육신의 욕정과 세속적인 자만심을 자제하도록 제게 명령하셨습니다."(《고백록》 10권, 30장 41절; 《고백록》 10권 35장~36장).

　카르타고에서 아우구스티누스는 대부분 문학과 수사학을 공부했다. 제국의 바퀴를 돌리는 것은 설득과 힘이라는 두 축이었다. 카르타고와 같은 곳에서 공부한 젊은이들은 이 바퀴에 윤활유를 바르고 이를 그들의 이득으로 바꾸어 법률가와 정치인으로 성장하는 방법을 배웠다. 그래서 그들은 방대한 산문과 시를 외우고 논쟁과 연설문 구성 기법을 연습했다. 아우구스티누스는 이 모든 일에 뛰어났다. 하지만 카르타고에서 공부하던 18살 때 그는 키케로가 쓴 《호르텐시우스*Hortensius*》를 읽게 되었다. 그는 이 책을 읽으면서 철학을 좋아하게 되었고 진리를 추구하고 지혜를 강렬히 열망하게 되었다. "나는 이 학파나 저 학파가 아니라 지혜 그 자체에, 그것이 무엇이든지 간에 강하게 붙잡고 매달리고 찾고 사랑하여 흥분해서 불붙어 타올랐습니다."(《고백록》 3권 4장 8절).

아우구스티누스는 수사학을 익히기 위해서 뿐만 아니라 진리를 추구하려는 열망으로 아리스토텔레스의 범주론을 혼자 힘으로 공부하기 시작했다(《고백록》 4권 16장 28절). 그는 빅토리노 성인이 번역한 저서들도 읽었다.[18] 이는 자기 스스로 성실하게 진리를 추구한 것으로 수사학이라는 통상적 교육 과정을 마친 젊은 학생에게는 놀라운 성취였다. 이 일은 교사와 학자로서의 그의 탁월함을 미리 보여 준다.

## 마니교

카르타고에서 공부하는 동안(370~373) 젊은 아우구스티누스는 마니교에 입교했다. 로마 제국에서 전적으로 금지되지는 않았지만, 마니교는 공식적으로 불법화된 종파였다. 마니교에서는 신화, 철학, 종교를 모호하게 혼합해서 설교했다. 이는 아우구스티누스에게 흥미를 불러일으켰다. 마니교인들은 자신을 이성적인 진리의 안내자라고 자처했다. 아우구스티누스같이 총명하고 성실한 학생이라면 분명히 마니교에 관심이 생겼을 것이다. 마니교에서는 인간의 행동을 선과 악을 행하는 훨씬 더 강력하고 무한한 힘의 결과라고 이해한다. 이는 개인의 도덕적 책임을 경감시켰기에 당시 아우구스티누스의 자유로운 생활 방식과 맞았을지도 모른다.[19] 게다가 마니교는 사교적인 아우구스티누스에게 강력한 영향력을 행사할 수 있는 사회적 집단이자 친밀한 공동체였다.[20]

마니교 창시자는 3세기 페르시아 예언자 마니이다. 본래 마니는 유대 그리스도교 신자였다. 그의 가르침은 로마 제국에 빠르게 전파되었고, 이어서 카르타고와 로마에서 개종하여 활발하게 활동하는 마니교 공동체가 형성되었다. 마니교는 두 가지 우주적 힘을 설명하는 이원론적 교의를 가르쳤다. 하나의 힘은 천상의 빛과 선함이고, 다른 힘은 물질적 어두움과 악이다. 이 두 가지 힘은 특히 영혼이 육체에서 해방되기를 추구하

는 인간에게 끊임없는 갈등을 일으켰다.[21]

마니교 교리에 따르면 휠레$^{Hyle}$라고 부르는 어둠과 악의 원리는 영원히 존재하며, 이는 영원한 빛과 선함이신 하느님과 끊임없이 갈등한다. 마니교에서는 악의 원리를 구약 성경에 나오는 하느님과 동일시했다. 선하신 하느님은 신약 성경에 등장하는 예수님이 가르치신 하느님이었다. 악의 어두움은 모든 인간 영혼과 섞여 있고 죄의 경향에 책임이 있다고 생각했다. 이러한 도덕적 가르침은 젊은 아우구스티누스의 성적 행위, 정치적 야망과 잘 맞았다. 자신이 한 행동의 도덕적 책임이 내면에서 선한 빛인 하느님에 맞서 전쟁 중인 악의 힘에 있다는 점이 그러했다(《고백록》 5권 10장 18절).

아우구스티누스는 어머니가 다녔던 교회의 성경을 다시 읽으면서 거기서 진리와 깨달음을 탐구할 수 있기를 희망했다(《고백록》 3권 5장 9절). 하지만 수사학 학생으로서 그 당시에 라틴어 성경이 베르길리우스, 키케로가 쓴 라틴어 고전보다 문학적으로 질이 떨어진다는 사실을 알았다.[22] 그리고 마니교가 구약 성경 전체와 다른 신약 성경 일부를 거부한다는 사실을 알게 되었다. 성경의 일부를 거부하는 일은 아우구스티누스가 지닌 문학적 감수성과 일치했고 그 당시 성경을 무시한 그의 행동을 합리화해 주었다(《고백록》 3권 5장 9절). 게다가 마니교인은 그들 자신을 그리스도인으로 생각했다. 아우구스티누스는 어머니가 믿는 미신적인 가톨릭보다 더 우월한 그리스도교를 믿고 있다고 생각했다. 실제로 마니교인은 가톨릭 교인을 "반절만 그리스도인semi-Christians"이라고 불렀다(《파우스토에 대한 대답》 1장 2절).

373년 카르타고에서 공부를 마친 아우구스티누스는 학생들을 가르치기 위해 타가스테로 돌아왔다. 마니교 믿음을 열렬하게 옹호했기에 고향의 친구들을 새로운 종교로 개종시키려 하였다. 어머니 모니카는 이 일로 무척 속상해했다. 그래서 처음 아우구스티누스가 카르타고에서 돌아와 집으로 오는 것을 허락하지 않았다(《고백록》 3권 11장 19절). 아우구스티누스는 《고백록》에서 타가스테에서 성인이 된 친구가 마니교인이 되게 하려고 어떻게 설득하려 했는지 서술한다. 그 친구는 무척 아팠으며 가톨릭에서 세례를 받았다. 아우구스티누스는 아픈 친구를 찾아가서 가톨릭에서 세례받았다고 조롱했다. 아우구스티누스가 가고 난 뒤에 그 친구는 갑자기 죽었다(《고백록》 4권 4장 7절~9절). 친구의 죽음으로 당시 22살인 아우구스티누스는 큰 충격을 받아 타가스테를 떠나 카르타고로 돌아가서 가르쳤다.

아우구스티누스는 '19살에서 28살까지' 9년 동안 마니교 신도였다고 말한다(《고백록》 4권. 1장.1절). 그는 마니교에서 '듣는 자' 계층이었다. '듣는 자' 계층은 금욕적인 계층인 '소명 받은 자'와는 대조적인 계층으로서 일반적인 신도였다. 그는 처음 마니교에 입교했을 때 가르침과 저서에 많은 의문점을 갖고 있었다. 그러다가 카르타고에서 가르치는 동안(374~383) 마니교 주교 파우스토를 만날 기회가 있었다. 여러 해 동안 아우구스티누스의 마니교 동료였던 이는 파우스토가 아우구스티누스의 질문을 '정리하고 해결'할 수 있는 전문가라고 장담했다(《고백록》 5권 6장 10절). 그러나 아우구스티누스는 파우스토가 상냥하고 유능한 대중 연설가이지만, 문법을 제외하고는 형편없는 인문 교육을 받았고 학문 수준도 보통 수준에 불과하다는 사실을 알았다(《고백록》 5권 6장 11절). 그는 마니교의 교의를 지적으로 탐구하고자 하는 아우구스티누스의 욕구를 충족해 줄 수 없었다. 아우구스티누스는 그런 파우스토에게 실망하고 마니교에 환멸을 느꼈다. 후에 파우스토에게 실망한 아우구스티누스는 자신이 '마니교 교의의 덫'에서 벗어나기 시작했다는 것을 깨달았다(《고백록》 5권 7장 13절).

383년 아우구스티누스는 카르타고의 난폭하고 폭력적인 학생들에게 지쳐 갔다(《고백록》 5권 8장 14절). 이는 북아프리카 오지 출신이자 식민지 주민이었던 아우구스티누스가 로마 진출을 목표로 삼는 계기가 되었다. 그곳에는 더 좋은 학생들과 더 많은 기회가 있었다. 아우구스티누스는 떠나지 않을 것이라는 거짓말로 어머니를 안심시킨 뒤, 바로 그날 밤 로마로 향하는 배에 몰래 올라탔다. 그러나 그는 어머니에게 한 거짓말 때문에 괴로워했다. "나는 어머니에게 거짓말했어. 어머니는 정말 어머니이셨다!"(《고백록》 5권 8장 15절).[23]

### 로마, 밀라노, 개종

아우구스티누스는 로마에 도착하자마자 그곳의 마니교 공동체에 머물렀다. 그는 그들과 사회적 관계를 유지했지만 마니교 가르침에는 관심을 기울이지는 않았다(《고백록》 5권 10장 18절). 로마에 있는 동안 그는 마니교인들의 고지식함에 반감을 갖고 마니교의 가르침이 환상이라는 것을 점점 더 알게 되었다. 그는 "진리의 어떤 부분도 인간의 마음으로는 이해할 수 없다."라고 가르치는 그리스 학자들의 보편적인 의심과 철학적 회의론을 따랐다(《고백록》 5권 10장 19절).[24]

아우구스티누스가 변할 수 있도록 한 인물은 마니교인이 아니라 이교도였던 로마 총독 심마쿠스였다. 심마쿠스는 그에게 밀라노의 황실 수사학 교사 일자리를 추천했다. 아우구스티누스는 384년 로마를 떠나 밀라노의 황궁에서 새로운 일자리를 얻었다. 이 일자리는 오늘날 대통령이나 총리의 연설문 작성자와 대변인이라고 불리는 역할을 겸하는 자리였다. 로마에 온 지 겨우 1년 만에 밀라노로 이동해서 세속적인 직업의 최정상에 오른 것이다.

하지만 그가 로마에서 밀라노로 떠난 일은 그의 영적 순례에 있어서 또 다른 단계가 시작된 것이었다. 아우구스티누스는 나중에서야 이를 깨달았다. 이 일로 마침내 의존했던 마니교에서 벗어날 수 있었기 때문이다(《고백록》 5권 13장 23절).[25] 또한 이로 인해 밀라노의 주교였던 암브로시오 성인을 만날 수 있었다. 암브로시오 성인의 가르침은 아프리카 젊은이들에게 깊은 영향을 끼쳤다. 암브로시오 성인은 한 사람 한 사람 만나는 일이 어려울 정도로 바빴다. 그의 가르침은 처음에는 웅변으로 그다음에는 내용으로 아우구스티누스에게 깊은 영향을 미쳤다(《고백록》 5권 13장 23절; 6권 3장 3절~5장 8절).[26] 강론 중에 그의 성경 해석을 들으면서 아우구스티누스는 성경 말씀의 영적이며, 상징적이며, 우화적인 의미를 더 깊이 깨달았다. 4세기에 북아프리카인은 성경을 훨씬 더 문자 그대로 읽었다. 일반적으로 누미디아의 아프리카인은 문자 그대로의 해석을 선호하는 시리아의 안티오키아인의 방식에 따라 성경을 읽었기 때문이다. 반면, 밀라노인들은 알렉산드리아 학파의 비유적이고 우화적인 해석학을 선호했다. 아우구스티누스는 밀라노 방식을 아프리카에 도입했으며 마니교와 도나투스파를 반박하는 저서와 강론에 적용했다.

게다가 그는 밀라노에서 그리스어에서 라틴어로 번역된 플라톤 학파의 저서들을 읽을 수 있었다(《고백록》 7권 9장 13절).[27] 신플라톤주의는 마니교인으로서 아우구스티누스가 이전과 달리 순수한 영으로 하느님을 이해할 수 있도록 도와주었다(《고백록》 5권 13장 23~24절; 8권 1장 1절~2장 3절; 9장 13절~10장 16절; 17장 23절).[28] 아우구스티누스는 좀 더 세련되고 섬세한 성경적 해석학과 철학적 형이상학을 접하면서 개종하는 데 필요한 지적인 기반을 마련했다.

개인적이고 윤리적인 차원에서 아우구스티누스는 궁정 정치에서 스트레스를 받았고 가르치는 데에서 압박감을 받았다. 신념에 의문을 품은 그는 하느님께서 베푸시는 은총을 안 지 얼마 지나지 않아 자기 직업을 포기하고 세례를 받았다. 그리고 아프리카 고향으로 돌아가서 기도하고 공부하는 금욕적인 그리스도인 생활에 헌신했다. 그는 이러한 생활을 하면서 이집트의 안토니오 수사와 다른 로마 조신朝臣들 그리고 저명인사들을 알게 되었다. 그들은 속세를 버리고 겸손하고 단순하게 살면서 그리스도를 따랐다(《고백록》 8권 2장 3절~7장 18절). 아우구스티누스는 그들 삶의 과정을 따라가고 싶었다.

386년 봄, 아우구스티누스가 개인적으로 오랫동안 추구해 온 의미와 진리의 탐구는 절정에 이른다. 어머니 모니카가 믿고 있는 종교이며, 자신이 어린 시절에 믿은 종교인 가톨릭으로 개종했기 때문이다(《고백록》 3권). 그해 가을에는 황궁의 일자리를 사임하고 가르치는 일도 그만두었다. 어머니와 아들, 평생 친구인 타가스테 출신 알리피우스, 다른 몇 사람과 함께 아우구스티누스는 밀라노 북쪽에 위치한 카시치아쿰 교외 주택으로 가서 세례를 준비했다. 387년 4월 26일(혹은 27일) 부활절 밤, 아우구스티누스는 10살 아들 아데오다투스와 친구 알리피우스와 함께 밀라노에서 암브로시오 성인에게 세례를 받았다.

아우구스티누스는 하던 일을 그만두고 배우자이며 자기

아들을 낳은 부인과 헤어졌다. 그는 새롭게 세례를 받고 나서 388년에 일행과 함께 아프리카로 돌아왔다. 타가스테의 가정집에 머물면서 그곳에서 그리스도교 공동체 형태로 기도하고 금욕적인 생활을 하며 공부를 이어 나갔다. 아우구스티누스 일행이 타가스테로 다시 돌아왔을 무렵 그의 어머니 모니카는 로마 항구 오스티아에서 세상을 떠났다(《고백록》 9권). 그들이 돌아오고 나서 1년 또는 2년 후, 17살인 아데오다투스가 죽었다.[29] 따라서 386년과 390년 사이에 아우구스티누스의 생활은 극적으로 변했다. 아우구스티누스는 신앙을 얻었지만 아내와 어머니, 아들과 직업을 잃었으며 조용히 아프리카로 물러나서 은퇴하고자 했다. 그러나 그는 하느님께서 다른 계획을 가지고 계시다는 것을 뒤늦게 깨달았다.[30]

391년 아우구스티누스는 타가스테 북쪽에서 80킬로미터 정도 떨어진 항구 도시 히포 레기우스에 갔다. 히포에 새로운 공동체를 형성하기 위해서였다. 그곳에서 예배드리려고 모인 가톨릭 회중은 그를 알아보았다. 회중은 이 유명한 회개자가 곧바로 사제로 서품받아야 한다고 주장했다. 역사적인 증거에 따르면 노령의 히포 주교 발레리오가 이 일에 관련이 되었다고 암시하는 대목이 있다.[31] 마침 발레리오 주교는 후계자 계획을 세우고 있었다. 391년에 그가 서품받기를 희망하는 회중 앞에서 37살의 아우구스티누스는 새로운 삶을 시작했다.[32] 그때부터 그는 금욕 생활을 기반으로 하는 작은 규모의 수도 공동체와 그를 따르는 회중, 더 큰 규모의 교회에 헌신했다.

아우구스티누스는 그 후 39년 동안 히포 교회에서 직무를 수행하면서 보냈다. 391년에는 사제로 서품되고 395년에는 주교로 서품되면서 다시 한번 공인이 되었다. 아우구스티누스는 교구 지역들을 사목 방문했으며 당시 북아프리카 중서부의 모 교회가 있는 카르타고를 자주 방문했다. 그리고 북아프리카의 교회를 쇄신하고 성장시키기 위해 카르타고의 주교 아우렐리오Aurelius 성인과 협력해서 일했다. 예수 그리스도의 복음 전도사로서 아우구스티누스는 매일 강론하고, 가르치고, 성사를 집행하는 일에 헌신했으며, 5세기 교회가 당시의 종교적 질문, 논쟁, 관심사들을 자세히 살펴보는 데에 자신의 지성과 수사학 기술을 사용했다.

아우구스티누스가 교회의 지도자로서 설명해야만 했던 세 가지 주요한 신학 논쟁이 있었다. 첫 번째는 391년에 서품을 받으면서부터 411년경까지 있었던 도나투스파와의 논쟁이었다. 두 번째는 410년부터 죽을 때까지 벌어진 펠라지오파와의 은총의 본성에 관한 논쟁이었다. 마지막은 410년에 로마의 약탈로 도망친 피난민들이 아리우스주의를 받아들이면서 시작된 예수 그리스도의 신성 논쟁이었다.

## 도나투스파

아우구스티누스가 사제가 되자마자 북아프리카의 가톨릭 교회는[33] 두 갈래로 분열되었다. 아우구스티누스가 타가스테와 카르타고에서 지냈던 젊은 시절에는 교회의 분열에 대해서 염려할 필요가 없었다. 388년 이탈리아에서 귀국한 뒤 고향인 타가스테에서 기도하고 공부하면서 그리스도인의 삶을 살았을 때도 교회의 정치적인 문제들이 불거지지는 않았다. 하지만 히포의 주교 발레리오에게 사제품을 받자마자, 그는 북아프리카에 가톨릭 교회와 도나투스파라는 주요한 그리스도 교회가 있다는 고통스러운 현실에 직면해야 했다. 교리와 전례는 동일했지만 가톨릭 교회와 도나투스파는 교회의 신비를 이해하고 살아가는 방법, 세례를 집행한 사람의 역할, 도나투스파 세례의 배타적인 우위에 대해 의견이 달랐다.

3세기 동안 로마 제국은 그리스도인을 박해했다. 특히 데키우스(249~251), 발레리아누스 1세(253~260), 디오클레티아누스(284~305) 황제가 재임하는 기간에 탄압은 더욱 잔인했으며, 평신도와 성직자를 포함한 많은 그리스도인이 고문과 추방, 처형을 당했다. 이와는 달리, 몇몇 그리스도인은 로마 당국에 교회 서적과 재산을 넘기거나 그리스도교 형제자매의 이름을 알려 주면서 협력했다.[34] 그러다 박해가 잠잠해지자 이들 중 일부는 교회 공동체에 용서를 구하고 다시 입교되기를 바랐다.

북아프리카 교회는 그들의 용서와 화해 요청에 대해 전혀 대응하지 않는 일관성 있는 자세를 보였다. 오히려 엄격한 태도로, 죽을 위험에 처한 것도 아닌데 신앙을 버렸던 그리스도인이 교회에 돌아오는 것을 받아들이지 않았다.

약 248년부터 258년까지 카르타고의 주교였던 치프리아노 성인은 배교자들에게 관용과 용서를 배풀자는 교황의 입장을 지지했다. 그러나 이를 받아들이지 못하는 이들은 배교자를 영원히 교회에서 추방해야 한다고 강하게 주장했다. 그들은 신앙을 버렸던 성직자가 교회 직무에 복귀하는 것을 금했을 뿐만 아니라, 신앙을 버렸던 주교에게 세례받았거나 서품받았던 이들은 다시 세례받거나 서품받아야 한다고 주장했다. 배교자들의 성사 직무는 아무런 효력이 없다고 여겼기 때문이다. 마찬가지로 교회법적으로 주교 축성식은 세 명의 주교가 함께 거행하여야 하는데, 여기에 신앙을 잃은 주교가 포함되어 있으면 성사의 효력이 치명적으로 훼손된다고 여겼다.

이러한 주장에 대해 치프리아노 성인은 《가톨릭 교회 일치 *De ecclesiae catholicae unitate*》와 《배교자들에 관하여 *De lapsis*》를 저술하여 신자들이 오류에 빠지지 않고 교회 안에 일치를 이루도록 촉구하였다. 그리고 배교자들이 다시 입교하게 해 주었다. 다만 그는 재세례가 필요하다고 보는 입장이었지만 이는 보편 교회와 크게 구별되는 점은 아니었다. 그런데 치프리아노 성인이 순교하자 교회를 배반한 성직자가 본래 교회의 직무로 돌아가는 문제에 대한 논란이 심해졌다.

디오클레티아누스 황제의 박해(303~305) 이후, 311년에 북아프리카에서는 체칠리아노가 카르타고의 새 주교가 되기로 했다. 그러나 엄격주의자들은 그를 축성한 세 명의 주교 가운데 한 명이 배교자라고 주장하면서 체칠리아노의 지도력을 인정하지 않았으며, 대립 주교를 선출했다. 그리고 대립 주교가 얼마 지나지 않아 사망하자 그의 후계자로 누미디아 남쪽 오지 출신이며 대담한 성격의 소유자인 베르베르 사람 도나투스Donatus Magnus를 다시 선출했다. 카르타고에서 시작된 이러한 상황은 곧 북아프리카 전역에 걸쳐 반복하여 일어났다. 결국, 대부분 도시와 마을에 주교 두 명, 성직자 두 명, 가톨릭 교회와 엄격주의자 무리가 있게 되었다. 이 엄격주의자 무리는 도나투스의 이름을 따서 도나투스파Donatists로 알려지게 되었다.[35]

아우구스티누스는 주교가 될 때, 가톨릭 교회에 합류하려는 신자들을 재세례해야 한다는 일반적인 도나투스파의 관행에 반대했다. 그는 그를 따르는 회중들과 반反가톨릭적인 편견에 맞서 싸워야만 했다. 도나투스파 비주류 집단 가운데는 가톨릭 신자들에게 폭력을 행사하는 무력 집단circumcellion도 있었다. 그는 그러한 폭력에서 신자들을 보호해야 했다. 도나투스파와 협력하는 반反로마 베르베르인 유목민 집단은 가톨릭 성직자와 평신도를 공격하고 불구로 만들고 죽였다.[36] 아우구스티누스는 도나투스파 무력 집단이 라임과 식초를 섞은 것을 가톨릭 신자의 눈에 던져서 소경으로 만들었다고 전한다. 또한 어떻게 그들이 가톨릭 신자 집을 불태우고 곡식에 불을 지르고 기름과 포도주를 담은 커다란 항아리를 부수었는지 전한다(《편지》 88장 8절).[37]

5세기의 첫 10년 동안 로마에서는 북아프리카 종파를 줄이고 폭력을 통제하려고 했다. 405년에 호노리우스 황제는 '일치 칙령'에 서명했으며 도나투스파를 인정하지 않았다. 하지만 도나투스파는 능숙한 정치 공작으로 일치 칙령의 효력을 무효로 만들었다. 그리하여 불일치, 불화와 폭력은 계속되었다.[38]

도나투스파 논란은 411년에 카르타고에서 열린 교회 회의에서 절정에 이르렀다. 마르첼리노 성인이 지켜보는 가운데 호노리우스 황제의 대표와 가톨릭 교회, 그리고 도나투스파에 속한 북아프리카의 대부분 주교들은 서로의 입장에 반대하여 자신들의 주장을 펼치려고 모였다.[39] 아우구스티누스는 가톨릭 교회를 대표하여 논쟁에 참여하였고, 논쟁에서 이겼다. 마르첼리노 성인은 아우구스티누스의 견해를 따르는 결정을 내렸다. 411년 이후 로마 황제는 카르타고에서 내린 결정을 받아들이기를 거부하는 도나투스파 성직자나 평신도를 처벌하기 시작했다. 아우구스티누스의 반反도나투스파 저서를 재검토할 때 보게 되겠지만, 그는 로마 황제가 종교에 대해 강요하는 부분에 대해 매우 엇갈린 감정을 느끼고 있었다.[40]

### 펠라지오파

아우구스티누스가 교회 직무를 수행하는 데 가장 큰 화두였던 것은 펠라지오와 관련된 신학적 논쟁이었다. 411년경부터 생을 마칠 때까지 벌인 이 논쟁은 도나투스파와의 논쟁처럼 교회 규율과 교파 간의 분쟁에 관한 게 아니었다. 오히려 이 논쟁은 아우구스티누스가 생각한 그리스도교 신앙의 핵심인 하느님 은총의 본질과 구원에 관한 문제였다.

펠라지오(354~420/440)는 영국 출신 수사였다. 아우구스티누스와 동시대인이었던 그는 380년경에 로마에 도착해서 도덕적 덕목을 강조하고 금욕주의를 제시하였다. 그리고 그곳 그리스도인들 사이에서 유명해졌다.

404년 또는 405년에 로마에서 펠라지오와 아우구스티누스 사이에 불꽃 튀는 첫 번째 논쟁이 벌어졌다. 펠라지오는 아우구스티누스의 《고백록》 10권이 낭독되는 것을 듣고 있었다. 400년경부터 퍼지기 시작한 이 책에서 아우구스티누스는 세 번이나 "명령하고 명령한 것을 하십시오."[41]라고 말한다. 어떤 증인에 따르면 펠라지오는 이 문구와 그 뒤에 숨겨진 의미에 눈에 띄게 동요했다. 이 문구의 숨겨진 의미는 우리가 하느님의 뜻을 따르려는 시도에서 어떤 선행을 하든지 간에 그것은 우리 노력이 아니라 하느님 은총으로 가능하다는 점이다.[42] 펠라지오에게는 이러한 접근이 자유 의지를 약화시키는 것처럼 보였다. 아마도 그는 이미 하느님 은총에 대한 해석을 감지하고 그에 응답할 준비가 되어 있었을 것이다. 이 무렵, 펠라지오는 《바오로 서간 주석*Commentary on the Epistles of St. Paul*》과 《본성에 관하여*On Nature*》라는 책을 쓰고 있었다.[43] 그는 이 저서들을 통해 아우구스티누스가 저술한 《로마서*Romans*》와 《단순성에 관한 질문의 문집*Miscellany of Questions in Response to Simplicianus*》에 담긴 바오로 신학에 대해 언급하려 했을 가능성이 높다.[44]

대략 5년 뒤인 410년, 펠라지오는 알라리크 왕이 이끄는 서고트족의 침략에서 벗어나기 위해 로마를 떠나 히포에 도착했다. 그는 히포에서 잠시 머무른 후 친구이자 신학적 동조자인 첼레스티우스와 함께 카르타고로 갔다. 이때 펠라지오와 아우구스티누스는 직접 만나지는 못했다. 단지 아우구스티누스가 히포에 있지 않았을 때 펠라지오가 그곳을 지나갔을 뿐이다. 이는 신학적으로도, 역사적으로도 유감스러운 일이다. 411년, 두 사람이 같은 시기에 카르타고에 있었을 때, 아우구스티누스는 다가오는 교회 회의에서 도나투스파와의 대결을 준비하느라 바빴다.

펠라지오는 카르타고를 떠나 곧바로 예루살렘으로 갔지만, 그의 사상은 특히 카르타고에 남아 있던 친구인 첼레스티우스를 통해서 북아프리카 교회에 발판을 마련했다. 411년 가을에 카르타고에서 열린 교회 재판과 416년에 카르타고와 밀레비스에서 열린 공의회에서는 원죄와 은총에 관하여 펠라지오의 사상을 지지한 첼레스티우스를 단죄했다. 이 책의 3장에는 펠라지오파에 관한 아우구스티누스의 저서들을 통해 은총 신학의 발달을 살펴볼 것이다. 아우구스티누스는 특히 390년대 후반에 하느님 은총에 대해 숙고하고 있었으며, 펠라지오의 가르침에 대응하기 위하여 이후 수십 년 동안 은총과 구원을 깨달으려고 고심했다. 아우구스티누스는 노년이 되었을 때도 펠라지오의 지지자들과 계속해서 싸워야 했다.

### 아리우스파

아리우스 이단은 알라리크 왕이 로마를 약탈하기 전까지는 북아프리카에 대중적으로 널리 전해지지 않았다. 그래서 아우구스티누스는 도나투스파나 펠라지오파보다 아리우스파에 관심이 적었다. 하지만 410년 이후에 로마와 이탈리아에서 온 피난민이 히포, 카르타고와 같은 북아프리카 항구로 몰려들었고, 이로 인해 다양한 지역의 그리스도인들도 함께 몰려들면서 예수님이 누구시며, 그분이 우리에게 어떤 의미인지 다르게 이해하는 상황이 펼쳐졌다. 아우구스티누스는 아프리카 그리스도 공동체에 온 이 새로운 신자들에 대응하기 위해 아리우스의 가르침을 받아들였다.

아리우스(256년경~336)는 이집트 알렉산드리아 교회의 사제였다. 그는 예수 그리스도가 하느님 아버지께 종속되었다는 가르침을 강조했다. 그리스도인으로서 아리우스는 예수님이 육신으로 창조된 말씀이시라고 주장하며, 말씀 또는 로고스가 성부와 함께 영원히 공존하는 존재가 아니라고 믿었다. 곧, 말씀 또는 성자가 창조 이전에 성부에게서 태어나셔서 성부와 함께 영원히 공존하시지도 않고 한 본체인 존재도 아니라는 것이다. 따라서 사람이 되신 말씀으로서 예수님은 성부와 영원히 동등하지 않으셨다.

아리우스의 설교는 큰 논란을 일으켰다. 최초의 그리스도인 황제 콘스탄티누스는 날로 심각해지는 그리스도인들 사이의 분열을 해결하려고 이례적인 조처를 했다. 325년 니케아에서 교회 공의회를 소집하여 주재한 것이다. 그는 이 문제를 해결함으로써 신학 문제에 휩쓸린 제국을 안정시키고자 했다. 최초의 공의회인 니케아 공의회에서는 아리우스의 성경 해석과 하느님의 말씀이신 성자를 하느님께 종속시키는 것에 관한 가르침을 단죄했다. 오늘날 니케아 신경에도 나오듯이, 사람이 되신 하느님의 말씀은 성부와 한 본체이시거나 성부와 본질에서 같은 존재이시다.

하지만 아리우스의 사상은 더욱 견고해졌고 로마 제국을 중심으로 계속 퍼져 나갔다. 콘스탄티누스 황제의 후계자인 콘스탄티누스 2세 황제(337~361)는 아리우스파를 신봉했으며, 후대 발렌스 황제(364~378)도 아리우스파를 신봉했다. 테오도시우스 1세 황제(379~395)가 제국의 동부에서 아리우스의 사상을 근절했지만 이 사상은 여러 번 반복하여 서구에서 살아남았고 이탈리아, 프랑스, 스페인, 북아프리카를 침략하고 점령한 고트족과 반달족과 같은 북유럽 부족 사이에서 영향력을 발휘했다. 알라리크 왕이 이끄는 서고트족 군사도 아리우스파 그리스도인들이었다.

아우구스티누스가 처음 아리우스파 그리스도인들을 만난 것은 밀라노에서였을 것이다. 386년 봄, 암브로시오 성인은 발렌티니아누스 2세 황제의 어머니이며 섭정을 했던 강력한 유스티나 황후에게 대항하였다. 아리우스파 신봉자였던 유스티나 황후는 아리우스파 그리스도인들과 함께 부활절을 지내기 위해 밀라노 성당을 사용하고자 했다. 이에 모니카 성녀는 암브로시오 성인과 다른 가톨릭 신자들과 함께 밀라노 성당에서 농성을 벌여 유스티나 황후가 원하는 성당 건물에 아리우스파가 들어가지 못하게 했다(《고백록》 9권 7장 15절). 강력한 암브로시오 성인의 저항 앞에서 유스티나 황후와 대부분이 가톨릭 신자였던 제국 군인들은 물러갔다. 그래서 아우구스티누스는 이러한 그리스도인 사이의 교리 논쟁에 대해 알고 있었다. 하지만 386년 봄에, 그는 아직 그리스도인이 아니었으며 예수님의 정체성도 여전히 확신하지 못한 때였다(《고백록》 7권, 18장 24절 ~21장 27절). 그러나 5세기 초 아우구스티누스의 강론과 저서를 보면, 그가 그리스도론을 어떻게 전개했는지 그리고 신자들에게 강생의 신비를 더 깊이 이해시키기 위해 얼마나 노력했는지 알 수 있다.

### 논쟁을 넘어서

도나투스파, 펠라지오파, 아리우스파를 중심으로 소용돌이치는 신학 논쟁에서 아우구스티누스는 논쟁의 개요, 용어 정의, 핵심 문제를 식별하는 데 주도적인 역할을 했다. 히포의 지역 교회 공동체와 북아프리카와 공동체 외에 다른 교회 공동체를 보호하고 발전시키는 데 그는 수사학적 기술을 사용했다. 하지만 다른 교회 공동체 신자들은 그의 의견에 항상 동의하거나 그에게 결정을 맡기지는 않았다. 아우구스티누스는 가끔은 도전받고, 가끔은 지지받고, 가끔은 북아프리카 전역의 동료 성직자들에게 무시당하였다.[45] 21세기의 관점에서 보면 그는 일생 동안 한번에 유명해지거나 권위를 얻지는 못했다. 그래서 그는 자신의 신학적 입장을 강력히 주장해야 했다. 그러나 아우구스티누스는 카르타고의 아우렐리오 성인과 함께 구상한 누미디아 개혁을 실현하기 위해서 별다른 노력이 필요하지 않았다고 여겨질 정도로 사고력과 필력이 뛰어났다.

지난 50~60년 동안의 연구와 발견은 아우구스티누스의 삶과 활동을 새롭게 통찰하도록 했다. 우리는 아우구스티누스가 직면한 상황을 교회와 사회, 정치적 맥락에서 더 넓게 바라볼 수 있게 되었다. 이러한 맥락에서 바라볼 때 유명한 교의 문장을 작성하면서 매일매일 신자들과 소통하며 사목 활동을 했던 그에게 더욱 관심을 갖게 된다. 그리스도교의 옹호자로서 말씀을 강론하고 신자들에게 성사를 거행하는 일은 아우구스티누스에게 주어진 근본적인 소명이었다. 그에게 신학 논쟁은 단순히 그 자체에 목적이 있지 않았다. 곧, 아우구스티누스는 그리스도 안에서 하느님 강생의 은총과 삼위일체가 신자들의 영혼, 교회, 사회, 역사적 전망 안에서 실제로 무엇을 의미하는지 논쟁하고 가르치고 스스로 이해하려고 노력했다.

아우구스티누스는 430년 8월 28일에 세상을 떠났다. 가이세리크 왕이 이끌고 이베리아 반도에서 건너온 반달족은 아우구스티누스가 사랑한 도시 히포 레기우스를 포위했다. 아프리카 도나투스파와 마니교도들과 함께 가톨릭 주교들과 신자들은 아리우스를 추종하는 이들에게 괴롭힘을 당했다. 아리우스를 추종하는 이들은 다음 세기에 걸쳐 북아프리카 북쪽으로 진출하고 로마의 서부 지배를 종식하기 위한 집결지로 히포를 사용했다.

포시디오 성인은 아우구스티누스가 의식이 있는 동안 끝까지 집중한 채 침실 벽에 붙어 있는 속죄의 시편을 읽었으며, 그를 위로하는 수도회 형제들의 관심 속에서 조용히 평화롭게 세상을 떠났다고 말한다(포시디오, 《아우구스티누스 성인의 삶》 31권

5장). 포시디오 성인은 그의 오랜 친구이자 동료 주교에 대한 가장 감동적인 찬사로 다음과 같이 전기傳記를 끝맺는다.

> 하느님께 기쁨이 되는, 소중한 이 사제의 글을 보면, 아우구스티누스가 가톨릭 교회의 신앙, 희망, 사랑 속에서 청렴결백한 삶을 살았음을 분명하게 느낄 수 있다. 하느님에 관한 아우구스티누스의 글을 읽은 이들은 이를 부인할 수 없을 것이다. 하지만 그들이 특히 동료들 사이에서 아우구스티누스가 어떻게 살았는지 잘 알게 된다면, 그가 교회에서 말하는 것을 보고 들을 수 있었던 사람들이 얼마나 큰 도움을 얻었을지도 믿을 수 있으리라(포시디오, 《아우구스티누스 성인의 삶》 31권 9장).

이 책 2장과 3장에 나오는 아우구스티누스의 저서들을 통해 아우구스티누스가 히포의 평화 성당에서 사람들에게 강론하는 것을 들으려면 상상력이 필요하다. 우리는 아우구스티누스가 자신의 생각과 작품을 수도회 식사 중에 모인 형제 수사들과 동료 성직자들과 토론하는 것을 엿들을 수 있다. 멀리서 아우구스티누스가 거실에서 밤늦게까지 일하고 구술하고 자기 생각을 수정하는 모습을 볼 수도 있다. 지켜보기 좋은 위치에서 오로지 아우구스티누스의 목소리와 필사자들의 필사 소리로 가득 찬 그 조용한 방을 바라보자. 우리는 거기에서 사람들

이 하느님, 신앙, 종교에 관하여 생각하는 방식이 끊임없이 바뀌고 있었다는 것을 볼 수 있다.[46]

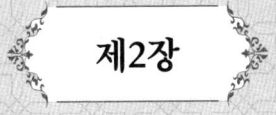

## 제2장

전기 저서: 주요 저서

아우구스티누스는 상당한 분량의 글을 썼다. 개종한 때부터 강론과 편지를 포함해서 매년 3백 페이지 분량의 책을 집필했다. 5백만 단어로 구성되어 있는 그의 작품은 방대하게 쌓인 원고에 고스란히 남아 있다.[47]

아우구스티누스는 체계적인 작가가 아닐 뿐더러 토마스 아퀴나스 성인의 《신학대전》처럼 깔끔하게 정리된 신학적 소논문으로 자기 생각을 요약하고 서로 연관시키지도 않는다. 하지만 끊임없는 사목적 문제와 도전에 응답하면서 기본적 신학 사상을 반복해서 탐구하고 다듬었다는 측면에서는 체계적으로 생각했다고 볼 수 있다.[48] 아우구스티누스가 좋아한 주제는 인간의 자유이지만 상처 입은 의지, 원죄와 그 결과, 죄에 대한 우리의 책임, 악의 본성, 하느님의 무한한 은총을 얻고자 하는 우리의 본질적 필요성 등도 좋아했다. 그리고 하느님의 자기 비움과 사랑의 강생 신비에서 드러나는 그리스도와 교회의 친교도 빼놓지 않았다. 아우구스티누스는 저서들을 통해 이러한 신학 렌즈를 조정하고 광택을 내어서 특정한 사목과 신학적 관심에 초점을 맞춘다. 그리하여 인간 경험의 깊숙한 곳에서 하느님의 신비스러운 현존을 읽어 낸다.

아우구스티누스가 많은 책을 저술할 수 있었던 이유는 글쓰기의 동기에 있다고 생각한다. 그는 하느님의 권능과 선하심에 의탁하는 믿음을 증명하고, 그것을 고백하고자 하는 깊은 욕구를 느꼈다. "사실 내 마음속에서, 당신들 앞에서, 많은 증인 앞에서 내 펜으로 고백하고 싶은 것이다."(《고백록》 10권 1장 1절). 아우구스티누스는 신자들과 교회를 영적으로 성장시키는 데 사목적 책임감을 강하게 느꼈다. "당신 없이 구원되길 원하지 않습니다."(《설교》 17. 2). 그리고 동료들의 개인적인 요구와 매일 겪는 사목적 어려움을 극복하고 복음을 전하는 데 문학과 수사학 능력을 이용했다. "이 육신 안에 영혼이 있고 그 육신에 힘을 주는 한, 하느님의 말씀을 전하는 데 있어서 당신을 섬길 수 있도록 나를 위하여 기도해 주십시오."(《설교》 335, 2. 7). 그러한 동기가 모여 그리스도교 문학에서 가장 위대한 고전 몇 편이 탄생했다.

이 장에서는 아우구스티누스의 문학과 종교적 열정이 드러난 다섯 편의 고전 문학 작품을 재음미할 것이다. 각 문학 작품을 개괄하고 문맥을 이해하기 위해 짧은 주해를 제시하며, 이러한 작품을 심화시키고 확장한 현대 학문을 고려할 것이다. 이 유명한 작품에는 《고백록》, 《신국론》, 《삼위일체론》, 《그리스도교 교양》, 《시편 주해》가 있다. 그리고 나서 카시치아쿰의 대화편이라고 불리는 네 권의 책을 살펴볼 것이다.

## 고백록

《고백록》1권~9권에서는 아우구스티누스의 개종(386)과 어머니 모니카의 죽음(387)까지 아우구스티누스의 생애 전반에 관하여 알 수 있다. 395년 발레리오의 뒤를 이어 주교가 되었지만, 북아프리카에 있는 많은 성직자와 평신도는 여전히 마니교 개종자인 아우구스티누스를 의심하였다.

397/398년과 400년 사이에 아우구스티누스는 자신이 어떻게 그리스도교 신앙을 가지고 세례를 받았는지 저술하기 시작했다. 이 글은 후대에 여러 언어로 번역되어 각국의 서점과 도서관에서 볼 수 있는 놀라운 문학 작품이 되었다. 자서전으로 불리지만,《고백록》은 사실 오늘날 말하는 자서전은 아니다.[49] 아우구스티누스는 45세까지 자기 생애를 철저히 연도별로 설명하지 않았다. 오히려 자신의 말과 글을 선별하고 자기 생애에 드러난 담화를 이용해서 가장 깊이 간직하고 있던 신학과 철학에 관한 신념을 발전시켰다.

어떤 이는 아우구스티누스가 독자들과 자기 신앙을 공유하고 자기 확신을 분명히 밝히기 위해 자기 죄를 하느님께 고백함으로써 새로운 문학 장르를 고안했다고 주장하기도 한다. 라틴어 confessio/confiteri는 '고백하다'라는 의미뿐만 아니라 '찬미하고 감사하다'라는 의미도 있다. 아우구스티누스는 《고백록》을 통해서 심오한 신학적 성찰과 신적인 용서, 사랑을 베푸시는 하느님을 향한 열정적인 찬양과 감사, 그리고 자기 생애에서 일어난 일을 엮는다. 그래서 《고백록》은 자기 이야기의 진실을 말하고, 자기 삶과 다른 사람의 삶 안에서 하느님의 현존과 권능을 성찰하도록 격려하기 위해 기도하면서 저술한 일종의 회고록이다.

《고백록》에 관한 글은 '무한'하다. 그렇지만 여러 세기 동안 지속된 《고백록》 본문에 관한 논의는 의견 일치가 이뤄지지 않았다.[50] 《고백록》은 13권으로 구성된 책이며, 각 권은 오늘날 장이라고 부르는 긴 분량으로 구성되어 있다.[51] 1권에서 13권까지 아우구스티누스가 그리스도교로 개종한 내용이 절정이라는 점은 많이들 동의한다. 9권은 어머니 모니카에게 바치는 내용이다. 11권에서는 《고백록》을 저술한 이유를 설명한다. 10권에서는 기억과 양심의 본성을 성찰하고 그리스도를 중개자Mediator와 생명의 양식nourishment으로 단언한다. 아우구스티누스가 경험한 하느님의 사랑과 은총을 가장 감동적으로 표현하는 일부 내용도 있다. 11권부터 13권에서는 시간과 영원성에 관한 내용(11권)으로 창세기의 도입부(1장 1절~2장 3절)에 관한 주해가 담겨 있다. 여기서 아우구스티누스는 창조를 통하여 계시된 하느님의 권능과 선하심을 찬양한다. 그리고 창세기를 그리스도인이 세례를 통하여 다시 창조되고 영원한 생명과 안식으로 들어간다는 교리와 연결한다(13권).

《고백록》의 수사적 양식에 관하여 또 다른 중요한 질문들이 있다. 13권에 나타난 개종 일화와 같이 아우구스티누스가 생생하게 묘사한 사건을 역사적으로 신뢰할 수 있는가? 아우구스티누스가 정원에서 일어난 장면을 묘사한 것이 과연 가장 극적이고 문학적인 표현인가? 또는 그가 묘사한 일이 실제로 일어났는가? 더더욱 중요한 질문은 아우구스티누스의 삶을 진정 일치된 주제로 볼 수 있는가? 《고백록》이 아우구스티누스와 하느님 사이의 대화인가? 《고백록》 전체를 삼위일체 안에서 그리스도교 신앙의 빛으로 읽고 해석해야 하는가? 등이다.

이에 대한 답은 《고백록》이 고전 문학이며, "각 세대는 그 나름의 전제에 따라서 달리 이해하고 읽을 것"[52]이 될 것이다. 킴 파펜로스와 로버트 케네디가 편집한 《아우구스티누스의 고백록을 읽는 독자를 위한 안내서 *A Reader's Companion to Augustine's Confessions*》[53]에서와 같이 오늘날 아우구스티누스를 연구하는 학자들은 가장 인기 있는 그의 저서에 대해 계속되는 여러 질문과 씨름하고 있다. 이 두 사람은 《고백록》의 각 권을 자신들을 포함해서 다른 학자에게 할당했다. 그러고 나서 각 학자에게 할당된 책이 일치성에 바탕을 둔 책이라는 것을 입증하도록 부탁했다. 이 편집적 방안은 독자들에게 13권, 각 권의 중요성과 다른 권과 전체적인 작품과의 관계를 이해하도록 돕는다. 이 논문 집필자들 덕택에 독자들은 《고백록》에 관한 여러 가지 질문을 참신한 방법으로 숙고하고 연구할 수 있게 되었다. 이러한 안내서는 《고백록》 애독자에게 각 권에서 드러난 문학, 철학, 신학, 역사, 심리학, 구조 언어학, 수사학적 차원을 새롭게 이해하게 해 준다.

아우구스티누스 수도회의 조셉 슈나우벨트와 프레더릭 반 플레테렌은 《아우구스티누스 선집<sup>Collectanea Augustiniana</sup>》[54]을 편집하면서 《고백록》에 관한 현대 학문의 다른 중요한 해설을 덧붙인다. 선집의 첫 번째 부분에서 세계 각국의 학자들은 아우구스티누스 개종 이야기에 다각도로 몰두한다. 두 번째 부분에서는 《고백록》의 문학 구조를 분석하는데, 성격 분석, 역설, 이야기 형태, 작품 구성에서 각기 다른 양식을 사용함을 알 수 있다. 위에서 살펴본 두 작품, 《아우구스티누스 선집》과 《아우구스티누스의 고백록을 읽는 독자를 위한 안내서》 말고도 현대 학자 23명이 여러 저서를 통해 아우구스티누스의 고전에 관하여 다양하게 질문하면서 새로운 연구를 제시하고 있다.[55]

《고백록》에 관한 또 다른 입문서는 마가렛 마일스가 저술한 《욕망과 기쁨: 아우구스티누스의 고백록을 새롭게 읽기<sup>Desire and Delight: A New Reading of Augustine's Confessions</sup>》[56]라는 책이다. 마일스는 그리스 해변에서 라틴어로 쓴 아우구스티누스의 《고백록》을 정독하면서 여름을 보냈다. 그는 세부 내용과 본문을 감명 깊게 감상하면서 읽었다고 한다. 그리고 아우구스티누스가 수려한 언어로 선별적이고 감질나는 내용을 자세하게 표현하는 것이 "독자를 대화 상대자, 반대자, 지지자, 공동 집필자로서 본문에 몰입하게 하는 역할을 한다."[57]고 주장하였다. 마일스는 능숙한 작가로서 아우구스티누스가 본문에서 진술한 모순을 잘 인식하는 것으로 보인다. 예를 들어, 인간의 성 같은 창조적이며 아름다운 즐거움을 금욕적으로 거부하는 것과는 대조적으로 하느님을 "아름다움"이라고 부른다. 그렇지만 마일스는 아우구스티누스가 이러한 모순을 그대로 두어 독자에게 스스로 모호함을 경험하도록 했다고 주장한다. 동시에 물질과 영의 통합이 부족하다고 하면서 아우구스티누스가 신플라톤주의를 고집하는 경향이 있다고 주장하는 페미니스트를 비판한다. 마일스는 아름다움과 즐거움을 해석하는 방식으로 《고백록》을 감상적이면서도 비판적인 읽을거리로 제시한다.

이 밖에도 오늘날 가치 있는 책 두 권을 더 언급하고자 한다. 첫 번째 책은 신세대 학생들이 아우구스티누스의 저서를 감상할 수 있도록 학자 출신 교사가 저술한 것이다. 《언어와 사랑: 고백록 이야기를 통한 아우구스티누스의 종교 사상 입문 *Language and Love: Introducing Augustine's Religious Thought Through the Confessions Story*》에서 윌리엄 말라드는 학생들에게 아우구스티누스의 신학의 주요한 주제를 소개하는 데에 《고백록》을 활용한다.[58] 말라드는 라틴어 원서의 리듬감과 우아함을 유지하면서 현대 영어로 《고백록》을 재해석한다.[59] 그렇게 한 목적은 두 가지이다. 젊은이들이 자신의 어려움을 아우구스티누스의 이야기에서 발견하고, 오늘날처럼 복잡한 세상에서 그들의 영적 여정에 유용한 언어로 아우구스티누스의 언어 특히 하느님과 이웃 사랑에 관한 신학 언어를 사용하길 바라서이다.

두 번째 책은 야로슬라프 펠리칸이 지은 《연속성의 신비: 아우구스티누스 성인의 사상에서 시간과 역사, 기억과 영원*The Mystery of Continuity: Time and History, Memory and Eternity, in the Thought of St. Augustine*》[60]이다. 이는 첫 번째 책과는 매우 다른 성격을 보인다. 펠리칸은 20세기 그리스도교 신학의 위대한 역사가로 이 책은 《고백록》에 담긴 철학과 신학의 깊이에 대해 자세하게 알려 준다. 펠리칸은 아우구스티누스가 자신의 그리스도교 개종과 고대 로마 세계의 역사 속에서의 그리스도교의 역할을 단절성이 아닌 연속성이라는 측면에서 이해했다고 주장한다. 그리고 인간 경험의 기본 범주를 성찰할 수 있는 질문에 뿌리를 둔 고전이라는 데 《고백록》이 지닌 힘이 있다고 보았다. 특히 10권과 11권의 기억과 시간이라는 주제를 신중하게 분석한다. 그는 《고백록》의 이러한 후반부 비담화체인 책들을 분석해서 독자인 학생들이 더욱더 날카로운 신학 관점으로 《고백록》을 재음미하도록 해 준다. 또한 서구 사상의 역사에 아우구스티누스가 영향을 미친 점을 토대로 철학과 신학의 범주를 정한다. 그리고 《고백록》에서부터 《신국론》,《삼위일체론》 등, 아우구스티누스의 수많은 주요 저서들에서 이와 같은 주제를 계속 분석하여 수십 년 동안 그의 사상이 발전했음을 밝힌다.

예수회의 롤랜드 J. 테스케는 《아우구스티누스 성인이 언급한 시간의 모순*Paradoxes of Time in Saint Augustine*》[61]에서 아우구스티누스가 언급한 시간이라는 주제를 철학적 측면에서 자세히 살펴본다. 테스케는 '뉴시티 출판사 시리즈'에 아우구스티누스의 저서를 많이 번역한 미국에서 아우구스티누스를 선도적으로 연구하는 학자이다. 그는 이 책에서 상당히 철학과 신학 방면에서 전문적으로 이 주제를 분석한다. 또한 《고백록》의 11권에 드러난 시간 탐구에 대해 중요하고 광범위한 참고 문헌 목록을 제시한다.

1992년에 제임스 J. 오도넬이 저술한 《아우구스티누스의 고백록Augustine: Confessions》[62] 세 권을 옥스퍼드 대학교 출판사에서 출판했다. 고전학자인 오도넬은 독자가 아우구스티누스의 라틴어 원서를 읽을 수 없다는 것을 전제로 번역했다. 첫 번째 권에서는 전체 열세 권의 라틴어 본문에 뒤이어 《고백록》의 번역과 오도넬의 해석학 방법을 소개한다. 그리고 두 번째와 세 번째 권에서는 단어별, 구별로 본문을 훌륭하게 해설한다. 그의 책은 《고백록》에 관한 최고의 논평이라는 찬사를 받았다. 그리고 라틴어로 된 아우구스티누스의 언어와 사상의 깊이를 철저히 연구 조사하기를 바라는 학자와 관심 있는 독자를 위한 귀중한 자료로 자리매김했다. 오도넬은 본문을 해석하며 아우구스티누스의 말을 그대로 받아들이려고 노력한다. 《고백록》에서 아우구스티누스는 하느님께 고백한다.[63] 자신과 하느님에 관한 내용을 담고 있는 것이다. "처음에는 아우구스티누스 이야기가 더 많은 분량을 차지하지만, 마지막에는 하느님 이야기가 더 많아진다."⁶⁴ 오도넬의 쉽고 재치 있는 설명은 고전적인 본문을 철저히 연구하고자 하는 독자들을 만족시켜 줄 것이다.

오도넬의 논평은 《고백록》을 연구하고 이해하고자 하는 사람에게 큰 도움이 된다. 그는 다음과 같이 말한다. "《고백록》을 빈자리에 두는 것은 불가능하지만, 그렇다고 누구나 만족할 만한 해석을 하는 것도 불가능하다. 몇 단락의 요약조차도 복잡하고 미묘하며, 굉장한 힘을 뿜어내는 작품을 단순함과 솔직함으로만 접근한다면 잘못된 인상을 줄 수 있다."⁶⁵

《고백록》에 대한 여러 좋은 영어 번역본이 있다. 그 가운데 베네딕도회 수녀이며 은수자인 마리아 볼딩이 '뉴시티 출판사 시리즈'로 번역한 《고백록》은 특히 훌륭하다. 이 책은 《고백록》을 가장 새롭고 훌륭하게 번역한 책으로 꾸준히 인정받는다. 이 책은 예수회 윌리엄 함레스가 주석을 달고 독자들에게 크게 도움이 될 참고 문헌을 추가하여 2012년에 재출간되었다.⁶⁶

헨리 채드윅의 《고백록》 번역도 훌륭하다. 이 책은 '옥스퍼드 월드 클래식 시리즈'로 1991년에 출판되었다.⁶⁷ 국제적으로 아우구스티누스 연구를 선도적인 학자로서, 채드윅은 아우구스티누스가 사용한 뛰어난 라틴어의 섬세함을 잘 살려서 이해하기 쉽게 번역했다. 채드윅은 독자가 아우구스티누스의 신학과 철학 세계를 이해할 수 있도록 그의 본문을 전문적인 측면에서 소개하고 귀중한 주석을 달았다.

펭귄 출판사의 고전으로 케임브리지에서 공부한 가톨릭 신자인 R. S. 파인-코핀이 번역한 《고백록》도 있다. 이 책은 1961년에 처음 출판된 이후 오늘날까지 계속해서 출판되고 있다.[68]

《고백록》 번역본 가운데 가장 널리 알려진 영어 번역본은 호주계 영국 작가이며, 출판자인 프랭크 쉬드가 1942년에 번역한 책이다.[69] 이 번역본은 피터 브라운의 소개와 함께 1993년에 개정되었고 2006년에는 헨리 채드윅의 서문과 함께 다시 개정되었다.

## 신국론

아우구스티누스는 《신국론》을 "책 분량이 길고 이해하기 어려운 작품magnum opus et arduum"이라고 소개했다(《신국론》, 서문). 실제로 그는 이 책을 저술하는 데 13~14년 걸렸다. 이 책은 두 가지 측면에서 길다. 우선, 22권으로 구성되어 있고, 각 권의 장 또한 긴 분량으로 구성되어 있다. 대부분의 영어 번역본은 작은 판형이지만 약 천 페이지 분량이다.

아우구스티누스의 다른 저서와 마찬가지로 《신국론》은 실제 상황을 반영하고 있다. 410년 8월 24일에 서고트족의 왕 알라리크가 군대를 앞세우고 로마 도시를 침략한 상상도 못할 사건은 로마 제국 전역을 흔들었다. 정치적 피난자들이 로마를 도망쳐 카르타고와 히포 레기우스와 같은 도시로 몰려들었다.

이들 도시는 지중해 건너에 있었으며, 이민족이 미친 듯이 날뛰고 있는 유럽 중부, 북부와 먼 안전한 거리에 자리 잡고 있었다. 이때 아우구스티누스가 있는 히포 교회는 피난민을 많이 받아들였다.

로마의 약탈로 발생한 사회, 경제 문제와 더불어 아우구스티누스는 그 재앙을 그리스도교의 확산 탓으로 돌리는 사람들의 비난에 대처해야 했다.[70] 그들은 그리스도교가 자기 조상의 신들에게 바치는 전통적인 종교 의식과 숭배를 손상시켜 로마가 함락되었다고 보았다. 411년 혹은 412년에 아우구스티누스가 아프리카의 로마 제국 원로 의원이며 그리스도인 친구 마르첼리노 성인에게 쓴 편지를 보면, 그가 로마 함락의 의미와 원인을 성찰하기 시작했다는 것을 발견할 수 있다(《편지》 138장).[71]

413년에는 사목의 의무를 다하지 못했지만, 장문의 작품인 《신국론》을 저술하기 시작했다. 그리고 이를 통하여 서사적인 방식으로 신학적 주제를 발전시켰다. 그는 로마의 행운과 불행이 여러 신들과 여신들에게 구애하거나 추종하는 문제와 상관없으며, 사회 정의의 본질과 실천에 달려 있다는 것을 보여 주며 로마의 역사, 정치, 종교를 비판했다. 그리고 무엇보다도 하느님을 사랑하는 이들의 덕목을 통해 역사에 존재하는 하느님 섭리의 근원을 식별할 수 있으며, 하느님을 경멸하고 자기를 앞세우는 이기적인 사랑에 의해 악의 잡초가 자란다는 것을 말해 준다.

《신국론》은 읽기 쉽지 않다. 그래서 아우구스티누스는 이 책의 긴 분량과 난이도 때문에 어려움을 느낄 일부 독자를 생각하여 22권의 개요를 마련했다. 그가 《신국론》의 저술을 마치고 얼마 지나지 않은 427년, 개정본 2장 43절의 논평에 이를 마련한다. 이 책의 처음 다섯 권에서는 로마 역사가와 정치인, 그리고 공화국과 제국의 옛 종교를 주창한 이들이 주장한 대로 로마가 함락된 원인이 로마의 이교도 숭배가 사라진 것과 이교도의 신 때문이라고 말한다. 6~10권에서는 그리스 철학자와 자연 종교에 대한 고찰로 이어진다. 즉 이 자연 종교는 그리스도의 강생에서 절정에 이르고, 성경처럼 하느님께서 마련한 계시가 없는 종교를 말한다. 여기에서 아우구스티누스는 내세와 하느님 안에서 행복을 찾는 데 이교도 교리와 철학의 효율성에 대해 이의를 제기한다.[72] "이 열 권의 책들로 그리스도교에 적대적인 두 가지 공허한 견해는 논박되었다."《신국론 개정본》 2권 43[70]장 1절)

11~14권까지는 '두 도시'의 기원을 밝힌다. 우리는 14권에서 아우구스티누스가 두 도시를 정의한 유명한 구절을 읽을 수 있다. "두 사랑이 두 도시를 만들었다. 하느님을 경멸하고 자기를 앞세우는 이기적인 자기 사랑은 지상의 도시를 만들었고, 자신을 경멸하고 비하할 만큼의 하느님 사랑은 천상 도시를 만들었다. 따라서 이기적인 자기 사랑은 자신 안에서 기뻐하고, 하느님 사랑은 주님 안에서 기뻐한다."(14권 28장). 이 두 사랑은 아

우구스티누스가 인간의 역사, 사회, 권력을 해석하기 위해서 사용한 원칙이다. 곧 신들과 여신들의 변덕으로도, 군사력이나 정치적인 힘으로도 융성하거나 쇠퇴하지 않는, 모든 것을 해석할 수 있는 불변의 원칙인 것이다. 오히려 사회는 사회의 구성원인 인간 결정의 특성에 따라 융성하기도 하고 쇠퇴하기도 한다. 이 때문에 인간의 결단력은 그리스도 안에서, 그리스도를 통하여 주어진 하느님의 절대적인 은총의 도움을 받아 평화와 정의를 이끌어 내는 도덕적인 결정을 내릴 수 있다. 인간의 결단력이 은총을 거부하고 하느님과 이웃의 선행을 무시한다면 갈등과 불의가 발생한다.[73]

15~18권은 두 도시의 성장과 발전을 서술한다. 아우구스티누스는 이 두 도시가 어떤 인간 사회나 교회를 포함하는 단체라고 동일시할 수 있는 별개의 사회나 정치적인 실재가 아니라고 다시금 강조한다.

> 천상 도시는 지상에서 유배 생활을 하는 동안 모든 나라로부터 시민을 모집하고, 다른 언어를 말하는 외국인과 함께 사회를 이룬다. 지상의 평화를 이룩하고 유지하는 데에는 그들의 관습, 법, 관례의 차이점이 고려되지 않는다. 그것 중 어느 것도 억압하거나 없애지 않는다. 오히려 천상 도시는 나라마다 다르지만 지상의 평화라는 동일한 목적을 갖는 모든 것을 유지하고 지킨다. 다만, 적어도 이 목적이 진리이시

고 주권자이신 하느님을 숭배하도록 가르치는 종교를 방해하지 않아야 한다(《신국론》 19권 17장).

이 두 시민 혹은 두 도시는 세상의 모든 사회, 심지어 복음의 비유에서 언급하듯이, 쭉정이와 섞여 있는 밀처럼 교회에서조차도 뒤섞여 나타난다(《신국론》 1권 35장). 하느님 섭리와 하느님 뜻을 식별하는 것이 어렵지만, 각 도시는 종종 역사와 인간사의 변천을 통해서 운명을 향해 나아가고 있다. 하느님 도시의 시민들은 역사 안에서 천상 도시와 영원한 안식이 있는 진정한 집으로 향하는 여정에 있는 순례자로서 살아간다(《신국론》 22권 29장~30장). 19~22권에서 나타난 두 도시의 목적이 분리되는 일은 역사의 끝에서만 올 것이다.

제2차 세계 대전이 끝나고 10년 후, 파리의 교부학자 모임에서 프랑스 역사학자이자 그리스도교 인문학자인 앙리 이레니 마루(1904~1977)는 아우구스티누스가 저술한 《신국론》의 본질을 담을 수 있는 현대적이며 형식적인 통합을 촉구했다. 파괴적인 두 세계 대전으로 국가사회주의의 재앙, 비시Vichy 정부, 홀로코스트의 비참함, 냉전의 시작, 핵무기의 사용 등을 겪은 앙리 이레니 마루가 정치, 제국, 역사, 전쟁, 평화, 인간 운명에 제기된 질문을 해결하려고 애쓴 교부들의 고전 문학을 새롭게 연구하자고 주장했다는 것은 놀랍지 않다.[74]

마루가 촉구한 《신국론》의 통합은 여전히 이루어지지 않았고, 그럴 것 같지도 않다. 고전은 주제를 직선적이고 단순하게 조직하는 형식적이거나 최종적인 통합을 피하는 경향이 있다. 이는 《고백록》과 마찬가지로 《신국론》도 그렇다. 하지만 마루가 《신국론》을 새롭게 연구하자고 촉구한 것은 아우구스티누스의 고전 작품에 다시 관심을 두고 거기서 지속적인 관련성을 발견한 새 세대의 학자들을 집결시켰다. 그리고 이들 학자들은 공동 연구를 진행하여 역사, 정치, 인간성에 대한 아우구스티누스의 성찰에 새로운 지평을 열었다.

반복해서 언급하듯이, 분량이 길고 이해하기 어려운 《신국론》과 관련된 현대 학문의 두 가지 귀중한 참고 문헌이 있다. 도로시 도넬리와 마크 셔먼이 편집한 《아우구스티누스의 신국론: 1960~1990년 참고 문헌 목록에 주석을 단 현대 비평*Augustine's De Civitate Dei: An Annotated Bibliography of Modern Criticism, 1960–1990*》이라는 전집이다.[75] 이 책은 마루를 따라서 20세기 후반에 걸쳐 이루어진 다양한 학술적 완성물 목록을 연구가가 찾아볼 수 있도록 해 준다. 이 참고 문헌의 개요는 《역사, 종말, 세속적 상상력: 아우구스티누스의 신국론에 관한 새로운 소논문*History, Apocalypse, and the Secular Imagination: New Essays on Augustine's City of God*》에 계속된다.[76] 칼라 폴만은 이 책의 서론 부분에서 "오늘날 신국론 연구(1991~1999)"의 개요를 정리하고 영어, 이탈리아어, 독일어, 프랑스어로 된 최근 연구를 다루었다.[77]

이 방대한 저서들 중에 《신국론》을 읽는 초보 독자에게 도움이 되는 작품은 1967년에 피터 브라운이 집필한 《히포의 아우구스티누스 Augustine of Hippo》라는 자서전이다.[78] 그리고 몇 년 뒤에 출간된 《성 아우구스티누스 시대의 종교와 사회 Religion and Society in the Age of Saint Augustine》도 도움이 된다.[79] 브라운은 전형적이며 명료하고 우아한 문체로 아우구스티누스가 《신국론》에서 생각하는 사회와 종교 맥락으로 독자를 끌어들인다.[80]

로마 후기 시대를 전공한 영국 역사가인 로버트 매커스(1939~2011)는 《신국론》을 연구한 가장 영향력 있는 학자이다. 로버트는 로마 후기 시대의 가장 중요한 작품으로 평가받는 아우구스티누스 책에 큰 관심이 있었다. 《현시대: 성 아우구스티누스의 신학에서 역사와 사회 Saeculum: History and Society in the Theology of St. Augustine》에서 그는 아우구스티누스의 글이 이전 역사와 사회를 비판적으로 분석한 것과 어떻게 관련되어 있는지와 《신국론》을 저술하는 데 다른 사상가들이 어떠한 영향을 끼쳤는지를 밝힌다.[81] 무엇보다도 아우구스티누스가 사회적 질서나 정치적 구조를 신성화하는 일을 거부한다고 주장한다. 이는 그리스도교를 공인한 콘스탄티누스 황제와 그리스도교를 신성시했다고 아우구스티누스 사상을 인용하는 이들이 자주 놓치는 점이다. 아우구스티누스는 인간의 제도에 회의적이었다. 그는 정부, 정치 질서, 사회 구조가 항구적인 평화와 정의를 보장할 수 있다고 주장하기에는 인간 의지가 나약하고 인간이 너무 무지하다는 것을 지나치게 의식했다. 또한 매커스는 독자가 아우구스티누스의 역사 신학을 고려하도록 한다. 그는 《고대 그리스도교의 종말The End of Ancient Christianity》과 《성과 속: 아우구스티누스와 라틴 그리스도교에 관한 연구Sacred and Secular: Studies on Augustine and Latin Christianity》와 같은 다른 책들에서 《신국론》의 배경, 맥락, 주제를 주로 논평했다.[82]

매커스와 브라운 두 사람의 책을 읽으면 아우구스티누스 《신국론》의 목적이 로마 제국을 비판적으로 분석하거나, 붕괴하는 로마 제국에서 그리스도교의 역할을 질문하거나, 정부의 역할을 정치적으로 비판하는 것에만 국한되지 않는다는 사실을 확실하게 깨닫게 된다. 사실, 아우구스티누스는 이 모든 것들 이상의 것들을 논하고 있다. 오히려 그의 글은 역사 속에서 인간이 겪는 일을 신학의 측면에서 성찰하고, 그리스도교 신앙으로 영감받아 그렇게 성찰한 것을 깊이 있게 전개한다. 아우구스티누스는 라틴어 saeculum("현시대"로 종종 번역됨)이라는 용어를 사용할 때, 정치, 사회 구조뿐만 아니라 '세속적인' 세상이라는 더 포괄적인 개념조차도 언급하지 않는다. 이 단어뿐만 아니라 아우구스티누스가 신학적 작품 전반에 걸쳐 기본적으로 관심을 가졌던 바는 전 역사에 걸쳐 인류의 존재와 인류가 겪는 일에 관한 것이다. 하느님과 창조, 그리고 모든 창조물의 궁극적인 운명에 비추어 인간이 겪는 일을 이해하려 한 아우구스티누스의 지속적인 신학 연구가 있었기에 우리는 천상 도시에 대해 깊게 고찰해 볼 수 있다. 《고백록》에서 아우구스티누스는 이러한 질문들에 비추어 자신의 개인적 경험을 자세히 살펴본다. 그리고 역사, 사회, 권력 행사를 함께 고려한다.[83]

성 아우구스티누스 수도회의 로버트 도다로는 《아우구스티누스 사상에서 그리스도와 정의로운 사회Christ and the Just Society in the Thought of Augustine》를 통해 매커스와 브라운이 한 연구를 계속한다.[84] 이 책에서 그는 옥스퍼드 대학교 박사 학위 논문에서 시작한 분석을 계속하면서 《신국론》을 새롭게 연구했다. 아우구스티누스의 정치 사상에 관한 이전 학술 저서들은 "그리스도와 성경의 해석에 관한 아우구스티누스의 생각에 거의 관심을 두지 않고, 그의 사상에서 이러한 영역과 다른 영역들이 그의 정치 윤리에 어떤 역할을 하는지 물어보려고 노력하지 않는다."[85] 도다로의 일관된 분석 방법은 보통 서로 별개로 연구되는 아우구스티누스의 다양한 영역들을 통합하는 것이다.

예를 들면, 도다로는 아우구스티누스의 《신국론》에서 정의 개념을 중심 주제로 둔다. 이 개념은 아우구스티누스의 그리스도 신학을 제쳐 놓고는 제대로 이해할 수 없다. 그리스도 신학은 구원의 은총을 받아 천상 도시의 시민들이 정의롭게 살도록 힘을 실어 주기 때문이다. 인간 정신의 무지와 의지의 나약함은 이기심과 인간 도시의 파괴적인 역동에 부채질한다. 이러한 무지와 나약함은 그리스도를 통하여 하느님께서 베푸시는 치유와 굳셈의 은총으로만 극복된다. 따라서 신국을 세우는 정의와 사랑의 덕목은 그리스도와 삼위일체 신비에 뿌리를 둔다.

도다로의 저서는 친교로 방법론을 전환시킨 좋은 예이다. 이것은 6장에서 논할 것이다.[86] 도다로는 아우구스티누스에 관한 연구에서 나타나는 개념과 맥락을 구분하는 방법론을 비평한다. 그리고 아우구스티누스 삶과 사상의 현실을 더 온전히 반영하기 위해 신학의 다양한 측면을 통합하려는 방법론을 사용한다.

앞에서 《고백록》의 독자에게 도움이 될 수 있는 몇 가지 안내서 내용을 인용했다. 《신국론》 독자에게 도움이 될 안내서들도 있다. 《신국론》의 긴 분량과 난이도를 고려할 때, 그러한 안내서를 통하여 아우구스티누스의 대작을 소개하는 것은 필수적이다. 제라드 오달리의 《아우구스티누스의 신국론: 독자 입문서 Augustine's City of God: A Reader's Guide》가 그런 책이다.[87] 로마 후기 고대 라틴어 전문가이자 역사가인 오달리는 런던 대학교의 교수이다. 그는 아우구스티누스의 방대하고 복잡한 대작을 상세하고 쉽게 접근할 수 있는 입문서를 저술했다.[88] 오달리의 강의를 들은 청중은 대체로 다양한 분야의 학자들이다. 그러나 그 중에는 신학자도 아니고, 아우구스티누스의 중요성을 진지하게 생각하지 않는 학생도 있다.

그래서 첫 다섯 장에서는 아우구스티누스의 글에서 정치, 사회, 문학, 종교 배경에 도움이 되는 개요를 설명한다. 이는 아우구스티누스의 글을 탐구하고, 그의 주장을 더 깊이 고심하여, 본문에 언급된 역사적 인물들을 이해하도록 준비시킨다. 6~10장에서는 아우구스티누스의 22권 각 권을 설명하면서 독자를 이해시킨다. 그러고 나서 아우구스티누스의 저서 가운데 《신국론》이 어떤 위치에 있는지 마지막 두 장에서 이야기한다. 이 책은 5세기에 아우구스티누스가 사회, 종교, 역사, 정치를 분석한 것을 이해하고 싶어 하는 이들에게 매우 귀중한 입문서이다.

《신국론》의 주제와 아우구스티누스 사상이 어떻게 20세기와 21세기의 신학자들, 철학자들, 역사학자들, 정치사회학자들, 언어학자들을 비롯하여 다른 여러 사람들의 관심을 끄는지에 관한 정보를 주는 최근 논문 모음집들도 있다. 가장 최근의 논문 모음집 가운데 빌라노바 대학교의 제임스 웨첼이 편집한 책이 있다. 《아우구스티누스의 신국론: 비평적인 입문서 Augustine's City of God: A Critical Guide》에는 각 분야에서 가장 훌륭한 학자가 저술한 소논문 12편이 포함되어 있다.[89] 또한 로드아일랜드 대학교의 교수 도로시 F. 도넬리가 편집한 《신국론: 비평적인 소논문 모음집 The City of God: A Collection of Critical Essays》도 있다.[90] 이 소논문은 아우구스티누스의 글에 드러난 그의 정치 사상, 문학, 언어학 차원 그리고 그의 저서에 제기된 철학과 신학 질문을 다룬다. 또 다른 소논문 모음집인 《역사, 종말, 세속적 상상력: 아우구스티누스의 신국론에 관한 새로운 소논문》은 이미 언급했다. 이 소논문은 제목 그대로 역사, 특히 로마 역사, 그리스도교 종말 신학, 서구의 문명화에서 아우구스티누스 저서가 지속적으로 문학과 철학에 미친 영향력이라는 세 가지 주제로 이루어져 있다. 후자의 두 모음집은 아우구스티누스의 사상이 다른 학문이나 전문 분야에 어떻게 영향을 주는지 이해하기 바라는 이들에게 참으로 흥미로울 것이다.

마지막으로 번역본이 있다. 서던 메소디스트 대학교의 교회 역사가이며 명예 교수인 윌리엄 S. 배브콕은 뉴시티 출판사를 통해 두 권의 번역본을 출판했다.[91] 수려한 번역이 가미된 이 저서는 아우구스티누스가 사용한 라틴어의 섬세함을 고스란히 이해하게 해 준다. 게다가 배브콕이 쓴 53페이지 분량의 번역본 개론과 보니파티우스 램지가 쓴 주석은 가장 최근 연구의 보고이다. 케임브리지 대학교의 아라벨라 밀뱅크는 배브콕의 번역본을 논하면서 "어떤 의미도 손상하지 않고 아름답게 표현했다"고 규정하며, "이 번역본이 다이슨과 베텐손의 번역본과 일관되게 비교하기 좋으며 존재하는 번역본 가운데 가장 수려하고 최신의 것"이라고 말했다.[92]

매커스 도즈가 번역한 오래된 번역본도 있다. 이 번역본은 1870년경에 처음 나왔고 2009년에 최신판으로 다시 출판되었다.[93] 헨리 베텐손의 번역본은 '펭귄 클래식 시리즈'로 1972년에 출판되었고 2003년에 새로운 서문과 함께 재출판되었다.[94] 더럼 대학교의 정치 사회학자이자 역사가인 R. W. 다이슨은 '케임브리지 정치 사상의 역사 시리즈'로 《아우구스티누스: 이교도를 상대로 한 신국론*Augustine: The City of God against the Pagans*》을 출판했다.[95] 이 세 권의 번역본은 모두 훌륭하고 아우구스티누스 연구 분야에서 영향력을 발휘하고 있다.

### 삼위일체론

399년 혹은 400년에 《고백록》 저술을 끝마쳤을 무렵, 아우구스티누스는 419년까지 완성할 또 다른 신학 논문을 저술하기 시작했다. 그리스도교 신앙에서 확인된 바와 같이 그 논문은 한 분이시지만 성부, 성자, 성령 삼위이신 하느님의 본성에 관한 긴 분량의 묵상책이었다(《삼위일체론》 1권). 아우구스티누스는 히브리어 성경이나 구약 성경에서 삼위일체에 대한 믿음이 점진적으로 드러나고 있다는 점을 발견하고(《삼위일체론》 2권~4권), 옛 계약의 지혜와 믿음이 그리스도가 계시한 새 계약을 어떻게 준비했는지 보여 준다.

그리고 나서 《삼위일체론》 5권~7권에서는 그리스와 라틴 신학의 전임자들이 하느님에 대해서 뭐라고 말했는지를 분석한다. 아우구스티누스는 인간의 용어로 하느님을 묘사하려고 하거나 그러한 시도는 궁극적으로 불충분하다고 처음부터 독자에게 충고했다(《삼위일체론》 5권 1장 2절). 그러면서, 인간의 언어로 하느님을 묘사할 때 얼마나 주의해야 하는지 자세히 조언한다. '위치, 소유, 시간, 장소'에 관한 언어는 '은유법과 직유법'으로만 하느님께 적용될 수 있다(《삼위일체론》 5권 2장 9절). 그러나 형이상학의 언어는 하느님의 "선하심, 영원하심, 전능하심 그리고 하느님에 관하여 말할 수 있는 모든 술어"이다. 이 언어는 은유법과 직유법에 의한 것이 아니라도 "어떤 것이든, 즉 인간의 혀(언어)로 그분에 관하여 적절하게 말할 수 있다."(《삼위일체론》 5권 2장 11절).

그리고 나서 아우구스티누스는 전문적인 신학 용어로 인간 경험에 초점을 맞추어 삼위일체 신비를 성찰한다. 그는 우리가 자신, 타인, 세계를 어떻게 경험하는지 생각하도록 도와준다. 그리고 통찰력 있는 분석으로 인간 경험에서 하느님의 일치성과 삼위일체의 흔적을 발견한다. 특히, 인간이 사랑과 지식의 경험으로 삼위의 실체가 통합된 경험과 서로 통교한다는 사실을 알게 된다(《삼위일체론》 8권). 가령, 연인, 사랑하는 사람, 그들과 사랑을 나누기로 약속함으로써 사랑을 경험할 수 있다. "이제 사랑이란 사랑하는 사람과 사랑, 사랑받는 것을 의미한다. 그곳에서 당신은 사랑하는 사람, 사랑받고 있는 것, 사랑이라는 세 가지와 함께 있다."(《삼위일체론》 8권 5장 14절). 다른 관점에서 아우구스티누스는 앎(지식)의 모든 행동에서 우리가 마음, 지식, 사랑의 능력을 이성적으로 구별할 수 있다고 주장한다. 마음은 자신이 알고 있는 것을 알고 사랑한다. 인간 마음의 모든 행동은 마음, 지식, 사랑의 세 부분이지만, 서로 통교하면서 하나로 이루어져 있다. 여기서 본질을 이해하려고 정신적인 작용을 사용하는 것은 통합된 경험이라고 할 수 있다(《삼위일체론》

9권과 10권). 저서의 나머지 부분(《삼위일체론》 9권~15권)에서 아우구스티누스는 우리의 경험에서 삼위일체 구조를 정교하게 비유한다. 그리고 그렇기에 인간이 한 분이신 하느님의 삼위일체 본성을 성찰할 수 있다고 말한다.

아우구스티누스가 생각하기에 이러한 비유 가운데 최고는 기억, 이해, 의지라는 3가지 요소이다(《삼위일체론》 14권). 우리가 알고 사랑하는 능력의 이 세 요소 각각은 뚜렷하게 작용한다. 그렇지만 세 요소는 모두 자신과 서로를 향한 우리 경험에서 필수적이며, 각각의 요소는 다른 두 가지 요소에 영향을 미친다. 하느님 체험의 이 비유가 하느님의 모상인 우리 안에서 삼위일체의 흔적을 가장 잘 드러내는 순간은 하느님을 사랑하려고 기억하고, 묵상하고, 선택하는 순간이다. 그러나 마지막에 아우구스티누스는 이러한 비유가 다만 하느님이시라는 이해할 수 없고 형언할 수 없는 신비의 희미한 반영일 뿐이라고 충고한다(《삼위일체론》 15권 3장~6장).[96]

신앙을 논하는 이 긴 글을 아우구스티누스는 하느님의 지속적인 이끄심과 자신이 쓴 글의 불충분함에 용서를 청하고, 삼위일체이신 하느님께 기도를 드리면서 끝마친다(《삼위일체론》 15권 51장). 이 책은 이해하기 어렵다. 아우구스티누스는 대부분 독자가 이 책을 매우 어려워해서 어떤 도움도 받지 못할 것이라고 걱정했다.[97] 그렇지만 이 책은 신학 명작이며 오로지 신앙의 마음으로 초월적인 신비를 파헤치려고 애쓴 종교적 정신을 보여 준다. 또한 이 책은 주교인 아우구스티누스의 통찰을 공유하고, 성경과 교회의 가르침에 비추어 어떻게 하느님에 관하여 생각해야 할지를 신자들에게 가르쳐 준다.

메리 T. 클라크는 《아우구스티누스에 대한 케임브리지 입문서The Cambridge Companion to Augustine》에 실린 '삼위일체론에 대하여'라는 자신의 논문에서 삼위일체를 명확하고 이해하기 쉽게 개괄적으로 설명한다.[98] 클라크는 직접적이고 단순한 형태로 독자에게 《삼위일체론》의 주요 핵심을 요약 설명한다. 이는 아우구스티누스가 가톨릭 신앙의 관점에서 삼위일체, 하느님 본성에 관한 신학 언어를 비판적으로 분석하고, 성경 말씀을 고심하여 삼위일체의 비유에 공들여 논했기에 매우 복잡하고 섬세한 작업이었다. 이를 참작할 때 쉽게 이룰 수 있는 일이 아니다.[99] 클라크가 여러 해 동안 이룩한 연구와 가르침은 그의 논문 형태와 내용에 명백히 드러나 있다. 그는 다음과 같이 결론 내린다. "아우구스티누스의 독창성은 주로 성령의 교의에서 발견된다. 뿐만 아니라 아우구스티누스가 삼위일체를 통해 삶으로 사랑을 바치고, 삼위일체를 새롭게 닮은 인간적 유사성으로 사랑을 바쳤다는 데에서 발견된다."[100]

《삼위일체론》 본문의 방향성을 제시하는 또 다른 귀중한 논문은 존 카바디니가 쓴 〈아우구스티누스 삼위일체론의 구조와 의도The Structure and Intention of Augustine's De Trinitate〉[101]라는 논문이다. 카바디니는 클라크처럼 《삼위일체론》의 개요와 주요 주제를 설명한다. 그리고 아우구스티누스가 《삼위일체론》을 저술한 목적의 실천과 사목적 차원을 강조한다. 아우구스티누스는 주교의 사목적 직무와 크게 동떨어진 '사변 신학'적인 차원에서만 《삼위일체론》을 저술하지 않았기 때문이다. 카바디니는 《삼위일체론》 구조를 볼 때, 청중을 대상으로 하는 아우구스티누스의 사목적 관심을 전반적으로 높이 평가할 수 있다고 말한다. 아우구스티누스는 신앙(1권~8권)과 이성(9권~15권)이 하느님을 향한 신앙 여정에 필수적이라는 점과 상호보완적으로 이를 어떻게 이끌어야 하는지 보여 준다. 카바디니는 《삼위일체론》의 일관성과 통합성이 독특하며 충분히 설득력 있다고 강조한다.

카바디니의 최근 논문은 하느님 신비에 관하여 아우구스티누스가 성찰한 경험을 독자들이 이해할 수 있도록 돕는다. 그는 《삼위일체론》의 호교적 기능 apologetic function이 종종 간과된다고 밝힌다. 카바디니는 《삼위일체론》의 여러 본문을 《신국론》 10권, 11권과 비교하면서, 아우구스티누스의 삼위일체 신학에 새로운 통찰을 불어넣고 본문 전체에 대한 유용한 개요도 제공한다. 카바디니는 《신국론》과 《삼위일체론》 본문이 플라톤 철학과 신플라톤주의 철학의 관점에서 하느님을 어떻게 연구하는지 강조하면서, 아우구스티누스가 얻으려 한 호교적 목적을 보여 준다.

아우구스티누스는 이 '이교도' 사상가들이 이성을 사용해서 삼위일체이신 하느님께 어떻게 접근하는지 설명한다. 하지만 이교도 사상가들에게는 한계가 있다. 아우구스티누스는 그들이 하느님에 대한 생각이나 강생 안에서 표현된 하느님의 자기 비움의 경험으로 나아가지 못하는 것을 보고 그들의 부족함을 확인한다. 여기서 카바디니는 아우구스티누스의 삼위일체 신학이 하느님을 참으로 경외하고 하느님에 대한 생생하고 헌신적인 체험을 할 때에만 그 충만함에 다다를 수 있다는 사실에 주목한다.[102] 이성이 신앙을 풍부하게 하듯이 신앙이 이성을 완전하게 하기 때문이다.

카바디니는 《삼위일체론》의 신학을 통찰하는 데 그치지 않고 《신국론》 10권, 11권과 《삼위일체론》 본문이 어떻게 연관되어 있는지 분석하여 설명한다. 이는 아우구스티누스 저서들의 서로 다른 본문과 주제 사이에서 드러난 일관성에 주목하는 방법론이다. 이에 대해서는 6장에서 다시 서술할 것이다.[103]

### 그리스도교 교양

아우구스티누스는 로마 제국의 으뜸 수사학자였다. 밀라노에 있는 황실의 수사학 일자리를 사임했을 때, 그의 의도는 아프리카 고향으로 돌아가서 같은 의견을 가진 친구들과 함께 연구하고 조용히 기도 생활을 하는 것이었다. 가족의 토지와 재산을 상속받아 세금을 지급할 연금도 있었기 때문에 자신의 전문적인 재능을 다시 사용할 의도가 전혀 없었다.

성직자로 부르심을 받았을 때, 그는 자신의 의향을 다시 생각해야 했다. 먼저 사제로서, 그런 다음 주교로서 강론하면서 말씀의 직무를 수행했다.[104] 이 새로운 공적 역할은 그에게 몇 가지 절박한 질문을 불러일으켰다. 자신의 엄청난 수사학 지식과 재능을 강론하고 가르치는 데에만 사용해야 하는가? 만약에 그렇다면 말씀의 직무에서 키케로가 수많은 젊은이에게 가르친 수사학 규칙이 얼마나 도움이 되는가? 그가 공부하고 가르친 수사학과 교양 과목은 성경을 읽고 설명하는 데 어떤 역할을 하는가? 3세기에 그의 전임자 테르툴리아누스의 말처럼 "아테네는 예루살렘과 무슨 상관이 있는가?"[105]

아우구스티누스는 저서를 통하여 수많은 긴급한 문제를 처리하면서 이러한 질문에 답했다. 그 결과로 나온 책이 가장 영향력 있는 책인 《그리스도교 교양》이다. 이 저서는 《신국론》과 《삼위일체론》처럼 완성하는 데 여러 해가 걸렸다. 강론하고 가르치는 일이 일상적인 직무가 되었을 때인 396년 혹은 397년에 아우구스티누스는 젊은 주교로서 이 책을 저술하기 시작했다. 이후 이 작업은 그가 나이든 주교가 되어 자신의 작품을 검토하다가 이 책의 1권부터 3권이 발견할 때까지 30년간 끝나지 않았다. 아우구스티누스는 이 책의 3권을 마치고 4권을 추가하기로 한다. 그래서 이 책은 아우구스티누스가 사목자로서 소명을 받은 일, 곧 그리스도교를 가르치는 일을 어떻게 해야 하는지에 대해 일생동안 성찰한 바가 담겨 있다.

1권에서는 그리스도교 강론이 반드시 교회의 가르침을 전달해야 한다는 기본 원칙을 강조하고, 이를 신경의 형식으로 배치한다. 2권에서는 성경과 그 내용이 언어, 역사, 철학, 지리, 생물학, 문학의 연구로 풍부해질 수 있고 또 풍부하도록 해야 한다는 것을 알려 준다. 성경을 단순하게 문자 그대로 읽어서는 안 된다. 설교가와 교사는 가능한 한 성경 말씀과 그 의미를 철저히 파악해야 한다. 3권에서 아우구스티누스는 성경 말씀에 남아 있는 모호함이 교회의 가르침으로 명확해진다고 주장한다. 성경 말씀의 명확한 이해를 돕기 위해 그는 가톨릭적 입장을 견지하면서 도나투스파 신학자 티코니우스$^{Tyconius}$가 발전시킨 성경 해석의 7가지 규칙을 추천한다.[106]

마지막으로 4권에서 아우구스티누스는 오랜 사목 기간 전례나 가르침을 위해 모인 그리스도인에게 하느님 말씀에 대해서 강론했던 자신의 역할을 언급한다. 그리고 그리스도교 강론에서 수사학적 재능을 사용하도록 허락한다. 키케로의 수사학 규칙은 가르치고, 영감을 주고, 강론을 들으려고 모인 이들을 기쁘게 하고 그들에게 신앙의 가르침을 전달하기 위해 사용되어야 한다.[107]

《그리스도교 교양》은 중세에 아우구스티누스의 가장 영향력 있는 저서 가운데 하나가 되었다. 이 책은 아우구스티누스가 죽은 뒤 여러 세기에 걸쳐 그리스도교 학교 교과 과정에 편입되어 사용되었다. 로마 제국이 붕괴되고 교회가 사회 질서 유지를 맡게 되면서 이 책은 중세 초기의 수도원 학교와 대성당 학교에서 가장 기본적인 교과서가 되었다. 이 때문에 아우구스티누스 저서 가운데 첫 번째로 인쇄되었으며, 중세 시대를 넘어서 신학교에서도 여전히 중요한 책으로 다뤄졌다.[108]

《그리스도교 교양》의 두 가지 번역본에는 여러 세기를 걸쳐 형성된 이 책의 평판과 최근 연구, 학문을 반영한 개론과 주석이 담겨 있다. R. P. H. 그린의 번역본은 매끄럽게 번역되었으며, 제목을 《그리스도교 가르침에 대하여On Christian Teaching》로 바꿔 붙인다.[109] 개론은 짧지만 유용하며 아우구스티누스의 말과 고대 로마 후기의 맥락을 깨닫도록 해 준다.

에드문드 힐은 아우구스티누스의 작품집을 만들기 위해서 《그리스도교 교양De doctrina christiana》을 번역했다. 이 번역본은 뉴시티 출판사에서 출판한 '21세기를 위한 시리즈'에 속한 것으로 원서명과 동일하게 《그리스도교 교양》이라는 제목으로 출간되었다.[110] 힐은 같은 시리즈에서 아우구스티누스의 모든 강론과 《삼위일체론》도 번역한 아우구스티누스에 대해서 잘 알고 있는 학자다. 힐의 개론과 주석은 최근 십 년 동안 가장 철저하고 설득력이 있다는 찬사를 받았다.[111]

《그리스도교 교양》에 관한 최근의 두 가지 학술 논문집은 귀중한 자료를 담고 있다. 드웨인 W. H. 아놀드와 파멜라는 '노트르담 대학교의 그리스 로마 시리즈'에서 그리스도교와 유대

교를 위한 《그리스도교 가르침: 서구 문화의 고전De doctrina christiana: A Classic of Western Culture》을 편집했다.[112] 에드워드 D. 잉글리쉬도 같은 시리즈에서 《독서와 지혜: 중세 시대의 그리스도교 가르침Reading and Wisdom: The De Doctrina Christiana in the Middle Ages》을 편집했다.[113] 이 논문집은 여러 세기에 걸쳐 《그리스도교 교양》이 얼마나 중요했고, 영향력을 발휘했는지 밝혀 준다.

### 시편 주해

150편의 히브리 시편은 아우구스티누스의 영성 생활에서 중요한 부분을 차지한다. 《고백록》에서 그는 개종 직후에 시편이 자신에게 얼마나 영향력 있고 영성적으로 중요한 기도였는지 설명한다.

> 저의 하느님, 믿음으로 가득 찬 노래와 겸허함으로 이루어진 다윗의 시편을 읽으면서 얼마나 큰 소리로 당신께 부르짖었나이까! 제가 얼마나 큰 소리로 당신께 부르짖기 시작했나이까! 그 시편들 속에서 얼마나 당신을 향한 사랑으로 불타올랐고, 온 세상에 그 시편들을 읊조리려고 얼마나 불태웠나이까(《고백록》 9권 4장 8절).[114]

아우구스티누스는 사목 활동 중 시편에 관한 강론과 교리 교육을 많이 했다. 또한 시편의 의미에 관한 자신의 생각을 필사자에게 받아쓰게 하기도 했다. 그래서 학자들은 그가 주교로 25년 동안 활동하면서 남긴 시편에 관한 강론과 주석, 설명과 가르침을 담은 모음집을 많이 수집했다.[115] 그의 성경 주해들은 다른 이들의 주해와 달리 짧고 간략하다. 그리고 모든 주해에는 시편이 아우구스티누스 자신의 영성 생활에 얼마나 중요한지 보여 주는 심오한 예시들이 나온다.

아우구스티누스의 책을 읽으면 그가 어떻게 계속해서 기도 생활과 예배 일기를 시편에서 찾았는지, 그가 걸어온 신앙 여정이 어떻게 발전되었는지 알 수 있다.[116] 《고백록》을 대충 훑어보면 아우구스티누스가 내면의 이야기에 시편 구절을 어떻게 인용하고 바꾸어 표현하는지 알 수 있다.[117] 비슷한 방식으로, 《시편 주해》를 읽으면 아우구스티누스가 지닌 영혼의 열정과 깊은 신앙심을 만나게 된다. 시편은 아우구스티누스 자신이 바치는 기도 형식에 큰 영향을 주었다. 또한 주해서는 아우구스티누스가 구약 성경을 어떻게 읽었는지 보여 준다. 시편의 예언과 상징, 인물과 시에서 그는 계속해서 그리스도의 예형을 발견한다. 더불어 그리스도의 몸으로서 교회가 그분과 함께 한 목소리로 시편을 기도한다고 이해한다.

최근 십 년 동안 《시편 주해》에 대한 관심이 늘고 있다. 주요하고 감화를 주는 책은 마이클 피드로비치가 저술한 《그리스도의 음성을 담은 시편*Psalmus Vox Totius Christi: Studien zu Augustins "Ennarationes in Psalmos"*》이다.[118] 영어권 독자는 피드로비치의 연구를 간단히 줄여 60페이지 분량으로 출판한 뉴시티 출판사의 《주해서》 입문편을 읽을 수 있다.[119]

아우구스티누스가 시편을 이해하고 사용한 데에는 두 가지 분명한 이유가 있다. 첫 번째로 아우구스티누스는 자신이 저술한 주요 신학 서적에 모두 시편을 끼워 넣는다. 《고백록》에서 시편이 없는 페이지는 거의 발견할 수 없다. 시편은 《삼위일체론》과 《신국론》에서도 곳곳에 등장한다.[120] 그래서 그가 강론에 시편을 사용할 때, 신자들은 그가 읊기 시작한 시편 구절의 뒷부분을 종종 합송하곤 했다.[121] 시편은 아우구스티누스가 저술하고, 강론하고, 기도하는 데에 큰 영향을 끼쳤다. 시편은 신학의 무게를 지지하는 발판과 같다. 그래서 아우구스티누스가 사용한 시편 구절에 대한 통찰력은 대체로 그의 신학에 대한 통찰력을 준다.

《시편 주해》를 꼼꼼히 읽으면 알게 되는 두 번째 이유는 그리스도의 중심성이다. 이에 대해서는 6장에서 아우구스티누스가 광범위하게 연구한 그리스도론을 논하며 이야기할 것이다.

## 카시치아쿰의 대화편

386년 수사학자를 그만두고 황실을 떠난 아우구스티누스는 세례를 받기로 했다. "당신이 나를 구원하셨기에 정정당당하게 사임하고 더는 남의 밑에서 일을 하려고 하지 않습니다. 마침내 수사학 교사 직업에서 나를 해방해 줄 날이 왔습니다."(《고백록》 9권 2장 2절과 4장 7절). 어머니 모니카, 아들 아데오다투스, 동생 네비기우스, 친구 알리피우스, 사촌 두 명, 학생 두 명과 함께 아우구스티누스는 밀라노를 떠나 북쪽으로 약 40킬로미터 떨어진 밀라노 문법학자 베레쿤두스의 시골 사유지로 갔다. 이 지역은 카시치아쿰으로 알려졌으며 오늘날 카사고 브리안자로 알려진 곳이다.[122] 아우구스티누스와 일행은 386년 9월부터 387년 1월 혹은 2월까지 그곳에 머물며 소박한 생활을 이어 나갔다.

아우구스티누스는 새로 얻은 자유 시간을 이용하여 그리스도 신앙을 받아들인 의미를 뒤돌아보면서 저술 활동을 하기로 결심했다. 그는 그곳에서 387년에 세례를 받을 때까지 《행복한 삶》, 《아카데미학파 반박》, 《질서론》, 《독백》 4권의 책을 저술했다.

각각의 저서는 그 자체로 주목할 만하다. 아우구스티누스는 《행복한 삶》을 통해 그리스도교 철학자로 자리매김하면서 그리스 로마의 저술가라면 묻곤 했던 "행복하다는 것은 무엇을 의미하는가?"라는 유서 깊은 물음에 답변한다. 그는 자신의 개종을 회고하면서 행복하다는 것은 그리스도를 찾는 것이라고 말한다. 하지만 이 같이 단순한 대답은 그가 전개한 풍부하고 다양한 혁신적인 문학 방법을 온전히 보여 주지 못할 수도 있다.[123] 《질서론》에서는 이에 더하여 우주와 인간 삶의 질서 그리고 악의 기원에 대해 철학적으로 한층 더 깊이 질문한다. 악의 기원에 관한 질문은 당시 마니교에서 영향을 받았지만 반反마니교에 관한 글을 저술하게 하는 질문이기도 했다.

《아카데미학파 반박》은 카시치아쿰 저서들 가운데 가장 길며 철학적으로 도발한 책이다. 아우구스티누스는 그리스 로마 철학과 역사에 관한 학식을 드러내면서 아카데미 회의론 학파를 넘어 자기 방식대로 어떻게 작품을 저술했는지 밝힌다. 이 길면서도 난해한 책은 우리가 이성과 믿음을 통하여 지식을 배울 수 있다고 긍정하면서 끝난다. 그리고 아우구스티누스는 그리스도를 자신의 권위자라고 고백한다(3권 43장).[124]

이 세 권의 책은 모두 대화체로 되어 있다. 아우구스티누스는 플라톤과 키케로의 방식처럼 학생들과 함께 사상과 논증을 탐구한다. 대화체인 저서들은 뚜렷하면서도 색다른 목소리를 지닌 대변인이 말하고 있는 것처럼 연극적 요소를 담고 있다. 이로써 독자는 풍부한 상상력으로 작품을 읽을 수 있다.[125] 중요한 장면에서 '현명한 여인'으로 말하며 행동하는 모니카와 끊임없이 생각을 뒤집는 아우구스티누스가 주고받는 대화는 역

동적으로 밝혀지는 지식을 쉽게 이해하도록 해 준다.[126]

네 번째 저서 역시 마찬가지로 역동적이지만 매우 다르다. 아우구스티누스가 '혼잣말하기soliloquia'라는 신조어를 만들었기 때문이다. 《독백》은 내면의 대화이며 의미와 진리를 추구하면서 이성과 나누는 대화이다. 《독백》 2권은 아우구스티누스가 바친 유명한 기도로 시작한다. "언제나 변함없으신 하느님, 나 자신을 알게 하시고 당신을 알게 하소서. 이것이 제 기도입니다."(2권 1장 1절).

아우구스티누스에 관한 연구에서 끊임없이 대두되는 질문은 겉보기에 이 초기 대화편들의 수준 높은 철학 언어와 후기 저서의 탁월한 신학, 성경 언어 사이에 단절이 있다는 것이다. 아우구스티누스는 이 차이점을 스스로 적어 두었다. "내가 카시치아쿰에서 집필 활동을 한 증거는 그곳에 참석한 사람들과 벌어진 논쟁과 당신이 보는 앞에서 나 혼자 숙고한 내용을 기록한 책에서 찾을 수 있습니다. 그것은 의심할 여지 없이 당신께 봉사하는 일이었으나, 여전히 저는 그것에 학문적인 자부심이 있습니다."(《고백록》 9권 4장 7절). 자부심이 있든 그렇지 않든 간에 대화편을 잠깐이라도 읽어 보면 거기에는 성경 말씀과 아우구스티누스가 《고백록》에 쓴 전형적인 어휘들이 나타나지 않는다는 것을 알 수 있다.[127]

프랑스 예수회 학자 피에르 쿠르셀은 대화편들에 보다 철학적인 언어를 사용했다는 사실은 아우구스티누스가 개종한 것이 적어도 처음에는 성경적 그리스도교 때문이라기보다 신플라톤주의 철학 때문일 거라는 점을 뒷받침해 준다고 말했다.[128] 그러나 최근 연구에서는 대화편들과 《고백록》 사이의 단절과 분리보다는 연속성과 성장을 더 강조한다.[129]

카시치아쿰에서 저술하지 않은 대화편이 하나 더 있다. 바로 《교사론The Teacher》이다. 388년에 세례를 받고 아프리카로 돌아온 뒤부터 391년에 사제직에 부르심을 받기 전, 아들 아데오다투스가 17살 또는 18살의 나이에 죽었다. 아우구스티누스가 아들이 죽기 전에 《교사론》의 저술을 마쳤는지는 알 수 없다. 하지만 이 책에는 사랑에 빠진 아버지와 영리한 아들의 대화 내용이 담겨 있다. "《교사론》이라는 제목을 붙인 책이 있다. 이 책에서 그는 나와 대화한다."(《고백록》 9권 6장 14절). 이 책에는 아우구스티누스가 가르친 기법과 형식을 알려 주는 단서가 없다. 오히려 아우구스티누스가 생각하는 배움의 핵심을 알려 준다. 아우구스티누스는 배우는 사람의 영혼 깊은 곳에서 배움이 이루어지며, 그곳에서 '스승이신 그리스도'께서 내면에 빛을 비추시어 진리를 깨닫고 인정할 수 있도록 학생을 가르치신다고 전한다.

아우구스티누스는 교사의 가르침을 기억해서 배운다는 플라톤의 주장을 따르기보다 지식을 내면에서 깨달아 구성하여 배움으로 나아간다고 주장한다. 우리는 단순히 교사가 사물의 이름을 알려 주는 것으로 배우지 않는다. 교사에게서 듣고 관찰한 것을 판단한 뒤 내면의 진리를 심사숙고하고, 그것을 자기 내면의 깊은 곳에서 알게 된 것과 비교해서 배운다(《교사론》 45장).[130] 타가스테에서 금욕주의자들과 제자들로 형성된 작은 공동체에 속했던 아우구스티누스는 아들 아데오다투스가 죽은 후 매우 허전함을 느꼈을 것이다. 하지만 기도와 학문에 계속 전념하면서 사랑했던 아들이 그리스도와 완전한 일치를 누리고 있다고 위안한다. "당신은 제 아들을 일찍 이 세상에서 데려가셨지만 저는 아무 걱정 없이 아들을 기억합니다. 아들의 소년 시절이나 청소년기에 아무것도 두려워하지 않았기 때문입니다. 사실 저는 제 아들에 대해 두려워할 것이 아무것도 없습니다."(《고백록》 9권 6장 14절).

아우구스티누스는 다양한 문제에 대한 이해를 바라서 여러 지역의 그리스도인이 수도원에 보냈던 질문에 답하기 시작했다. 아프리카로 돌아와 서품을 받기까지 짧은 몇 년 동안 타가스테에는 원고들이 쌓이기 시작했다. 나중에 이 원고는 《다양한 질문 83가지 Eighty-Three Diverse Questions》라는 책으로 알려진다. 아우구스티누스는 로마에서 고향으로 돌아오는 배를 기다리는 동안 자신의 계획을 계속 실행했다. 그러면서 그는 자신이 마니교도였던 과거를 언급해야 했다.

# 제3장

후기 저서: 신학 논쟁, 강론과 편지, 개정본

아우구스티누스는 일생 동안 성직을 수행하면서 종교와 신앙, 하느님의 본성에 관한 중요한 논쟁에 휘말리곤 했다. 이러한 활기차고 기나긴 논쟁 덕분에 그는 교회가 그리스도교 신앙의 의미를 생각하고, 선과 악의 본성, 교회 사명, 성직자 직무, 성사, 죄의 힘과 하느님 은총, 하느님과 그리스도의 신비와 같은 문제를 이해하도록 도울 수 있었으며, 가장 영향력 있는 저서를 쓰는 데 영감을 받을 수 있었다. 황궁에서 수사학 교사로 재직하여 은퇴할 때까지 활용한 수사학 재능도 이 논쟁에 활용했다.

마니교 신자, 도나투스파 지도자, 펠라지오파 사상가, 아리우스파 그리스도인과 여러 번 공적으로 충돌했지만, 아우구스티누스를 부정적인 이로 봐야 할 것이 아니라 긍정적이며 사목적인 이로 보아야 한다. 그는 카르타고의 주교인 아우렐리오 성인과 북아프리카 주교단과 함께 누미디아 교회를 쇄신하려고 했다. 지역 교회 시노드를 개최하였고, 교회 쇄신의 맥락에서 자신의 견해를 설명해야 했다. 소위 논쟁적인 작품에 나타난 아우구스티누스의 주장에는 자신의 신자와 다른 그리스도인이 그와 동료 주교들이 잘못된 생각이라고 판단했던 문제들을 이해하도록 도우려는 사목적 목적이 있었다.

아우구스티누스는 사목자와 교사로서 마니교, 도나투스파, 펠라지오파, 아리우스파가 제기한 핵심적인 신학 문제를 되풀이하여 반박하고 훈계하며 자신의 논증을 재구성한다.[131] 이 장에서는 아우구스티누스가 이 문제를 해결하려고 사고한 과정을 살펴보기 위해 그의 주요 저서들을 고찰할 것이다.

그다음 아우구스티누스의 강론과 편지가 그의 생애와 저서에 어떤 역할을 했는지 평가할 것이다. 최근에는 히포의 주교 아우구스티누스가 일상에서 보인 관심사와 수행한 직무를 새롭게 통찰하려는 연구가 이루어지고 있다. 마지막으로《개정본》을 살펴볼 것이다. 아우구스티누스는 생애 마지막 해에 저술한 이 책을 목록에 따라 분류하고 논평했다.

### 신학 논쟁

#### 마니교와의 논쟁

마니교에서 개종하고 나서 387년에 세례를 받은 아우구스티누스에게는 해명해야 할 무언가가 있었다. 그는 일단 그해 여름에 밀라노를 떠나 고향인 아프리카로 건너갔다. 그러나 로마 항구 오스티아의 해상 봉쇄 때문에 귀향이 일 년 동안 미뤄졌다. 그의 어머니 모니카가 세상을 떠난 것이 이때이다. "우리가 오스티아에 있는 동안 티베르강 근처에서 어머니가 돌아가셨습니다."(《고백록》 9권 8장 17절).

아우구스티누스가 아프리카로 가는 항로가 열리기를 기다리면서 한 해를 보내야 했기에, 로마의 마니교 공동체는 그가 개종한 사실을 알고 비판했을 것이다. "어째서 유명한 동료 신도가 마니의 가르침을 거부하고 '조상이 뱀'인 가톨릭이라는 '그리스도교와 유사한 종교'를 받아들였는가?"(《마니교도 파우스토에게 한 답변Answer to Faustus, A Manichean》 1권 3장)

388년 마침내 고향 마을에 도착해서는 다음과 같은 문제에 봉착했을 것이다. 아프리카에 사는 이전 마니교 동료들에게 새로운 신앙을 어떻게 설명해야 하는가? 그리고 이전에 적극적으로 마니교로 개종하라고 권했던 모든 가톨릭 신자에게 뭐라고 말해야 하는가?

아우구스티누스는 다른 이들에게 자신의 생각이 왜 바뀌었는지 설명하기 위해 《마니교를 대항하여contra nanichaeos》를 388년에서 411년까지 저술한다. 실제로 아우구스티누스가 마니교인이었던 전력은 펠라지오파와의 논쟁 동안 드러났으며, 이는 말년까지 그를 괴롭혔다. 에클라눔의 율리아누스는 아우구스티누스가 주장한 원죄 사상이 마니교에서 말하는 최초의 악 사상과 매우 비슷하다고 고발했다.[132]

387년 혹은 388년, 아우구스티누스는 로마에서 오도 가도 못하는 동안 마니교를 비판하는 작품 《가톨릭의 생활 방식과 마니교의 생활 방식The Catholic Way of Life and the Manichean Way of Life》을 저술한다. 분량이 많아 두 권으로 구성된 이 책의 1권에서는 이성과 성경에 기반을 둔 가톨릭이 더 우수하다고 주장한다. 그는 구약 성경과 신약 성경의 연속성과 조화를 설명하면서 마니의 추종자가 성경 내용을 많이 거부하기 때문에 진정한 그리스도인이 아니라고 주장한다(《가톨릭의 생활 방식과 마니교의 생활 방식》1권 30장 62절).[133]

2권에서는 악이 하느님과 함께 영원한 원초적인 존재라 주장하는 마니교의 원리를 거부하면서 악이 그 자체로 존재하지 않는다고 설명한다. 악이라는 것은 오히려 '존재하는 것과는 거리가 먼 것' 또는 선善의 결핍이다(2권 2장 6절). 게다가 아우구스티누스가 보기에 마니교 공동체는 신비로운 전례를 바치고 음식을 엄격하게 준수하지만 남을 속이고, 교활하고, 악이 있는 사람들로 가득 차 있다(2권 19장 67절). 물론 죄를 지은 사람은 가톨릭에도 있다. 아우구스티누스는 위선, 시기, 성범죄가 특히 마니교인 상류층에 만연해 있다고 보면서 그들의 탈선 행위를 생생하고 자세히 서술한다(2권 19장 70절~20장 75절).

타가스테로 돌아온 다음해(388/389)에 아우구스티누스는 창조에 관한 첫 번째 책《창조론: 마니교도에 대한 반박On Genesis: Refutation against the Manichees》을 저술했다. 마니교도가 거부하고 비웃은 성경의 첫 번째 책인 창세기를 일반 가톨릭 신자들이 이해하고 받아들일 수 있도록 성경 주해를 저술한 것이다. 창세기를 이해시키기 위해 창세기 1장 1절에서 3장 24절까지의 본문을 주해하는데, 기존과 달리 비유적인 방법을 사용하면서 성경을 읽는 방식을 제시한다.[134] 이 책에서 아우구스티누스가 지닌 성경 말씀을 이해하고 설명하는 능력과 신학적 천재성이 함께 드러난다.

마니교도는 창세기 본문을 엄격히 문자 그대로만 해석하고 비유나 상징으로 해석하는 일을 인정하지 않았다. 제한적인 성경 해석으로 창세기를 바라보았기 때문에 불일치와 모순에 빠졌고, 이는 창세기를 거부해야 한다는 주장으로 이어졌다. 아우구스티누스는 이에 대항하여 구약 성경을 배타적이며 문자 그대로 읽는 방식을 멀리하고 본문의 의미를 여러 측면에서 살펴보고 탐구하는 더 풍요로운 방식으로 그리스도인을 이끈다.

아우구스티누스가 마니교를 대항하여 저술한 처음 두 권의 책은 한 해 또는 두 해 이전에 저술한 《카시치아쿰 대화편》에 담긴 수사학 방식, 철학 내용과는 매우 다른 서술 형태이다. 초창기에 마니교를 대항하여 저술한 책이 사회 엘리트 청중을 대상으로 하지 않았기 때문이다. 오히려 새로 세례받은 아우구스티누스는 자신이 이전에 마니교 종파로 이끈 사람들과 마니교 설교에 영향을 받기 쉽고 가톨릭을 부족하게 배운 이들을 우려했다.[135] 그래서 두 권의 책은 가톨릭 신자가 가톨릭과 마니교의 차이점을 올바로 이해하도록 돕기 위하여 기본 교리서로 저술했다.

아우구스티누스가 마니의 가르침을 비판하는 핵심 내용은 세례 뒤에 바로 저술한 이 초창기 책들에서 명확하고 강력하게 드러난다. 그는 특히 하느님의 본성과 관련지어 설명하는데, 그에 따르면 완고한 적, 원동자, 영원히 공존하는 악의 원리에 지속해서 위협받으신다면 하느님은 전능하신 분이 아니다. 마니교도가 이해한 것과는 달리 선하신 하느님은 신성이 손상되기 쉬운 분, 악한 존재의 진격과 공격으로 신성이 변할 수 있으며 변화되는 분이 아니다. 이처럼 아우구스티누스는 모순되는 존재로서 하느님 이해를 거부한다(《가톨릭의 생활 방식과 마니교의 생활 방식》1권 20장 21절). 그는 무한하고 변하지 않는 것이 신성의 본질이라고 주장한다. 그러니 하느님이 육체적이고 변할 수 있으며 위협을 받는다는 마니교도의 개념은 비논리적이고 비합리적이다. 더욱이 악은 하느님의 선하심에 반대되는 영원한 원리가 아니라 결손이다. 즉, 악은 선함이 결여된 것이다(《가톨릭의 생활 방식과 마니교의 생활 방식》1권 1장 1절-10장 19절)

《참된 종교 *True Religion*》는 타가스테에서 돌아온 후에 저술한 책이다. 아우구스티누스는 이 책에서 타가스테 출신이자 그의 오랜 후원자인 로마니아누스를 직접 언급했다. 로마니아누스는 자신의 성직 생계비 일부로 아우구스티누스를 후원한 인물이다. 덕분에 아우구스티누스는 카르타고 시절에 공부할 수 있었다. 그래서 아우구스티누스는 철학적인 내용을 담은 대화편 《회의론자와의 논쟁 *Argument with the Skeptics*》을 로마니아누스에게 바쳤다. 아우구스티누스는 이 두 번째 책에서 오랜 이웃이자 동료인 마니교도를 예우하면서 로마니아누스에게 마니교의 허술함과 밀라노에서 접한 사색적이며 신플라톤주의를 바탕으로 한 그리스도교의 우수함을 알려 주려고 한다. 이 책은 아우구스티누스가 신플라톤주의 사상을 자신의 신학적 주장에서 명백히 끌어낸 마지막 책이다.

아우구스티누스는 391년에 사제품을 받은 후에도 마니교를 계속 반박한다. 391년부터 4년 동안 저술한 《두 개의 영혼The Two Souls》에서 그는 선과 악의 두 가지 공존 원리를 가르치는 마니교에 반박하여 자신의 논의를 인간 본성에 대한 이원론적 이해에 대항하는 논의로 확장해 나간다. 아우구스티누스는 선과 악 사이의 투쟁을 각 사람에게 일어나는 우주적 갈등이 아니라 각 사람이 자발적으로 행동하는 인간적 의지라고 해석한다. 도덕적인 악은 죄의 결과, 곧 불의하게 행동하는 우리가 자유롭게 선택한 결과이다(《두 개의 영혼》 11장 15절).[136] 이 책에서 아우구스티누스는 친구이며 후원자 로마니아누스와 마니교로 개종하게 한 호로라투스에게 특별한 관심을 다시 표현한다. 그리고 호로라투스가 가톨릭 신앙을 받아들이길 바란다.

《마니교도 포르투나투스와 하는 논쟁A Debate with Fortunatus, A Manichean》은 392년 8월에 벌인 논쟁을 기록해 둔 책이다. 포르투나투스는 히포에서 출세한 마니교 개종자이며 젊은 사제인 아우구스티누스와 공적으로 논쟁을 벌인 인물이었다. 그들은 악의 기원과 하느님의 본성이라는 일반적인 주제를 중심으로 논쟁했다. 기록에 따르면, 포르투나투스는 아우구스티누스에게 완패하고서 히포를 떠나 돌아오지 않았다고 한다. 같은 무렵에 아우구스티누스는 《마니의 제자 아디만투스에게 한 답변 Answer to Adimantus, A Disciple of Mani》을 저술했다. 이 책에서는 《아디만투스의 토론 Discussions of Adimantus》이라는 마니교 책을 비판한다. 아디만투스는 마니의 열두 제자 중 한 사람이며 이집트에서 설교한 인물이다. 아프리카에서 유명했던 아디만투스의 이 저서는 마니교가 구약 성경을 거부하는 것을 강조했다. 아우구스티누스는 이에 대한 답변을 하면서, 몇 년 전에 《창조론: 마니교도에 대한 반박》에서 논한 비유적이며 유비적인 성경 해석 방법을 더 연구한다.

395년 혹은 396년 아우구스티누스는 주교가 되자마자, 마니의 책인 《기본서 The Foundation》를 공식적으로 비판하면서 계속해서 마니교와 논쟁했다. 아우구스티누스가 집필한 《"기본서"로 알려진 마니의 편지에 대한 답변 Answer to the Letter of Mani Known as "The Foundation"》은 《기본서》의 본문을 온전하게 인용하면서 조목조목 반박하기 때문에 계속 출판된다. 그는 이 책에서 이전과 같이 마니교가 이해한 선과 악을 비판하고, 여기에 더해 마니교의 '이성적인' 신앙과 우주론을 비판한다. 아우구스티누스는 친구들과 이전의 동료 신도들에게 자신의 주장을 들어 주길 간청한다. 그리고 진리의 빛을 찾는 일이 얼마나 어려운지 공감한다

(2장 2절~3장 3절).

아우구스티누스는 391년에 《고백록》을 저술하기 시작해서 400년쯤에 끝마친다. 《고백록》을 처음 읽는 독자는 그가 마니교 가르침의 오류를 언급하려고 다소 내용이 산만해진 부분을 여럿 발견할지 모른다. 아우구스티누스가 이렇게 마니교 가르침에 대항해서 주장을 한 까닭은 한때 진리를 추구하는 젊은이로서 이 종파에 빠졌다가 거기서 나온 이유를 설명하기 위한 것만은 아니다. 《고백록》은 교리 교육의 목적도 가지고 있다. 아우구스티누스는 자신이 찾아내어 열정적으로 헌신한 그리스도의 진리를 독자에게 가르치기 위해 자기 이야기를 사목적인 도구로 사용한다. 특히 《고백록》 3권~5권에서는 과거 마니교 동료의 가르침이나 실천과 거리를 두기 위해 저술한 반反마니교 저서들 목록이 있다. 아우구스티누스는 마니교 사상의 불일치성을 밝혀서 독자들이 마니교도와 같은 일탈을 하지 않길 바랐다. 그는 《고백록》뿐만 아니라 그리스도인이 된 이래 첫 5년 동안 저술한 다른 책들에서도 마니교와 논쟁한다. 마니교도가 선과 악 두 가지 원리가 공존한다는 것을 믿고, 구약 성경을 거부하고, 개인의 이원론적 이해와 자유 의지의 감소를 주장하는 것을 가차 없이 비판한다.

404년에는 마니교에 대항하여 《선함의 본성 The Nature of the Good》, 《마니교도 펠릭스에게 한 답변 Answer to Felix, a Manichean》, 《마니교도 세쿤디누스에게 한 답변 Answer to Secundinus, a Manichean》 세 권의 책을

출간한다. 《선함의 본성》은 마니교를 대항하는 토론에서 다루지 않았던 내용을 요약한 책이다. 이 책에서는 마니의《명작집 Treasury》과 파우스토가 저술한《장The Chapters》과 같은 책들을 길게 인용한다. 그리고 악을 한계, 형식, 질서의 부패라고 상세히 설명한다(《선함의 본성》 4장). 또한 악이 한정하는 마니교의 하느님 개념을 광기와 신성 모독이라고 강하게 비판한다(《선함의 본성》 41장과 42장).

《마니교도 펠릭스에게 한 답변》은 404년에 히포에서 펠릭스와 벌인 논쟁을 기록한 책이다. 일부 논쟁은 아우구스티누스가 사목했던 평화의 대성당에서 열렸다. 아우구스티누스는 이 책에서 그리스도론을 전개하면서 그가 규정한 창조 개념들의 차이점을 밝힌다. 또한 구원이란 무엇인지 생각해 보고 그것을 하느님의 말씀과 창조에 적용해 본다.

아우구스티누스는 이단에 반대하여 저술한 모든 책 가운데 《마니교도 세쿤디누스에게 한 답변》을 가장 좋아했다(《개정본》 2권 10장 37절). 사색적이며 지성적인 마니교 치유자 세쿤디누스는 아우구스티누스에게 존경의 편지를 보내면서 마니의 가르침을 다시 생각하고 돌아올 것을 간청했다. 이에 아우구스티누스가 장문의 편지로 답변한 것이《마니교도 세쿤디누스에게 한 답변》이다. 편지 형식이지만 나중에 책으로 분류되었으며, 이전에 마니교와 전개한 모든 논쟁 내용이 들어 있다.

《마니교도 파우스토에게 한 답변Answer to Faustus, a Manichean》은

408~410년 사이에 저술된 33권의 긴 작품이다. 아우구스티누스는 젊은 교사였던 383년경에 카르타고에서 북아프리카 출신 파우스토를 만났다. 그는 마니교 교의에 관한 답변을 진지하게 찾으면서 이 만남을 기대했다(《고백록》5권 6장 10절~7장 1절). 아우구스티누스와 만난 지 몇 년 후 파우스토는 지중해의 한 섬으로 1년 동안 추방되었다. 거기서 그는 가톨릭으로 개종한 마니교도(아마도 아우구스티누스)에게 조직적으로 답변을 한 《장》이라고 불린 책을 저술했다. 이에 아우구스티누스는 《장》을 조목조목 반박하기 위해 '33장'으로 구성된 책을 펴냈다. 아우구스티누스는 이 책에서 구약 성경을 비유적으로 해석하고 그리스도의 예표를 상세히 설명하면서 성경의 전망을 보여 주었다.[137]

《장》이 출판된 후 아우구스티누스는 파우스토에 관해서 어떤 이야기도 듣지 못했다. 그러나 마니교는 이후 수 세기 동안에도 로마 제국에서 살아남는다. 특히 7세기까지 서구의 군대에 존재했다. 그리고 동쪽으로는 중국, 시베리아, 만주에도 퍼졌다. 13세기까지 중국에 존재했다는 고고학적인 증거도 있다.[138]

마니교 가르침과 같은 이원론과 영지주의는 중세 프랑스의 카타리와 라인 지방 그리고 불가리아와 비잔티움의 보고밀파(중세의 이원론적 그리스도교파)의 종교 순수주의 운동으로 나타나곤 했다. 심지어 오늘날에도 마니교라는 말은 형이상학적 이원론과 은밀한 가르침을 역설하는 종교 운동이나 철학 체계에 적용된다.

**도나투스파와의 논쟁**

아우구스티누스는 마니교 가르침에 반박해야 한다는 개인적이면서도 사목적인 책임감을 느꼈지만, 사제가 되고 주교가 되면서 다른 종교 문제도 다루어야 했다. 가장 긴박한 문제는 타가스테에서 히포로 이동하자마자 시작된 도나투스파와의 논쟁이었다.

아우구스티누스는 일찍이 사제일 때 히포 근처에 있는 시니티의 도나투스파 주교 막시미누스에게 편지 한 장을 썼다. 그는 시니티의 도나투스파 회중에게 간 가톨릭 부제에게 다시 세례를 주지 않도록 요청한다(《편지》 23장). 이 편지에서 사제가 된 후 아우구스티누스가 얼마나 빨리 논쟁에 휘말렸는지를 알 수 있다. 393년에는 가톨릭 평신도가 도나투스파 가르침에 맞서도록 돕는 교리 교육 시를 썼다. 《도나투스파를 대항하는 시편*Psalm against the Donatist Party*》은 알파벳 형식으로 된, 문학적으로 아름답게 표현된 시이다. 이 시편은 가톨릭 전례 성가가 너무 근엄하다고 비웃는 도나투스파 회중에 맞서기 위한 것으로 히포의 가톨릭 신자들이 찬송에 사용하는 작품이 되었다(《편지》 55장 34절).

아우구스티누스는 400년부터 10년간 여러 책에서 도나투스파에 반박한다.[139] 그는 《파메니아누스의 편지에 한 답변*Response to the Letter of Parmenianus*》에서부터 이 종파에 대한 주요 비판점을 설명하기 시작한다. 특히 그는 도나투스파의 재세례가 일관성이 없다는 점을 비판한다. 도나투스파에서 갈라진 다른 구성원에게는 재세례를 주지 않으면서 가톨릭 신자에게만 재세례를 주었기 때문이다.[140] 재세례 교리 때문에 도나투스파는 아프리카 밖의 가톨릭 교회와 친교를 이루지 못했다. 또한 그들은 과격주의자들의 폭력에도 연루되어 있었다.

《세례Baptism》(401~402)에서 아우구스티누스는 카르타고의 치프리아노 성인과 함께 북아프리카 문제를 내밀히 조사해서 도나투스파의 재세례를 더 상세하게 비판한다. 가톨릭 교회와 도나투스파 양쪽으로부터 존경받았던 치프리아노 성인은 사실 재세례를 주었다. 그는 비록 도나투스파의 재세례 예식이 당시 이탈리아나 나머지 교회의 관행과는 달랐지만, 이 차이로 인해 분열이 생기기를 원하지 않았기 때문이다(《세례》 6~7권). 그래서 재세례에 대해서 동의하지 않는 동료 북아프리카 주교들의 결정도 용인했다. 그는 그들을 파문하지 않고 자신의 견해로 그들을 설득하려고 노력했을 뿐이다. 아우구스티누스는 재세례에 관해서 치프리아노의 의견에 동의하지 않았다. 그러나 그의 동료애에 찬사를 보내며 그가 가톨릭 편이라고 '선언'했다.

《세례》에서 아우구스티누스는 성사를 거행하는 집전자의 역할에 관한 신학을 전개하면서, 오직 그리스도만이 성사 은총의 원천이며, 성직자는 도구일 뿐이라 주장한다.[141] 또한 401년에는 도나투스파가 제기한 문제에 대해 동료 주교들을 위해 《교회의 일치The Unity of the Church》를 썼다. 이 책은 동료 주교를 위한 입문서로서 도나투스 교리의 편협한 특성과는 대조적인 가톨릭 교회의 보편성을 강조한다.

아우구스티누스는 402~403년에 《페틸리안의 저서들에 한 답변Answer to the Writings of Petilian》이라는 제목의 책을 썼다. 페틸리안은 히포에서 남서쪽으로 160킬로미터쯤 떨어진 도시인 콘스탄틴의 도나투스파 주교였다. 페틸리안은 가톨릭 주교와 논쟁하기 위해 도나투스파 주교를 위한 교과서를 저술했다. 이 교과서는 가톨릭 평신도를 겨냥해서 도나투스파의 우수성을 설득하려는 것이었다.

아우구스티누스는 이에 대해 가톨릭을 일일이 옹호하는 답을 한다. 특히 성경을 왜 항상 글자 그대로 읽어서는 안 되는지, 비유적이며 유비적으로 읽는 것이 어떻게 성경의 의미를 더 깊이 이해하게 하는지를 밝힌다. 이 책을 읽는 이들은 로마 사회의 특색을 잘 나타내는 대중적이고 수사학적으로 탁월한 현명한 대답을 맛볼 수 있다. 공격하는 페틸리안과 옹호하는 아우구스티누스는 둘 다 저속한 인신공격을 가하기도 한다. 여기서 아우구스티누스는 전업이었던 수사학 교사와 황실 수사학자로서의 능력으로 페틸리안과 도나투스파에 맞서 자신의 입장을 고수한다.

405년에는 《크레스코니우스에게 한 답변Answer to Cresconius》을 저술한다. 크레스코니우스는 교육을 잘 받은 문법학자이자 수사학자인 도나투스파 평신도였다. 아우구스티누스는 도나투스파의 잠재적으로 권위 있는 대변인에게 답변하는 게 중요하다고 생각했다. 《하나의 세례One Baptism》(410~411)에서는 교회 밖의 구원의 문제를 다룬다. 바오로(사도 17,23 참조) 사도와 유스티노 성인(《첫 번째 변명First Apology》 46장과 《두 번째 변명Second Apology》 10장)은 선교가 장려되어야 하지만, 하느님께서 하시는 구원 활동이 교회의 테두리에만 갇혀 있지 않다는 것을 알았다.

그렇다면 도나투스파는 어떻게 하느님 은총의 작용이 자신들의 종파에만 국한된다는 훨씬 더 제한적인 해석을 아우구스티누스에게 주장할 수 있었을까? 《편지》 105장에서는 아우구스티누스가 406년 후반 도나투스파에게 쓴 공개적인 인사말이 나온다. 여기서 그는 예수님의 비유를 인용해서 교회가 완벽한 그리스도인 사회가 아니라 밀과 가라지가 함께 있는 하느님 밭(마태 13,24-30 참조)이라고 도나투스파에게 상기시킨다. 교회라는 타작마당에는 좋은 곡식 가운데 쭉정이가 있다(마태 3,11-13 참조). 단지, 교회는 그것을 선별하기 전에 온갖 종류의 것이 들어 있는 하느님의 그물이다(마태 13,47-48 참조).[142]

이미 살펴보았듯이 북아프리카의 도나투스파와 가톨릭 교회 사이의 논쟁은 411년 6월에 열린 카르타고 공의회에서 절정에 이르렀다.[143] 6개월 후 아우구스티누스는 자신이 요약한 회의 내용을 《도나투스파와 함께 한 공의회 요약본Summary of the Conference with the Donatists》이라는 제목으로 출판했다. 공의회의 공식 회의록에서 밝힌 내용보다 훨씬 짧았지만 자신의 편집 논평과 함께 주요 논쟁점을 부각한다. 이는 영향력 있는 요약본이 되어 역사에서 중요한 자리를 차지한다. 몇 달 후인 412년에는 공의회와 이 논쟁의 주요한 문제에 관한 요약 논문《공의회 후에 도나투스파에게 To the Donatists after the Conference》도 후속으로 발표한다.

417년에는 보니파시오 백작에게 편지(《편지》 185장)를 썼는데, 이는 나중에《도나투스파의 정정 Corrections of the Donatists》이라는 제목으로 출판되었다. 이 책에서는 정당한 교회 교의와 규율을 시행하기 위해 국가 권력을 이용해야 함을 상세히 서술한다. 보니파시오 백작은 카르타고 공의회의 훈령을 시행한 인물로 아우구스티누스가 이를 위한 신학적 정당성을 제시한 것이다. 그는 실수하는 사람이나 집단을 진실로 되돌리기 위해 "사랑으로 박해"할 수 있다고 쓴다(《편지》 185장 11절). 신학적 입장에 기반을 두고서 교회의 교의와 규율을 시행하는 데 국가 권한과 권력을 사용할 수 있다는 이 주장은 후대에는 지나치다고 평가받는다.

하지만 교회의 규율을 갖고 교회 공동체에 종종 발생하는 폭력에 대응하는 방법을 찾기 위해 고심하는 아우구스티누스의 입장을 자세히 살펴보면 여기에는 미묘한 입장 차이가 있다. 408년에, 아우구스티누스는 식민지 총독 도나투스에게 "가르치지 않고 강요하는 것은 도움이 되기보다 더 잘못된 열의의 결과이다."라고 편지를 썼다(《편지》 101장 2절). 그는 폭력보다 언제나 이성을 선호했다. 아우구스티누스는 가톨릭 신자를 죽인 도나투스파의 과격주의자들에게 사형을 선고하지 않도록 국가 권력에 간청하는 편지를 많이 썼다.[144] "눈에는 눈으로"라는 방법은 도나투스파를 규율하는 지침이 아니었다. 그들이 그러한 범죄를 저질러 유죄가 확정되더라도 살해하거나 불구를 만들지 말고, 오히려 그들에게 폭력을 그만둘 모든 기회를 주어야 한다고 생각했다(《편지》133장 또는 《편지》100장). 아우구스티누스에게는 두 가지 목표가 있었다. 하나는 북아프리카의 교회에 평화와 일치를 이루는 것이었고, 다른 하나는 도나투스파 폭력의 공포에서 가톨릭 신자들을 보호하는 것이었다.[145]

하지만 세르주 란셀이 도나투스파 논쟁을 분석하며 지적하듯이, 이성은 북아프리카 종파주의의 표면 아래에서 들끓고 있는 사회, 정치, 경제 세력에 의해 언제나 뒷전으로 밀려났다.[146] 폭력을 진압하고 카르타고 공의회의 결정을 시행하도록 국가 권력에 호소한 아우구스티누스는 5세기의 북아프리카라는 맥락에서 비판되고 이해되어야 하며, 종교재판과 같은 후대 그리스도교 제도에 무비판적으로 적용되어서는 안 될 것이다. 란셀은 도나투스파 논쟁과 그 논쟁에서 아우구스티누스가 한 역할을 분석하며, 아우구스티누스가 도나투스파를 거슬러 쓴 책들은 도나투스파에게 지시한 엄격한 요구를 명심하면서 읽어야 한다고 주장했다. 그러면서 이 책들이 "직접적으로 또는 간접적으로 어떠한 육체적인 공격과 더더구나 어떠한 죽음도 일으키지 않았다는 것"을 기억해야 한다고 서술했다.[147]

도나투스파 교회는 북아프리카에서 지속되었다. 아우구스

티누스가 죽은 후 6세기 후반에 이르기까지 존재한 증거가 있다. 도나투스파와 가톨릭의 분열은 아리우스파 그리스도인인 반달족이 지방을 정복하는 일을 용이하게 했다. 아프리카가 식민지 저항을 하는 데 도나투스파가 미친 사회와 정치 상황은 교회 상황을 이해하는 데 중요하다.[148] 일부 학자는 오늘날의 북아프리카와 유럽 사이의 이슬람 분열을 도나투스파, 마니교파, 그리스도 단성론 학파, 네스토리우스파, 몬타누스파와 같은 초기 그리스도교 아프리카 '민족 교회'로 거슬러 올라간다.[149] 종교 역사에서, 순수를 향한 열정과 탐구는 여러 세계 종교에서 보듯이 배타성, 분쟁, 폭력을 일으킬 때 문제가 된다.

아우구스티누스가 반反도나투스 책들에서 한 답변은 인간 본성과 나약함을 동정적으로 이해하는 데서 비롯된다. 아우구스티누스는 원죄가 미친 영향를 이해하고, 예수님께서 말씀하신 밀과 가라지 비유로 기도해야 하며, 언제나 교회가 쇄신되어야 한다고 믿는다. 이를 통해 아우구스티누스는 교회 생활의 현실적인 기대감과 폭넓은 교회론을 드러낸다.[150]

### 펠라지오파와의 논쟁

411년 카르타고 공의회 이후에도 아우구스티누스는 편지와 강론, 주요 저서에서 도나투스파와의 논쟁을 반복한다. 하지만 펠라지오파의 논란에 시간과 노력을 더 기울인다. 그렇게 하여 그는 펠라지오파가 주장하는 사상의 의미를 점점 더 깨닫게 되었다. 이와 동시에, 카르타고에서 가톨릭과 도나투스파 논쟁의 최종적 결말을 주재한 로마 집정관이며 친구인 마르첼리노 성인과 다른 사람들은 아우구스티누스에게 펠라지오파에 대한 대응을 요청하였다.

411년과 418년 사이에, 아우구스티누스는 펠라지오파의 사상과 그들이 주장하는 그리스도교 구원론의 의미를 담은 중요한 책을 많이 저술한다. 이러한 책들에는《벌과 죄의 용서와 유아 세례 The Punishment and Forgiveness of Sins and the Baptism of Infants》(411),《영과 편지 The Spirit and the Letter》(412),《본성과 은총 Nature and Grace》(415),《인간 정의의 완전성 The Perfection of Human Righteousness》(415),《펠라지오의 행위 The Deeds of Pelagius》(416~417),《그리스도의 은총과 원죄 The Grace of Christ and Original Sin》(418)가 포함되어 있다.[151]

아우구스티누스는 이러한 책 대부분에서 펠라지오의 사상에 대응하여 세 가지 주요한 점을 제시한다. 이 세 가지 주요한 점은 원죄의 영향, 자유 의지의 범위, 유아 세례의 필요성이다. 펠라지오의 주장에 따르면 원죄는 인간 본성을 타락시키지 않으며, 또한 우리의 자유 의지와 옳은 일을 실천할 수 있는 본성적 능력을 손상시키지 않는다. 하느님의 은총에 이끌려, 우리는 해야 할 옳은 일을 알게 되어서 그 일을 하려고 자유롭게 선택한다. 마지막으로, 아담의 죄가 인간 본성을 타락하게 하지 않았기에 유아 세례는 반드시 하지 않아도 된다.

반면에, 아우구스티누스는 원죄의 영향으로 우리 본성이 타락하여 근본적으로 우리 의지가 나약하게 되었다고 이해했다. 우리는 옳은 일을 하도록 우리의 마음을 일깨워, 옳은 일을 실천하기 위해서 우리의 나약하고 죄에 빠지기 쉬운 의지에 힘을 부여하는 하느님의 은총이 필요하다. 그러므로 유아 세례는 될 수 있으면 빨리 어린아이가 그리스도의 구원 은총에 동참하기 위해서 필요하다.

초창기에 이 논쟁에서, 아우구스티누스는 서로 이해하고 동의하려는 듯 보인다. 411년 혹은 412년 무렵에 마르첼리노에게 쓴 편지에 따르면, 아우구스티누스는 이 영국 수도자(펠라지오)의 모범적인 삶과 미덕을 인정한다(《편지》 140장). 아우구스티누스는 초기 반反펠라지오주의 책에서, 펠라지오와 펠라지오의 사상을 정확하게 구분하지 않고 비판한다. 그가 《본성에 대하여 De Natura》라는 펠라지오의 책을 아직 읽지 않았기 때문이다. 그는 414년이 되어서야 이 책을 읽었다.

아우구스티누스에 따르면, 은총은 선과 진리를 알도록 우리의 마음을 깨닫게 하는 데 필요할 뿐만 아니라, 선과 진리를 선택하도록 우리의 의지에 힘을 부여하는 데도 필요하다. 《그리스도의 은총과 원죄 The Grace of Christ and Original Sin》(418)에서 아우구스티누스는 지금 잘못된 가르침으로 이름을 알리고 있는 펠라지오가 깨달음을 위한 은총의 필요성을 인정했기에 절반은 옳았다고 평가한다. 은총의 효과가 의지까지 미친다고 생각하였다면 펠라지오는 아우구스티누스와 합의점을 찾을 수 있었을 것이다. "말했듯이, 하느님께서는 우리 의지와 행동도 도우시므로 우리는 그분의 도우심 없이는 어떤 선한 일도 하지 못합니다. 그분께서 우리 의지와 행동을 도우신다고 펠라지오가 동의하게 하십시오. 그리고 이것이 우리 주 예수 그리스도를 통한 하느님의 은총이며, 우리의 정의로움이 아니라 예수님의 정의로우심임을 펠라지오가 동의하도록 하십시오. 그분께서는 우리를 의롭게 하십니다. 내가 보기에는, 그렇게 하면 하느님 은총의 도우심에 관하여 우리 두 사람 사이에 어떤 논쟁도 남아 있지 않습니다."(《그리스도의 은총과 원죄》1권 47장 52절).

이 초창기 책에서 아우구스티누스가 펠라지오주의에 반대하여 은총을 자세히 설명한 것은 그에게 있어 새로운 사상이 아니라는 점에 주목해야 한다.[152] 아우구스티누스는 바오로의 로마 신자들에게 보낸 서간에 관한 책 두 권을 썼다. 이 책에는 《로마서의 일부 진술에 관한 주해서 Commentary on Some Statements in the Letter to the Romans》(394~395)와 《로마서에 관한 미완료 주해서 Unfinished Commentary on the Letter to the Romans》(394~395)가 있다. 그가 초창기 수도 생활과 사제 직무를 할 때 쓴 《83가지 다양한 질문 Eighty-three Diverse Questions》(질문 66~68)에서도 로마 신자들에게 보낸 서간을 주해했다. 하지만 아우구스티누스는 이 책들에서 주해에 만족하지 않았다. 그래서 멘토이자 친구인 심플리치아노 성인의 부탁을 받아들여 하느님의 은총에 관해 로마 신자들에게 보낸 서간과 바오로 사상의 연구에 투신할 기회로 삼았다.

심플리치아노 성인은 밀라노에서 아우구스티누스의 개종을 도왔고 397년에 암브로시오 성인 뒤를 이어 주교가 된 연로한 사제였다. 그는 바오로의 로마 신자들에게 보낸 서간 7장과 9장을 포함해서 성경 말씀의 여러 내용을 설명해 달라고 아우구스티누스에게 부탁했다. 396년과 398년 사이에 쓴 《심플리치아노에게 답변한 질문 모음집*Miscellany of Questions in Response to Simplician*》에서 아우구스티누스는 존경하는 멘토이자 동료 주교가 된 그에게 하느님의 은총에 관한 방대한 논문을 보냈다.

이 논문에서 아우구스티누스는 자유 의지와 은총에 관한 사상에 중요한 변화를 보인다. 어떤 이는 이를 마니교로 개종과, 그리스도교로 개종의 뒤를 이은 아우구스티누스의 세 번째 '개종'이라고 부르기도 한다. 바오로의 로마 신자들에게 보낸 서간 본문을 다루면서, 아우구스티누스는 하느님의 은총으로만 우리가 죄에서 돌아서서 선한 일을 할 수 있다고 결론을 내린다. '죄의 수렁'과 '죄의 덩어리'처럼 인류에게 남긴 원죄는 자유 의지를 회복할 수 없도록 나약하게 했다(《심플리치아노에게 한 답변*Response to Simplician*》 1권 2장 21절). 하느님의 은총만이 우리 의지에 선을 선택할 힘을 줄 수 있다.

390년 중반에 주교로 서품받자마자, 아우구스티누스가 전개한 은총 신학은 명확하다. 우리가 믿고, 하느님의 뜻에 따라 선한 삶을 살 수 있도록 우리의 의지를 치유하고 강건하게 하는 것은 우리 자신의 의지가 아니라 하느님의 은총으로만 이루어지는 일이다. 411년과 418년 사이에 쓴 펠라지오와 첼레스티우스에게 답변한 책에서 아우구스티누스는 그러한 확신을 더 자세히 설명할 기회를 얻는다. 그는 펠라지오 신학이 우리의 구원에서 그리스도의 역할을 전혀 남겨 두지 않았다고 생각했다. 아우구스티누스가 이해했듯이, 펠라지오는 하느님의 사랑과 천상 보상을 받을 만하도록 자기 뜻대로 하는 도덕성을 주장하며 그리스도교를 단순한 영적 깨달음으로 축소시켰다.

416년에 열린 밀레비스 공의회 이후에, 아우구스티누스를 포함한 북아프리카 주교들은 인노첸시오 1세 교황에게 펠라지오와 첼레스티우스의 가르침을 자신들 지역에서 단죄한 일을 지지해 달라고 청했다. 교황은 단죄를 인정했다. 그러고 나서 아우구스티누스는 로마 교황이 북아프리카 주교들에 동의했으므로, 그 문제가 일단락된 것으로 생각했다. 그는 417년 9월 23일에 카르타고에서 강론한 《설교Sermon》 131항에서 그 문제를 언급한다. "두 공의회에서는 벌써 이 문제에 관해서 교황에게 보냈으며 그곳에서 답서도 왔습니다. 논쟁은 끝났습니다."(《설교》 131.10).[153]

하지만 이 문제는 끝나지 않았다. 417년 3월에 인노첸시오 1세 교황이 죽자, 첼레스티우스는 후임자인 조시모 교황에게 호소했다. 처음에 조시모 교황은 두 사람이 정통 가르침으로 돌아간다면, 특히 자신의 전임자가 화해를 위해 문을 열어 두었으므로, 그 문제를 재검토하려고 했다. 게다가 펠라지오는 이탈리아에서 여전히 동조자가 많이 있었다. 하지만 아프리카 교회와 호노리우스 황제의 압력으로 교황은 아프리카 주교들 편에 섰다. 418년에 첼레스티우스와 펠라지오의 가르침은 이단으로 선언되면서, 두 사람은 파문되었다. 도나투스파의 경우처럼, 아우구스티누스가 이끄는 아프리카 주교들과 교황이 최종적으로 동의해서 교회는 아프리카와 이탈리아로 분열되는 일을 피했다.

아우구스티누스가 바라는 대로 그 문제가 다시 한번 일단락되는 듯했다. 하지만 펠라지오와 첼레스티우스는 이탈리아에 여전히 동조자들이 있었다. 그 동조자들은 로마가 북아프리카 주교들에게 굴복한 것으로 여기고 화가 났다. 동조자 한 사람은 반反펠라지오 태도를 보인 아우구스티누스에게 만만치 않은 상대라는 것을 입증하려고 했다. 이 사람은 이탈리아 남쪽 지역 캄파니아 출신 에클라눔의 율리아누스였다. 418년에 율리아누스는 젊은 기혼자이자 부유하고 교육을 잘 받은 주교이면서, 주교의 아들이었다. 율리아누스는 사회에서 열등하다고 생각한 아프리카 주교들의 선동으로 펠라지오와 첼레스티우스에게 내려진 파문에 불쾌감을 느꼈기에, 아우구스티누스를 공격하여 펠라지오를 옹호하는 운동을 한다. 율리아누스에 따르면, 금지된 것은 아무것도 없었다. 가령, 아우구스티누스는 과거에 마니교도였으며, 개종하기 이전의 생활을 《고백록》에 밝혔다. 게다가 그의 어머니 모니카도 청소년기에 아버지의 포도주를 마셨다(《율리아누스에게 한 대답에서 마무리하지 못한 것_Unfinished Work in Answer to Julian_》 1권 68과 《고백록》 9권 8장 17절). 유능한 수사학자이며 작가인 율리아누스는 같은 방법으로 답변한 아우구스티누스를 향해 격렬하게 공격한다.

이 사건으로 아우구스티누스는 생애 마지막 10년 동안에 펠라지오를 향한 2차 공세를 시작한다. 2차 공세에서 아우구스티누스는 《결혼과 욕망_Marriage and Desire_》(419~421), 《펠라지오파의 두 번째 편지에 대한 답변_Answer to Two Letters of the Pelagians_》(421), 《율리아누스에게 한 답변_Answer to Julian_》(421~422), 대작인 《율리아누스에게 한 대답에서 마무리하지 못한 것_Unfinished Work in Answer to Julian_》(429~430)을 저술한다. 율리아누스를 상대로 나중에 저술한 두 책에서 아우구스티누스는 원죄, 은총, 인간 자유, 신학과 수사학의 완성인 예정론을 다룬다. 이 주제는 이전의 책, 편지, 강론에서 이미 설명한 것들이다. 아우구스티누스와 율리아누스는 목적을 위해 서로의 입장을 과장했으며, 그 과정에서 아우구스티누스에게서도 설득력이 떨어지는 사상이 드러나기도 했다. 가령, 아우구스티누스는 가톨릭 교회가 언제나 신중하게 생각한 예정론을 더 극단적으로 가르친다.[154]

오늘날 일부 신학자는 펠라지오의 용어를 이해하기 위해서, 아우구스티누스와 율리아누스 사이에 있었던 불쾌한 신학적, 개인적인 논쟁을 넘어서 펠라지오의 사상을 더욱 균형을 잡아 요약할 것을 장려한다.[155] 펠라지오의 사상 대부분은 아우구스티누스와 후속 공의회와 시노드의 문서를 통해 여과해서 우리에게 전달된다. 펠라지오가 쓴 작품은 거의 없지만, '옥스퍼드 초기 그리스도교 연구 시리즈'의 신작 비평판에 실린 바오로의 로마 신자들에게 보낸 서간 주해서가 남아 있긴 하다.[156] 펠라지오와 그의 사상을 다시 고려하는 일도 중요하지만, 아우구스티누스의 신학과 사목이 옳든 그르든 간에 이 영국 수도자(펠라지오)와 연관된 사상을 보다 극단적으로 해석하는 데 관심이 있었다는 점도 중요하다.

430년, 아우구스티누스의 죽음 이후에도 펠라지오와의 논쟁은 계속되었다. 갈리아 아키텐의 프로스페르는 아우구스티누스의 제자이며 문학 기고가로 반(反)펠라지오의 태도를 옹호했다. 그러나 갈리아 남부에서는 아우구스티누스와 펠라지오 사이에 일종의 타협이 이루어졌다. 16세기의 교회사 학자는 이 타협을 준(準)펠라지오semi-Pelaganism주의라고 불렀다. 준(準)펠라지오주의에서는 개인이 신앙과 세례를 통해 하느님께로 향하기 위해서 처음에는 자유 의지를 사용할 수 있지만, 첫 개종 이후에는 하느님의 은총이 신앙 성장과 영적 또는 도덕적 발달에 필요하다고 주장한다.[157]

1세기 후에, 갈리아 남부 아를의 주교였던 체사리오 성인(470~542)은 529년에 제2차 오랑주 공의회에서 아우구스티누스의 은총 신학과 자유 의지를 인정했다. 제2차 오랑주 공의회에서는 교회가 펠라지오의 사상을 앞서 거부한 것을 다시 확인해 주었다. 준準펠라지오의 타협도 거부했다. 체사리오 성인은 아우구스티누스가 세운 신학 업적이 수세기 동안 영향력이 커지도록 도왔다.[158]

### 아리우스파와의 논쟁

아우구스티누스는 마니교, 도나투스파, 펠라지오파를 상대로 쓴 신학과 사목 저서들을 첨부하면서, 아리우스의 가르침도 언급했다. 아우구스티누스가 이 주제에 관해서 쓴 책들은 다른 논쟁적인 책들처럼 대단하지는 않아도 문학 전집으로 중요한 위치에 있다.

400년과 410년 사이에 아우구스티누스는 때때로 아리우스파 신도이자 황실 일원인 파스센티우스에게 편지를 썼다(《편지》238장). 파스센티우스는 아우구스티누스와 논쟁을 했다. 두 사람은 카르타고에서 만나 저녁 식사 내내 그들이 주장하는 교의의 차이점을 논했다. 하지만 파스센티우스는 두 사람의 대화를 기록하길 원하지 않았다. 그래서 아우구스티누스는 두 사람이 한 논쟁을 글로 써서 설명한 긴 편지를 보냈다. 이 편지에서 그리스도에 관한 정통 가르침과 아리우스의 가르침 사이의 차이점을 밝혔다. 파스센티우스는 성자께서 성부와 함께 본체homoousios이시라는 니케아 신경을 반대하는 아리우스의 의견을 제시했다. 그러면서 호모우시오스라는 말은 성경에 나오지 않으므로, 그리스도인이 사용하지 말아야 한다고 주장했다. 아우구스티누스는 성부와 성자의 동일성이 신약 성경에서 명확하고 아리우스파도, 가령 성경에 나오지 않는 "창조되지 않고 나시어unbegotten"라는 말을 사용한다고 답변했다(《편지》 238장).

그래서 서고트족의 침략을 피해 유럽으로 이주하는 피난민이 많이 발생하기 전에 아우구스티누스는 때때로 짧은 기간 동안 아리우스파와 논쟁했다. 하지만 416년 이후에, 아우구스티누스는 다양한 강론 가운데 아리우스의 그리스도론을 반대하는 강론을 더 자주 했다.[159] 아우구스티누스는 히포에서 사목하면서, 성당에 다니는 신자들 가운데 아리우스를 따르는 그리스도인들이 늘자 사목 대응의 방편으로 그와 관련한 강론을 했다.

아우구스티누스는 자신이 저술한 대작 《삼위일체론》을 통해서 아리우스가 주장하는 그리스도론을 직접 언급한다. 5권부터 7권에서 이것이 잘 드러나는데, 아우구스티누스는 어쩌면 420년에 이 책들을 저술했을 것이다. 이 기간에 아우구스티누스는 주교 직무를 수행하면서 저술한 다른 그리스도론에 관련한 책들, 가령 《요한 복음서에 관한 강론Homilies on the Gospel of John》과 《시편 주해Expositions of the Psalms》에서도 아리우스와의 논쟁을 언급한다.[160]

427년 혹은 428년에, 아우구스티누스는 아리우스파 주교 막시미누스와 논쟁하려고 은퇴한다. 막시미누스는 아프리카의 폭동을 진압하려고 로마 군대를 이끌고 온 고트 사람인 카운트 시기스울프와 함께 이탈리아에서 아프리카로 왔다. 막시미누스는 아우구스티누스보다 훨씬 젊고 훌륭한 수사학자이며, 성경과 신학을 잘 교육받았다. 아우구스티누스가 쓴 《막시미누스와의 논쟁Debate with Maximinus》(427~428)에서는 히포의 대중 앞에서 그와 벌인 논쟁을 기록한다. 막시미누스는 히포 주교 아우구스티누스를 상대로 논쟁에서 이겼다고 자랑하면서 카르타고로 돌아갔다. 그래서 아우구스티누스는 《아리우스파 막시미누스에게 한 답변Answer to Maximinus the Arian》이라는 다른 책을 저술해서 그 문제를 더 명확하게 할 필요성을 느꼈다. 아우구스티누스는 이 책에서 논쟁하는 동안에 막시미누스가 자기 할 말만 하고 도망갔다고 비난하며 아리우스가 주장한 그리스도론의 잘못을 명확히 드러낸다.

아우구스티누스의 그리스도에 대한 이해의 충만함은 예수님께서 아우구스티누스의 신앙 생활과 직무에서 수행하신 중심적인 역할을 이해하지 않고는 평가될 수 없다. 아우구스티누스의 삶과 사상에서 그리스도의 중심성은 그가 아리우스파를 반대하여 저술한 책들에서 명확히 한 교리적 견해를 넘어선다.[161] 오늘날 아우구스티누스에 대한 연구가 주로 발전한 지점은 그리스도론에 대한 창의적이며 새로운 탐구이다. 우리는 6장에서 이를 살펴볼 것이다.

아우구스티누스는 수십 년간의 이 논쟁을 통해 그가 발전시키고 정교화한 신학적 견해를 통해 역사가와 학자에게 많이 알려져 있다. 참으로, 제2차 바티칸 공의회 이후에 아우구스티누스 연구의 부흥이 있기까지, 히포의 주교 아우구스티누스는 마니교의 이원론을 거부하고, 도나투스파로 인한 교회 분열을 막으며, 펠라지오의 신학을 비판한 인물로 알려져 있었다. 아우구스티누스는 원죄의 넓은 영향력, 하느님 은총의 근본적인 필요성, 인간 의지의 흠집 난 본성을 강조하면서 논쟁 중에 이러한 견해들을 전개하고 명확하게 했다. 하지만 최근 활발하게 연구되면서 아우구스티누스가 보다 사목적인 사람이라는 것이 밝혀졌다. 이는 그의 교리적 입장과 신학적 사상을 다시 살펴보게 하고, 그의 그리스도론과 사목적 관심에 비추어 중요성을 재조명하도록 이끈다.

### 강론집과 서간집

최근 십 년 동안 학자들은 아우구스티누스의 강론과 편지에 새로운 관심을 보였다. 아우구스티누스의 강론과 편지를 자세히 연구하는 것은 일상의 맥락, 브라운의 말을 빌리자면, 아우구스티누스의 삶과 활동의 '끊임없는 상황'을 들여다보는 것이다.[162] 아우구스티누스의 강론과 편지에 관한 새로운 연구는 아우구스티누스의 삶에서 일어난 사건과 어떤 관계에 있는지 통찰하게 해서 그가 저술한 책들이 지닌 상황과 동기를 이해하도록 돕는다.

우리에게는 아우구스티누스의 강론이 5백여 편 있다. 히포 성당의 서기관들은 아우구스티누스가 말한 대로 성실하게 기록했다. 나중에 아우구스티누스는 이 필사본을 많이 편집했을 것이다.[163] 뉴시티 출판사에서는 이를 11권의 시리즈로 만들었다.[164] 이는 알려진 모든 강론이 영어로 번역된 최초의 사례이다. 영국 도미니코 수도회 소속인 에드문드 힐이 이 번역을 완수했다. 힐은 아우구스티누스의 말을 '구어체이면서 격식을 차리지 않은 형식'으로 번역한다. 이 형식이 '설교가로서 아우구스티누스가 사용한 라틴어 형식에 아주 밀접하다'고 생각하기 때문이다.[165] 능숙하고 경험이 많은 대중 연설가였지만, 아우구스티누스는 고대 로마 대중 연설에서 사용하던 과장되고 극적인 기법보다 자신만의 연설 방식으로 신자들에게 이야기한다. 힐은 자신의 번역에서 이 형식을 갖추려고 했다.[166] 라틴어 실력이 중급을 넘는다면 《고백록》의 유창하고 시적인 산문체와 사람들에게 더 짧고 명확하며 대화식으로 직접 한 강론 사이에 나타나는 문체의 차이를 알 수 있다.[167]

강론집에 있는 강론 외에 《요한 복음서에 관한 강론 Homilies on the Gospel of John》 124편과 《요한 1서에 관한 강론 Homilies on the First Epistle of John》 10편도 있다.[168] 아우구스티누스가 요한 사도와 관련해서 쓴 책들도 최근까지 대체로 무시되어 왔다.[169] 6장에서 아우구스티누스의 사랑 신학을 살펴볼 때, 이 강론에서 발견된 주제와 관련된 설득력 있는 통찰을 살필 것이다.

1990년에 프랑수와 돌보가 메인츠 시립 도서관에서 이전에 잃어버린 강론 26편 원고를 발견했을 때, 아우구스티누스의 강론에 대한 새로운 관심이 크게 높아졌다. 대부분은 완전히 알려지지 않았으며, 일부는 수 세기를 거쳐 신학자와 철학자가 인용한 발췌문으로만 전해진 원고이다. 397년 무렵에 주교가 된 아우구스티누스는 카르타고에서 이 원고 일부분을 강론했다. 다른 강론들은 403년과 404년에 카르타고와 누미디아보다 시골 지역에서 말한 것이다. 이 강론의 진위성에 대한 돌보의 연구는 1996년에 《대중에게 한 강론 26편 *Vingt-six sermons au people*》으로 출판되었다.[170] 2008년에는 오스트리아의 과학 학술원이 아우구스티누스의 작품이 포함된 중세 사본 목록을 작성하는 프로젝트를 진행하던 중에 에르푸르트에서 아우구스티누스가 행한 강론 6편을 더 발견했다. 적극적인 이웃 사랑과 자선을 주제로 한 이 강론은 독일 학술지에서 분석하고 출처를 밝혔다.[171]

　우리에게는 아우구스티누스가 다른 이들에게 쓴 편지 252통과 다른 이들이 아우구스티누스에게 보낸 편지 49통이 있다. 그중 29통은 1975년에 발견된 것인데, 1981년에 요하네스 디박에 의해 '뉴시티 출판사 시리즈'로 출간되었다. 예수회의 롤랜드 테스케 신부는 아우구스티누스가 쓴 이 편지에 대하여 가치 있는 서문, 주석과 번역을 수행했다. 강론과 마찬가지로, 아우구스티누스의 편지는 그의 일상, 직무, 사람들과의 관계를 들여다보는 창窓이다. 아우구스티누스는 여러 인물의 질문과 걱정, 골치 아픈 행동과 가족 문제, 그리스도를 알고자 하는 열망과 기도하는 방법에 응답했다. 이 편지를 통해 4세기와 5세기의 인물들이 역사의 주목을 받게 되었다. 편지를 읽으면서, 우리는 신학적 수사학으로 된 고함 소리와 그 배경이 되는 개념들의 충돌을 들을 수 있다. 아우구스티누스가 도나투스파 주교 크리스피누스에게 편지를 썼을 때(《편지》 51장)나 도나투스파에서 갈라진 종파의 주교 빈센트에게 쓴 편지(《편지》 93장)처럼 때때로 고함 소리가 편지의 본문 자체를 깨뜨리기도 한다.

제니퍼 이벨러가 쓴 《그리스도인 규율: 아우구스티누스의 편지에서 징계와 공동체 Disciplining Christians: Correction and Community in Augustine's Letters》는 편지에 관한 귀중한 책이다.[172] 이벨러는 고전 편지 분야의 전문가이며 특히 아우구스티누스의 편지에 오랫동안 관심을 두고 있기에 아우구스티누스가 편지를 자신의 신학과 사목적 목적에 맞게 어떻게 만들었는지 보여 줄 수 있었다. 아우구스티누스의 편지는 중요한 문제를 진술하고 주장할 수 있는 공개 토론의 장이 되었다. 이벨러는 아우구스티누스가 편지를 보낸 사람과 폭넓은 청중을 진리와 지혜로 이끌기를 바라면서 편지를 썼다고 설득력 있게 주장했다. 그는 이런 면에서 자신의 편지를 사랑의 작품으로 이해했다. 그러면서 예로니모, 도나투스파, 펠라지오의 동조자에게 보낸 아우구스티누스의 서신에 특히 주의를 기울인다.

최근 여러 논문에서는 아우구스티누스가 여성들에게 쓴 편지를 읽고 해석하도록 잘 안내해 준다. 《대화 속의 목소리: 중세에서 여성을 읽기 Voices in Dialogue: Reading Women in the Middle Ages》에 실린 〈글자 사이의 공간: 아우구스티누스가 여성에게 쓴 서신〉이라는 논문에서 브린 모우어 대학의 고전학자인 캐서린 코니베어가 사용한 텍스트 해석학에는 독특한 감성과 통찰이 있다.[173] 이 논문에서는 여성들이 아우구스티누스에게 보낸 편지는 남아 있지 않다는 사실을 언급한다. 코니베어는 이 여성들이 누구이고 그들의 사회 역할과 교육 수준이 어떠한지를 추론하기 위해서 여성에게 쓴 아우구스티누스의 편지 내용을 자세히 연구한다. 같은 책에서, 마크 베시도 코니베어와 비슷한 연구를 한다.[174]

코니베어와 베시는 아우구스티누스가 라틴어, 종교와 신학 문제를 이해하고 편지를 쓴 여성들에게 보인 존경을 강조한다. 이 여성들이 다양한 수준의 학식을 지녔으며, 신학 해석에 유능하다고 두 사람은 각각 다른 방식으로 주장한다. 아우구스티누스의 편지에서는 아우구스티누스가 개념적이고 사목적인 계획에 여성들을 동반자로 기꺼이 참여하게 하는 걸로 보인다. 두 사람의 논문은 여성의 관점, 통찰력, 경험을 인식하지 못하는 남성 성직자들에게만 둘러싸인 아우구스티누스의 일반적인 이미지를 넘어 아우구스티누스를 연구할 수 있도록 돕는다.

《아우구스티누스의 여성 해석 Feminist Interpretations of Augustine》에는 편지들에서 밝혀 낸 두 가지 논문이 포함되어 있다. 〈여성에게 쓴 아우구스티누스의 편지〉에서, 조앤 맥윌리엄은 아우구스티누스가 여성들과 교환한 편지 14통에 관해 유익한 논평을 한다.[175] 맥윌리엄은 이 편지에서 아우구스티누스가 여성에게 쏟은 관심을 발견한다. 이 편지에는 기도의 특성, 북아프리카의 교회 내에 발생한 불화와 규율, 도나투스파와의 논쟁, 펠라지오파와의 신학적 불일치 문제가 담겨 있다. 같은 책에 있는, 앤 매터의 논문 〈여성들의 관심에 대하여: 아우구스티누스 주교, 북아프리카 여성, 여성 신학의 발전〉에서는 아우구스티누스가 여성들에게 쓴 편지에 드러나는 신학과 사목 문제를 확장한다.[176] 매터는 아우구스티누스의 여성 관계를 폭넓게 이해하기 위해서 '성과 그의 어머니'를 넘어 아우구스티누스의 사목 활동과 신학 연구라는 맥락에서 여성들에게 쓴 편지를 주의 깊게 통찰력을 갖고 살펴봐야 한다고 제안한다.

피터 브라운은 아우구스티누스 자서전 개정판(2000)을 내며 초판(1967)보다 두 장章을 더 첨부한다. 이 첨부한 두 장章에는 "새로운 증거"와 "새로운 방향"이라는 제목이 붙어 있다. "새로운 증거"에는 돌보가 발견한 강론 원고와 디브작이 발견한 편지가 담겨 있다. 이 장에서 브라운은 "북아프리카의 주교로서 아우구스티누스의 삶이 아주 평범하고 성공적이지 않았으며, 조용하고 힘든 측면이 있다는 것을 간과했다."[177]는 것을 인정한다. 수많은 학자들이 한 최근 연구 덕분에, 브라운은 군중들이 "가톨릭 교계 제도의 대표자가 권위를 갖고 말하는 발표문"으로서 강론을 듣기보다 오히려 "군중과의 대화"로서 강론을 들었다는 사실을 알 수 있었다.[178] 돌보가 발견한 강론 원고(《설교》 359B. 3)는 이를 강하게 뒷받침해 준다. 아우구스티누스가 카르타고를 방문했을 때 그의 강론을 듣던 신자들은 좀처럼 가만히 있을 수 없었다는 것이 이 강론에 남아 있다.

디브작이 발견한 편지는 아우구스티누스가 412년에서 430년 무렵까지 쓴 것이다. 이 편지에서, 브라운은 아우구스티누스의 전혀 예상하지 못한 모습을 발견한다. 이는 그가 생애 마지막 10년 동안에 보인 모습이다. 편지에는 "몹시 고된 일이라서 젊었을 때와 아주 다르고 더욱 매력적인 면"[179]이 드러난다. 이 편지에는 노예 상인에게 납치된 후에 아우구스티누스의 신자들이 구출해서 데리고 온 어린 소년을 아우구스티누스가 만나는 장면이 나온다(《편지》 10장 3절). 이 장면에서 아우구스티누스는 자신에게 편지를 쓴 피르무스의 십대 아들이 한 학교 숙제에 매우 큰 관심을 보인다(《편지》 2장 12~13절).

또한 이 강론 원고들과 편지들의 상세한 내용은 아우구스티누스가 쓴 저서나 다른 강론들의 맥락을 이해하는 데 도움이 된다. 아우구스티누스도, 다른 북아프리카 주교도, 주교 군주로서 중세 유럽을 다스린 이후의 주교들과는 같지 않았다. 신자들과 마찬가지로, 로마 제국의 정치 세력과 경제 단체들에 종종 압박을 받으면서 이 5세기의 "북아프리카의 가톨릭 주교들은 거의 힘없고 보잘것없는 남성으로 남아 있었다."[180] 북아프리카의 가톨릭 주교들은 교회와 국가가 불가분의 관계에 있던 그리스도교화된 곳에서 살고 있지 않았다. 그들이 사목하거나 강론하는 곳은 그런 곳이 아니었다. 브라운은 아우구스티누스가 고대 로마의 경쟁적인 종교 단체와 정치 세력들 사이에 있었기에 그의 강론은 듣기만 해도 강렬하고 단호해야 했다고 밝힌다. 강론과 편지의 이러한 새로운 발견은 아우구스티누스의 논쟁적인 글을 읽을 때 아우구스티누스가 겪고 있던 이러한 상황을 기억해야 함을 상기시켜 준다. 로마의 설교가들은 그들이 대변하는 사상과 신앙 공동체를 위해 오랫동안 강력하게 주장해야 했다. 공동체 신자와 반대자들 모두 그 못지않게 강하게 주장할 것이라고 예상되었던 것이다.[181]

현대 학자들은 디브작이 발견한 편지들과 돌보가 발견한 강론 원고를 아주 매혹적이라고 생각한다. 그런데 중세 시대에는 바로 이런 이유 때문에 대체로 무시되었다. 강론 원고와 편지에서는 젊은 주교일 때와 주교 직무를 수행한 지 여러 해가 지난 후의 아우구스티누스를 보여 준다. 아우구스티누스는 일상 문제, 질문, 관심, 사목구 신자들의 문제 등 매우 다양하고 종교적으로 다원화한 사회의 문제를 다루고 있었다. 이러한 세부 사항은 중세 신학자들의 관심사가 아니었기 때문에 그들은 이 본문을 거의 인용하지 않았다. 그래서 그것들은 세상에 알려지지 않았다. 강론과 편지에 대한 새로운 연구는, 아우구스티누스가 로마 제국의 작은 항구 도시에서 소수 종교의 지도자로서 협상해야 했던 사회의 복잡성과 다양성을 이해하는 데 새로운 길을 열었다.

### 개정본

426년 혹은 427년, 나이 든 주교가 된 아우구스티누스는 자신의 방대한 저서를 다시 검토하고 주해하기 시작했다. 그는 이를 《재론*Retractationes*》이라고 불렀다. 이 말은 "철회"로 번역되지 않고 오히려 "재고" 또는 "개정"으로 번역된다.[182] 그래서 우리에게는 아우구스티누스가 자신의 저서를 스스로 분류한 목록표와 그가 다시 생각한 명확한 사상과 언어에 관한 주해서가 있다. 아우구스티누스는 어떤 주제에서든 끝맺는 말로 자신의 저서를 찬양하지 않았다. 아우구스티누스는 자신의 글을 최종적인 형태로써 진실을 표현하는 것이 아니라 생각ideas을 통해 작업하는 방법이라고 이해한다. "나는 발전하면서 글을 쓰고 글을 쓰면서 발전하는 사람이 되려고 노력하고 있음을 인정합니다."(《편지》 143장 2절). 아우구스티누스가 쓴 《개정본*Revisions*》은 그의 저서에 대한 이러한 생각을 잘 보여 준다.[183]

보니파시오 램지는 '뉴시티 출판사 시리즈'(1권 2장)에 《개정본》을 번역하면서 매우 유용한 소개를 제공했다. 게다가 시리즈 전체에 걸쳐 아우구스티누스 작품 각 번역 앞에는 《개정본》

에서 발췌한 특정 작품에 대한 나이 든 아우구스티누스의 주해가 실려 있다. 이러한 편집상의 결정은 독자에게 아우구스티누스의 작품을 되돌아보게 하고, 그가 여러 해에 걸쳐 쓴 글을 어떻게 확인하고 고치거나 개념화했는지 알려 준다.

아우구스티누스의 친구이며 칼라마의 주교이자 첫 번째 전기 작가인 포시디오 성인이 제공한 아우구스티누스의 저서 목록도 있는데, 이는 역사적으로 매우 유용하다. 포시디오 성인이 색인Indiculus이라고 부른 이것은 히포의 아우구스티누스 자신의 도서관에서 발견된 작품 목록이다. 포시디오 성인은 자신이 쓴 《아우구스티누스 성인의 삶Life of Saint Augustine》에 이 색인을 첨부한다. 아우구스티누스의 모든 저서의 완전한 목록은 아니지만, 이 색인은 포시디오 성인의 아우구스티누스 전기와 아우구스티누스의 《개정본》을 보완한다. 이 색인은 아우구스티누스의 방대한 문학 작품을 조사하고 연구하는 학자들에게 또 다른 유익한 자료이다.

아우구스티누스의 저서 대부분이, 아우구스티누스가 죽은 후에 로마 제국의 붕괴로 일어난 정치적, 사회적 격변 속에서도 살아남았다는 것은 주목할 만하다. 아우구스티누스는 히포가 포위되어 있던 430년 8월 28일에 세상을 떠났다. 그러나 아우구스티누스의 도서관은 히포의 포위에도 남아 있었다.[184] 아우구스티누스의 저서는 그가 죽은 지 얼마 되지 않아 그의 유해와 함께 바다를 건너 사르디니아로 옮겨졌을 가능성이 높다.¹⁸⁵ 그의 작품은 여러 세기에 걸쳐 대大그레고리오 성인, 세비야의 이시도르 성인, 베다 성인과 같은 신학자들에 의해 사용되고 널리 인용되었다.¹⁸⁶

# 제4장

## 전기 유산: 중세 시대와 르네상스 시대

아우구스티누스가 그리스도교 신학과 서구 문명화의 역사에 끼친 영향력은 방대하고 중요하다.[187] 실제로, 성경을 제외하면, 아우구스티누스는 430년에 죽은 이후 거의 수천 년 동안 서구 그리스도교 신학자들에게 가장 권위 있는 학자였다. 중세 시대에도 아우구스티누스의 작품은 그리스도교 사상에 중요한 역할을 했다. 아우구스티누스가 죽은 이래 1,600년 동안, 주요 철학자들, 신학자들, 사상가들은 한편으로 그의 권위를 옹호하고, 한편으로는 그의 견해를 거부하거나 인간 경험의 심오한 차원을 표현한 그의 언어와 개념을 수정했다.

이 장에서는 아우구스티누스의 영향력에 대해서 중요한 점만 강조하려 한다. 그리고 지난 수 세기 동안 학자들이 히포의 주교 아우구스티누스의 저서를 어떻게 생각했는지에 대해 요약적으로 간단히 설명할 것이다. 아우구스티누스는 그동안 학문과 교회가 대화하도록 이끌고, 영감을 주었으며, 더 깊이 생각하도록 만들었다. 그는 구원을 위해서는 하느님의 은총이 최우선이라는 것, 죄는 자유 의지를 갉아먹는다는 것, 인간의 주체성, 성경의 중요성, 교회의 권위, 예정설의 핵심에 하느님이 계신다는 것 등을 주로 이야기했다. 이러한 주제들에 관해 수

년동안 계속 언급했다. 그리고 수백 명의 학자들이 아우구스티누스가 걸은 길을 따른 결과 이러한 주제들은 더 풍성해졌다.

아우구스티누스의 영향력을 살피는 이러한 연구는 이 책보다 더 높은 수준에서 살펴볼 필요가 있다. 여기서 인용한 자료를 통해 아우구스티누스의 견해를 인정하였고, 수정하였으며, 그의 견해를 확장했거나 거부한 특별한 사상가들의 움직임을 더 자세히 살펴볼 수 있다.

우리는 이 연구를 체계화하려고 시기를 구분할 것이다. 먼저 중세 초기라고 부를 수 있는 5세기 아우구스티누스의 죽음부터 11세기까지 기간을 살펴볼 것이다. 그다음에는 중세 전성기인 12세기에서 14세기까지를 살펴볼 것이다. 이 시기에는 대학교와 스콜라 신학의 발전과 더불어 아우구스티누스 사상의 역할이 빠르게 변했다. 유럽의 주요 대학교에 '아우구스티누스 학파'가 등장하기도 했다. 이 학파에 대해서는 몇 페이지에 걸쳐 소개할 것이다. 그리고 나서 르네상스가 아우구스티누스를 어떻게 재발견했는지 간략하게 살펴볼 것이다.

5장에서는 15세기에 일어난 종교 개혁과 트리엔트 공의회를 살필 것이다. 아우구스티누스 신학은 이 두 사건의 중요한 요인이었다. 그리고 나서 데카르트의 주체로의 전환과 제2차 바티칸 공의회까지 근대의 부상에 아우구스티누스가 미친 영향도 살필 것이다.

헤겔이 '세계사적 인물'이라고 부른 이 중 하나가 바로 아우구스티누스이다. 아우구스티누스의 사상은 그리스도교와 서구 문명의 근본적인 부분이 되었기 때문이다.[188] 또한 획기적으로 새로운 책인 《아우구스티누스의 역사적 수용에 관한 옥스퍼드 지침서Oxford Guide to the Historical Reception of Augustine》에서, 칼라 폴만은 아우구스티누스를 '다방면의 권위'를 지닌 인물이라고 말한다.[189] 세인트앤드루스 대학교의 편집장 폴만이 편집하고 시카고 대학교의 편집자인 윌레민 오튼과 공동 편집자 20명이 참여한 이 책은 400개 이상의 국제 학술 연구를 제공한다. 그리고 정치 이론학, 윤리학, 음악학, 교육학, 기호학, 문학, 철학, 심리학, 종교학, 문화학 등 다양한 분야에 대한 아우구스티누스의 영향력과 유산을 정리하고 있다. 이 책처럼 이 장과 다음 장에서는 아우구스티누스의 지속적인 영향력에 대한 주안점을 제공할 것이다.

### 중세 초기(500~1100)

#### 아우구스티누스 저서의 유포

아우구스티누스의 영향력은 그의 저서가 남아 있지 않았다면 약해졌을 것이다. 그가 살아 있는 동안, 아우구스티누스의 저서는 다양한 요구 덕분에 여러 번 필사되었다. 아우구스티누스는 카르타고에서 교육비를 지원해 준 후원자 루마니아누스가 그의 저서들을 필사하고 유포하는 책임과 비용을 떠맡았다고 말한다(《편지》 27장 4절과 포시디오 성인의 《아우구스티누스 성인의 삶》 18권 9장).

아우구스티누스 시대에 글을 써서 책을 제작하는 일은 비용이 많이 들었다. 서기는 아우구스티누스가 연구한 내용이나 성당에서 한 강론을 그날그날 기록해 두었다. 이어서 그 기록을 수정하고 편집한 다음 송아지나 양가죽으로 만든 비싼 양피지에 잉크로 마무리했다. 아우구스티누스는 이 편집 과정에 종종 관여하곤 했다. 아우구스티누스가 책을 만들려고 쓴 비용과 노력을 감안하면, 그가 여러 해에 걸쳐 책들을 자세히 분류하고 연대순으로 기록하면서, 히포에 있는 주교관 도서관에 보관한 일을 이해하게 된다.[190] 아우구스티누스가 살아 있는 동안, 그의 저서들은 원하는 이들을 위하여 수차례 필사되었다.[191] 따라서 아우구스티누스가 쓴 책, 강론 원고, 장문의 편지 일부 가운데 여러 가지 다른 사본이 지중해 주변에 유포되었다. 그래서 아우구스티누스는 이에 대해 주해와 추가적 설명을 해야 했다.

아우구스티누스가 세상을 떠난 후에도 그의 책은 계속해서 읽히고 연구되었다. 5세기 후반에는 아우구스티누스의 전집이 로마에서 발견된다. 이 전집에는 반달족이 침략하는 동안, 파괴로부터 보호하기 위해 히포의 아우구스티누스 도서관에서 구해 낸 원래 원고가 포함되었다.[192]

이후 수 세기 동안, 유럽의 여러 교구와 수도회에서 아우구스티누스를 숭배하는 이들이 그의 저서를 계속 필사했다. 어떤 저서들은 빈번하게 필사되고 유포되어 더 영향력이 있었다. 이러한 저서에는 《고백록》, 《신국론》, 《그리스도교 교양》, 《자유의지론Free Will》, 《참된 종교》, 《창세기의 문자 그대로의 의미The Literal Meaning of Genesis》가 포함되어 있다.[193] 유력한 학자도 아우구스티누스의 책, 강론, 편지에서 중요한 단락을 선택해서 그의 저서 선집을 제작하곤 했다. 이러한 선집은 《발췌집florilegia》(시적으로 '꽃다발'이라고 부름)과 《명문집sententiae》으로 알려졌다.

아우구스티누스의 초기 문집 중에 잘 알려지고 영향력 있는 책은 아키텐 출신 프로스페르 성인(390~455)의 《명문집Liber Sententiarum》과 에우기피우스(455~535년경)의 《발췌Excerpta》이다. 갈리아 남부 지방 출신으로 교육을 잘 받은 평민인 프로스페르 성인은 아우구스티누스와 편지를 주고받으면서 프랑스 가톨릭 교회에 있는 펠라지오파에 반대했다. 그는 아우구스티누스의 은총 신학을 옹호했다. 《명문집Liber Sententiarum》과 나중에 쓴 《격언Epigrammatica》을 통해서, 프로스페르 성인은 5세기 후반에는 아우구스티누스의 은총 신학이 널리 퍼지고 있다고 확신한다.[194] 프로스페르 성인은 중세 아우구스티누스주의의 최초 대표자라고 불렸다.

에우기피우스도 아우구스티누스의 초기 옹호자였다. 그는 아우구스티누스 신학을 유포하는 데 큰 역할을 한 인물이다. 에우기피우스는 이탈리아 나폴리의 수도원장이었다. 에우기피우스와 동료 수도자는 아우구스티누스의 저서를 수집해서 《아우구스티누스 성인의 작품 발췌 Excerpts from the Works of Saint Augustine》라는 제목으로 필사했다. 아우구스티누스의 사상, 특히 성경 해석학을 발췌한 이 목록은 아우구스티누스의 로마 후기와 중세 유럽의 그리스도교에 대한 중요한 연결 지점이 되었다.

오늘날 관점에서 보면, 《명문집》과 《발췌집》에서 발견한 아우구스티누스의 저서 발췌 내용은 원작의 문학 배경과 역사적인 맥락에서 발췌해서 제한적이거나, 원문에 손상이 있다. 이 문집은 원문인 특정한 책, 편지 또는 강론의 이름을 종종 언급하지 못한다. 문집을 제작한 편집자는 이단의 가르침을 반박하는 호교론 입장에서 교회의 특정한 교의를 지지하는 글들을 선별했을 것이다. 오늘날 우리가 역사적으로 원문에 관심을 두는 일은 중세 초기의 필사자들에게는 우선 고려되지 않았다. 하지만 필사자들이 근면하게 책을 제작한 일은 아우구스티누스의 사상을 보존하고 전하는 데 중요한 역할을 한다. 필사자들은 5세기에서 11세기의 수도원과 성당 학교로 아우구스티누스의 영향력을 확대했다. 그곳에서 필사자들은 더 많은 필사본을 만들었다.

9세기 카롤링거 왕조의 전성기와 12세기 문화와 학문이 발전하는 시기에, 아우구스티누스의 저서에 대한 특별한 관심과 재출판이 일어나기도 하였다. 많은 필사본에서 아우구스티누스의 저서를 계속 이용하였으며, 특히 13세기 유럽에서 설립된

새로운 대학교에서는 그리스도교 신학과 철학에 대한 그의 광범위한 영향력을 확인해 주었다.[195]

아우구스티누스의 책과 강론에 대한 필사본이 이렇게 많고, 중세 문집에서 그의 글을 발췌하는 일도 매우 많았기에, 다양한 필사본의 진위와 정확성을 평가하는 원문 비평이 중요해졌다. 원문 비평은 철저하고 과학적으로 원문과 일치하지 않는 부분을 밝히려고 노력하며, 미심쩍은 차이를 조사한다. 그렇게 하여 아우구스티누스의 원래 어법에 최대한 비슷한 아우구스티누스 저서들의 "원문 비평판"이 출간되었다. 아우구스티누스의 모든 책 가운데 가장 오래된 원문 비평의 라틴어 인쇄본은 프랑스 생모르의 베네딕도회 수사들이 출간했다(1679~1700). 베네딕도회 수사들이 출간한 책을 자크 폴 미뉴는 19세기 중반에 《라틴 교부》로 재출간하는데, 이는 미뉴 교부 전집이라고 알려져 있다. 미뉴 교부 전집은 학자들과 번역가들 사이에서 아직도 널리 사용되고 있다.[196]

### 5세기 갈리아 지방에서 벌어진 신학 논쟁

이미 언급했듯이, 아키텐 지방의 프로스페르는 아우구스티누스와 서신을 주고받은 이 중 하나였다.[197] 프로스페르는 성직자가 아니지만, 프랑스 남쪽 갈리아 지방의 마르세유 항구 도시와 레랭 섬의 존 캐시안(360~435)과 다른 수도자들에 맞서 아우구스티누스의 은총 신학을 옹호했다. 캐시안과 나중에 리에의 주교가 된 다른 수도자 파우스토(405~490년경)는 아우구스티누스의 작품에 나오는 은총 신학이 극단적이라는 것을 발견했다. 아우구스티누스가 하느님의 통치권을 강조하는 예정설을 사용하는 420년대 저작에서 특히 그렇다는 것을 알아차렸다. 그러나 캐시안과 파우스토는 구원에 관한 펠라지오의 가르침 역시 거부한다. 이 가르침이 인간의 노력을 지나치게 강조한다고 생각했다. 그래서 이른바 '준(準)펠라지오주의'를 주장하며 아우구스티누스와 펠라지오 사이에서 중간의 길을 모색하려고 했다.[198]

프로스페르는 특히 수도자들이 제시하는 절충안을 포함해서, 아우구스티누스의 은총 신학에 대한 어떠한 절충안도 반대했다. 친구이자 아를의 주교인 힐라리오 성인(403년경~499)과 함께, 프로스페르는 갈리아주의의 수도원에 펠라지오 성향이 더 강한 데에 맞서 아우구스티누스의 은총 신학에 대한 교황의 지지를 확보하기 위해 로마로 여행했다.[199] 하지만 프로스페르조차 아우구스티누스의 생각에 온전히 동의하지는 않았다. 그는 예정설에 관한 아우구스티누스의 가르침이 마음에 들지 않자, 보편적 구원을 원하시는 하느님의 바람을 강조하면서 균형을 맞추려고 했다.[200] 이렇게 자신의 《명문집》과 행동주의를 통하여, 프로스페르는 아우구스티누스의 은총 신학이 5세기 후반에 널리 전파되어 확실히 인정받도록 한다.

### 제2차 오랑주 공의회와 아를의 체사리오 성인

프랑스 교회에서 아우구스티누스의 은총 신학과 이른바 준ﾖ펠라지오주의 은총 신학 사이에 불안한 휴전이 있은 후 6세기 초에 작은 논쟁이 다시 일어났다. 레렝스의 수도원의 수도자들은 아우구스티누스의 은총 신학과 자유 의지의 무시에 극단적으로 반대하는 이들이이었다. 반면 이전에 레렝스의 수도자였으며 아를의 주교인 체사리오 성인(470년경~543)은 아우구스티누스의 가르침을 옹호하는 이였다.

체사리오 성인은 은총 신학에 대한 반대를 무너뜨리기 위해 529년에 오랑주에서 교회 공의회를 소집하여 이 문제를 논의하고 희망적으로 해결한다.[201] 아우구스티누스의 은총 신학은 공의회에서 확인되고 펠라지오와 준ﾖ펠라지오주의의 가르침은 단죄되었다. 갈리아주의의 전임자이며 아키텐 출신인 프로스페르 성인의 선례를 따르면서, 체사리오 성인과 공의회에 참석한 이들은 아우구스티누스의 예정설을 명백히 인정하거나 지지하지는 않았지만, 아우구스티누스의 은총 이해를 전적으로 지지했다. 사실 공의회의 문헌은 '영벌' 사상, 즉 하느님께서 어떤 영혼은 천벌을 내리시고 다른 영혼은 구원받도록 하신다고 예정하는 가르침을 명백히 거부한다. 아우구스티누스 자신도 영벌 사상 또는 훗날에 '이중 예정설'로 불리는 사상을 결코 주장하지 않았다.[202]

5세기의 수도자들과 오늘날 많은 이들에게 아우구스티누스의 예정설은 이해하기 어려운 것이다. 예정설은 아우구스티누스의 구성 개념이며, 바오로의 로마 신자들에게 보낸 서간, 특히 7장과 9장에서 끌어낸 개념이다. 아우구스티누스는 하느님께서 우리의 존재를 구원하시는 관계로 우리 구원은 완전하고 전적으로 하느님의 활동이시라고 단언한다. 우리 지성과 의지가 원죄로 완전히 타락하고 치명적으로 나약해졌으므로, 하느님께로 향할 지성의 역량도 없고 의지의 힘도 없다. 우리가 하느님께로 향하고 개종한다면, 그것은 오로지 무한하신 신적인 지혜와 사랑으로 하느님께서 회개를 시작하고 유지하도록 하는 은총을 어떤 개인에게 영원히 주시기로 결정하셨기 때문이다. 따라서 어떤 사람은 구원받도록 예정되어 있다. 이 예정설의 신학 개념은 아우구스티누스의 후기 반反펠라지오 저서들에서 대체로 어렴풋이 나타난다. 하지만 아우구스티누스가 396~398년에 저술한 《심플리치아노에게 답변한 질문 모음집》처럼 은총에 관한 그의 초기 저서에서도 발견된다.

아우구스티누스의 예정설은 우리가 우리 삶을 어떻게 살지에 관한 하느님의 예지를 언급하지 않는다. 하느님께서 우리에게 구원의 은총을 주시는 것은 우리 선행에 대한 보상이 아니다. 그분은 신적으로 전지하셔서 영원으로부터 우리가 어떻게 살지 "보고" 계신다. 예정설에서는 우리의 행위와 하느님께서 그 행위를 아시는 것과는 무관하게, 은총과 구원에 대해서 하느님께 모든 주도권이 있다. 앞에서 언급했듯이, 아우구스티누스의 예정설은 영벌 사상을 포함하지 않는다. 하느님께서는 영원히 어떤 사람을 지옥에 떨어뜨리고 다른 이들을 구원하시려고 적극적으로 선택하지 않으신다. 원죄 때문에, 모든 인간은 에덴동산에서 쫓겨난 이후에, 하느님에게서 버림받은 상태, 즉 저주받은 무리a massa damnata이자 멸망당할 자의 무리a massa perditionis에 있다(《편지》 194. 2. 4). 아우구스티누스의 관점에서, 하느님의 벌은 아담과 하와에서 물려받아 우리에게 상속된 것이다. 하느님은 어떤 사람을 이 잃어버린 상태에서 구원으로 이끄시고 구원을 위해 그들을 예정하는 자비를 베푸신다.

이 모든 사상은 아우구스티누스가 로마 신자들에게 보낸 서간을 해석하며 얻은 것인데, 이 해석을 아우구스티누스 자신이 한 연구와 개종에서 분명히 밝혔다.[203] 아우구스티누스를 비평하는 이들은 대체로 그가 가르친 예정설을 불편하게 여겼다. 아우구스티누스의 가장 중요한 전기 작가들 가운데 한 사람이며 그를 옹호하는 이인 제럴드 보너는 이렇게 말한다. "(예정설) 교리를 옹호한다고 해서 우리가 얻을 수 있는 것은 아무것도 없다. 그것은 끔찍하고, 우리에게 자비의 마음을 불러일으키기보다 경외심만 불러일으키기 쉽다."[204] 아우구스티누스의 자유 의지와 예정설에 관한 권위자로 널리 인정받는 사람은 빌라노바 대학교의 제임스 웨첼이다. 웨첼은 아우구스티누스가 이 가르침을 밝힌 동기와 이 가르침에 담긴 깊은 통찰력을 연구해 왔다. 웨첼은 예정설이 아우구스티누스의 은총 신학 전체에서 본질적인 부분이며 "예정설 없이는, 아우구스티누스의 은총 신학도 없다."²⁰⁵는 점을 고려해야 한다고 주장한다.

앞으로 보겠지만, 예정설은 종교 개혁과 트리엔트 공의회에서 신학 역사의 최전면으로 되살아난다. 칼뱅이 가르친 영벌 사상이나 이중 예정설은 아우구스티누스의 가르침을 넘어선 것이었다. 하지만 6세기 중반에 체사리오 성인은 예정설과 관련된 복잡함과 혼동을 피하면서도, 아우구스티누스의 구원과 은총 신학을 강하게 주장하는 공의회의 절충안을 만들어 냈다. 보니파시오 2세 교황은 531년에 공의회의 선언을 승인하여 아우구스티누스의 은총 이해를 교회의 가르침으로 선언했다.²⁰⁶

제2차 오랑주 공의회에서 보인 지도력 이외에도, 체사리오 성인은 다른 방식으로도 아우구스티누스의 가르침을 전하였다. 그는 아우구스티누스의 강론에서, 많은 문장을 발췌해서 자신의 강론에 활용했다. 이 강론들은 널리 유포되어, 6세기와 7세기 갈리아 남부 지방 전역의 교회에 아우구스티누스의 목소리가 계속 울려 퍼질 수 있게 해 주었다.²⁰⁷ 또한 아키텐 출신인 프로스페르와 에우기피우스, 아를의 체사리오 성인은 5세기와 6세기에 교황의 승인을 받아, 중세 초기에 아우구스티누스의 영향력이 널리 퍼지는 데 공헌했다. 아우구스티누스의 성경 해석은 특히 창세기와 바오로 서간을 읽는 데 있어서, 여전히 규범이 되었다. 아우구스티누스의 저서 《그리스도교 교양 Teaching Christianity》은 성경 연구와 강론, 성경에 대한 가르침을 위한 교과서가 되었다.

하지만 아우구스티누스의 저서는 성경과 하느님의 영감을 받은 말씀을 믿는 데에만 초점을 맞추지 않는다. 철학과 인간 이성 또한 진리를 추구하는 데 있어서 두드러지게 나타난다. 아우구스티누스가 주장한 신앙과 이성은 세베리노 보에시오 성인(480~526)과 존 스코투스 에리우게나(810년경~877년경)와 같은 철학자들에게 영감을 주어 그리스도교 유산의 일부로서 비판적 사고와 철학적인 방법의 중요성을 탐구하고 확장하도록 했다.[208] 라틴 교부들 가운데, 아우구스티누스는 신앙을 이해하기 위해서 철학을 사용했다는 점에서 독특하다. 중세 초기의 그리스도교 작가들에게 철학의 중요성이 강조된 데에는 상당 부분 아우구스티누스의 영향이 컸다. 아리스토텔레스 철학을 그리스도교 신학에 접목할 때에도, 대大알베르토 성인과 토마스 아퀴나스 성인은 철학의 사상을 도입하고 진리 추구에서 신앙과 이성을 통합하는 데 아우구스티누스의 전형적인 양식을 따른다.

### 중세 전성기(1100~1400)

11세기와 12세기의 영향력 있는 사상가들은 아우구스티누스의 다양한 측면에 대해 교육을 받았으며, 그의 사상을 그들 자신의 사상을 발전시키는 발판으로 사용했다. 캔터베리의 안셀모 성인(1033~1109)은 아우구스티누스가 신앙과 이성을 강조하고 신앙을 "동의하며 생각하는 것"으로 정의한 것을 "이해를 추구하는 신앙"이라는 자신의 말로 표현했다(《성인들의 예정설에 대하여*On the Predestination of the Saints*》 2.5).[209] 안셀모 성인은 아우구스티누스가 주장한 이성의 힘을 발판으로 삼아 하느님 존재를 밝히는 존재론적 주장을 발전시켰다. 생 빅토르의 위그(약 1096~1141)는 12세기에 번창한 신플라톤주의에 새로운 관심을 전파하기 위하여 존 스코투스 에리우게나에서 아우구스티누스까지 다시 연구한다.[210]

이후 수 세기 동안 아우구스티누스의 지속적인 영향력은 신학자이자 주교인 피터 롬바르드(1100~1160)의 책을 통해 확인할 수 있다. 이 책은 바로 1150년경에 출간된 《네 권의 명제집 *Libri Quatuor Sententiarum*》이다. 롬바르드는 아우구스티누스를 광범위하게 인용한다. 이 책은 중세 시대부터 종교 개혁기까지 유럽 주요 대학의 신학부에서 표준 교과서가 되었다. 아우구스티누스에 대한 롬바르드의 광범위한 의존은 중세 대학교의 교과목과 중세 시대의 신학 논쟁에서 아우구스티누스의 지배적인 존재감을 확인해 준다. 종교 개혁가 루터와 칼뱅을 포함하여 지금까지 모든 주요 학자들은 롬바르드의 신학 주제와 입장에 대해 언급하고 논평함으로써 모든 마스터(스승)와 학생들이 '교부' 아우구스티누스와 대화를 나누도록 이끈다.[211]

### 스콜라 철학에서 아우구스티누스의 위치

12세기와 13세기에 두 가지 중요한 발전은 아우구스티누스의 저서와 사상의 유산에 깊은 영향력을 끼쳤다. 첫째는 유럽 중세 대학교의 부흥이었다.

1100년대 초반부터, 교육의 중심은 유럽의 수도원과 대성당 학교에서 새로 설립한 '대학교'로 이동하기 시작한다. 이 새로운 학교들은 도시의 대성당에 소속된 성직자 공동체, 그리고 유럽의 대수도원들 가운데 한 수도원에 있던 수도자 공동체와 다소 분리되어 독립된 교육 기관으로 발전했다.[212] 유럽 역사의 이 변화기를 특징지었던 전반적인 무역, 상업, 교통의 증가를 반영하면서, 대학들은 학자들 간에 교류하고 사상을 교환하는 학습의 중심지가 되었다. 이러한 사상의 격동은 아우구스티누스의 철학적, 신학적 유산에 영향을 미쳤다.

12세기에 새로운 대학의 교수직을 맡았던 선도적인 학자, 즉 이른바 '스콜라 학자들' 가운데, 피터 롬바르드가 있었다. 앞에서 언급했듯이, 피터는 자신의 《네 권의 명제집》에서 아우구스티누스를 최상위에 두었다. 이 책은 다음 4세기 동안 신학과 철학의 저서와 사상을 위한 이론적인 기반으로 유명해졌다.[213] 뒤이은 스콜라 철학자들은 롬바르드의 중요한 교의의 해석과 그러한 문제에 대한 아우구스티누스의 해석에 어떻게 동의하거나 의견을 달리하는지에 따라 마스터masters(스승) 칭호와 역할을 얻었다. 이런 식으로 아우구스티누스에게 큰 영향을 받은 롬바르드가 연구와 학문적 발전을 위한 틀을 세웠다.

그러나 13세기에 대학에서 가르치고 연구하는 신학에 큰 변화가 생겼다. 아우구스티누스가 큰 영향을 미쳤다는 것과 아리스토텔레스 저서 대부분의 그리스어나 라틴어 번역본이 부족했다는 사실은 5세기에서 12세기까지 플라톤과 신플라톤주의가 서구 그리스도교 사상과 연구를 주도했음을 의미했다.[214] 그러나 13세기에 모든 것이 변했다.

아리스토텔레스의 저서들과 사상을 이슬람교 철학자들과 고전학자들이 아랍어에서 그리스어와 라틴어로 번역한 덕분에, 유럽인들이 다시 익히게 되었다. 이슬람교 문화와 사회는 8세기에서 15세기까지, 알안달루스의 왕국 동안의 북아프리카에서 이베리아 반도로 퍼져 나갔다. 이슬람교 철학자, 특히 아비센나(다른 이름 이븐시나, 약 980~1037)와 아베로에스(다른 이름 이븐루시드, 1126~1198)는 아리스토텔레스에 관한 논평을 썼다.[215] 두 사람이 쓴 저서와 아리스토텔레스가 쓴 글들의 번역은 이슬람 스페인에서 새로운 유럽 대학교들까지 퍼져 나갔다. 아리스토텔레스 철학을 수용한 첫 번째 스콜라 학자는 도미니코 수도회의 대大알베르토 성인(1200년경~1280)이었다.

대大알베르토 성인과 그의 가장 뛰어난 학생이자, 도미니코 수도회 동료인 토마스 아퀴나스 성인(1225~1274)은 아리스토텔레스에게서 발견한 철학 언어와 범주를 그리스도교 신앙의 교의에 반영했다.[216] 플라톤과 신플라톤주의 철학에서 아리스토텔레스 철학으로 전환은 혁명적이었다. 의혹과 저항에 부딪힌 것은 놀랍지 않았다. 그리스도교 신학에 아리스토텔레스 사상을 새로이 통합하는 일은 토마스의 가르침을 마음에 깊이 수용한 파리의 대주교조차도 두 번이나 비난했다.

토마스 자신도 아리스토텔레스와 그의 아랍어 번역본을 비판적으로 읽었으며 자신의 믿음으로 '그 철학자'의 사상에 빛을 비쳤다. 하지만 토마스의 가르침과 저서들은 아리스토텔레스를 선호하는 신학자들과 아우구스티누스의 신플라톤주의를 선호하는 신학자들 사이에 활발한 대화와 열띤 논쟁이 일어나도록 했다. 이 대화와 논쟁은 유럽 대학교가 팽창하고 성장하면서 다음 세기까지 지속되었다.[217]

### 성 아우구스티누스 은수사회의 설립

아우구스티누스 사상의 중요성이 지속적으로 커지는 데 깊이 영향을 미친 두 번째 발전은 성 아우구스티누스 은수사회의 설립이었다.

12세기와 13세기에는 유럽에서 광범위한 영적 쇄신이 일어났다. 평신도들은 소규모 종교 단체나 공동체에서 살려고 사회를 떠났다. 아시시의 프란치스코 성인(1181~1226)과 그의 초기 동료들은 이탈리아의 움브리아 지역에서 일어난 이러한 운동과 단체의 한 예였다. 1210년, 프란치스코와 그의 추종자들은 유랑하면서 강론하는 탁발 수도회라는 새로운 수도회 조직으로 인정받았다. 이 수도회 명칭은 그들을 수도회에 정주하는 수도자들과 구별하게 했다. 1217년, 스페인 사제였던 도미니코 성인은 자신의 이름을 딴 도미니코 수도회라는 다른 탁발 수도회를 창립했다.

1244년, 토스카나 주변에 소규모로 사는 평신도 은수자의 자치 공동체도 하나의 새로운 탁발 수도회로 통합되었다. 인노첸시오 4세 교황은 토스카나 은수자들을 한자리에 모아 그들에게 아우구스티누스가 4세기에서 5세기에 북아프리카에서 자신과 다른 남성 및 여성 공동체를 위해 쓴 《생활 규칙Rule of Life》을 전해 주었다. 그리하여 이들은 성 아우구스티누스 은수사회가 되었다. 1256년, 새로이 설립된 성 아우구스티누스 은수사회는 토스카나와 이탈리아 밖에서 공동체들을 맞이하고 수용하면서 성장했다.[218]

이 새로운 아우구스티누스 탁발 수도회의 많은 회원은 13세기의 대학교에서 학생과 스승 또는 교사로 도미니코 수도회와 프란치스코 수도회와 함께 자신들의 위치를 확고히 했다. 아우구스티누스 수도회는 명목상 창립자의 유산에 전념하는 통합된 '학파'로 설립되지 않았다. 아우구스티누스 수도회의 회원들 사이에는 사상의 일치가 없었다. 즉, 그들은 아우구스티누스만을 연구하거나 아우구스티누스의 저작에 대해 일관되거나 단일한 해석을 제시하리라고 기대받지 않았다. 하지만 시간이 흐를수록, 아우구스티누스 수도회의 탁발 수도자들은 그 수가 늘어 아우구스티누스의 저서들을 홍보하고 그의 저서들을 보존하며 대학교에서 벌어지는 활발한 신학 논쟁에 그의 사상이 주목받을 수 있도록 헌신했다.

### 13세기의 아우구스티누스 학파

13세기에는 역사가들이 '아우구스티누스 학파'라고 부르는 학파가 출현했다. 이미 언급했듯이, 대大알베르토 성인의 저서와 가르침을 통해 그리스도교 신학은 신플라톤주의에 대한 독점적 충실성에서 벗어나 아리스토텔레스 철학에 대한 새로운 관심으로 전환하기 시작했다. 이 전환은 아우구스티누스주의와 신플라톤주의의 개념을 계속 언급하면서도 아리스토텔레스 철학에 자신의 신학을 공고히 세운 토마스 아퀴나스 성인의 저서들에서 완성된다. 토마스와 그의 제자들은 신앙과 이성에 관한 아우구스티누스의 주장을 전개하면서도 아리스토텔레스의 노선에 따라 이성에 접근하여 분석한다.

토마스 아퀴나스 성인이 아리스토텔레스 접근의 토대를 마련하면서, 아우구스티누스 사상의 어떤 측면이 대조적으로 두드러지기 시작한다. 이러한 측면은 의지에 관한 아우구스티누스의 주장과 의지를 치유하는 은총에 관한 그의 이해를 포함한다. 토마스는 지성의 우선순위를 강조한다. 이러한 토마스의 접근은 주지주의로 알려진다. 대조적으로, 아우구스티누스 학파의 전통은 의지와 은총에 관한 아우구스티누스의 주장을 따르면서, 의지의 우선순위를 주장한다. 이것은 주의주의로 언급된다.[219] 그러나 어느 쪽도 다른 하나를 확실히 배제하지 않는다. 즉 지성과 의지 둘은 토미즘과 아우구스티누스주의의 그리스도교 인간학에서 두드러지게 나타난다. 우리가 덕행, 습관, 죄, 자유 의지, 은총의 영향을 이해하는 방법에 미묘한 신학적 차이가 있음을 강조하는 문제이다.

아우구스티누스 학파에는 하느님의 조명, 영혼의 힘, 하느님께서 피조물 안에 심으시고 인간의 발전을 이끄는 원초적 이유 rationes seminales(종자적 이성, 최초의 원인, 종의 기원에 관한 이론)의 존재에 대한 아우구스티누스 신학을 강조한 보나벤투라 성인(1221~1274)과 같은 많은 프란치스코 수사들이 포함되어 있다. 아우구스티누스 신학 편에서 보면, 토미즘은 아리스토텔레스의 지식 이론을 선호하는 시각이다. 토미즘을 강조하는 이들은 배움이 감각 경험에서 비롯된다고 하고, 영혼이 지닌 다양한 능력을 밝히며, 창세기에 언급되지 않은 매우 다양한 종들이 하느님께서 가르쳐 주신 원초적 이유에서 나타나는 것이 아니라 물질의 선천적 잠재력에서 출현한다고 본다.

요한 둔스 스코투스(1265~1308)와 알렉산더 헤일즈(1185~1245)와 같은 다른 프란치스코 수도회 수도자들도 아우구스티누스의 신플라톤주의를 분명히 선호했다. 이 수사들은 캔터베리의 안셀모 성인과 클레르보의 베르나르도 성인과 같은 이전의 아우구스티누스주의 사상가들의 전통을 이어받았다. 이들 프란치스코회 회원들은 아리스토텔레스 철학에 기반을 둔 '새로운' 사상의 유입 속에서 그리스도교 정통성을 옹호하려고 노력했다. 게다가 아우구스티누스주의와 신플라톤주의적 접근 방식을 옹호하는 13세기의 성 아우구스티누스 수도회 수도자들의 저서들도 있었다. 이 수도자들 중에는 파리에서 실제로 토마스 아퀴나스 성인의 학생이었던 에지디우스 로마누스(1243~1316)와 비테르보의 야고보 복자(1255~1308)가 포함되어 있다. 에지디우스는 아우구스티누스의 저서들의 관점에서, 의지의 우월성을 주장했다. 야고보 복자는 13세기의 사회적 도전에 대한 아우구스티누스의 정치 사상의 의미를 발전시켰다. 아우구스티누스의 관점을 옹호하는 글을 쓴 다른 성 아우구스티누스 수도회 탁발 수도자로는 리미니의 그레고리오와 오르비에토의 우골리노가 있었다.[220]

하지만 토미즘의 주지주의와 아우구스티누스 학파의 주의주의 사이에 명확한 차이점이 있음에도 불구하고, 13세기의 아우구스티누스 학파는 결코 아우구스티누스 사상의 공통된 이해와 신학과 철학의 통합된 체계를 수용한 학자들의 집단이 아니었다. 가령, 보나벤투라는 아리스토텔레스에 대해 광범위하게 연구하고 저술했다.[221] 에지디우스가 토마스 성인 밑에서 공부하는 여러 해 동안에, 그의 신학에는 분명히 토미즘이 광범위하게 영향을 미쳤다.[222] 그리고 13세기 동안 정치적 신학을 발전시키면서, 비테르보의 야고보 복자는 아우구스티누스의 《신

국론》을 논평했을 뿐만 아니라, 토마스의 정치 사상을 광범위하게 받아들인다.[223]

중세 대학교들에서 신학의 수많은 스승들이 가졌던 신학과 철학의 좋은 관점은 그들 사이에 확고하고 폭넓은 선을 긋지 않는 것이었다. 대(大)알베르토 성인, 토마스 아퀴나스 성인 등을 통해 아리스토텔레스의 사상을 그리스도교 신학에 도입하면서, 아우구스티누스의 오래된 신플라톤주의 그리스도교와 활발하게 대화를 나누게 되었다고 말하는 편이 더 정확하다. 스콜라 학자들의 특징을 나타낸 사상의 활발한 교환에서, 각 "학파"는 서로의 공헌과 통찰을 밝히는 데 도움을 주었다. 우리의 목적을 위하여, 토마스 성인의 중요한 공헌 이후에 아우구스티누스의 사상은 서구에서 유일한 신학의 패러다임이 더는 아니지만, 여전히 매우 중요한 사상으로 남는다.

### 14세기의 신아우구스티누스 학파

독일의 성 아우구스티누스 수도회 탁발 수도자이며 학자인 아돌라르 줌켈러(1915~2011)는 14세기의 '신아우구스티누스 학파'를 설득력 있게 주장한다.[224] 이 학파나 운동은 초기를 대표하는 두 인물, 성 아우구스티누스 수도회 탁발 수도자 리미니의 그레고리오(1300~1358)와 영국 성직자 토마스 브래드워딘(1300~1349)이 주장한 특별한 주제로 알아볼 수 있다. 리미니의 그레고리오는 파리와 이탈리아에서 가르쳤다. 토마스 브래드워딘은 옥스퍼드에서 가르치면서 짧은 기간 동안 캔터베리의 대주교가 되어 사목했다. 이 두 사람은 아리스토텔레스의 주장을 기반으로 발생한 새로운 펠라지오주의를 판단하고 이에 대응하기 위해 아우구스티누스의 반反펠라지오 저서들의 재유행을 일으켰다.

그레고리오와 브래드워딘으로 시작한 이 운동은 유럽 전역의 다양한 대학교에서 가르치고 있던 수많은 성 아우구스티누스 수도회 회원들에게 강력한 영향을 미친다. 일반 은총 신학은 14세기 후반의 성 아우구스티누스 수도회 내에 나타나 다음 세대의 탁발 수도자들에게 영향을 미치기 시작한다. 신흥 사상 학파로서, 그들은 하느님의 은총의 대상으로 의지와 사랑을 강조한다. 또한 아리스토텔레스 철학과 토미즘의 이론적인 지식과 구별되는 정서적인 지식에 관해 말한다.[225]

아우구스티누스 학파의 신학을 더욱 발전시키기 위하여, 신 아우구스티누스 학파의 학자들은 여러 세기 동안에 인기 있던 일부 아우구스티누스의 글들 외에 더 많은 아우구스티누스의 글들을 검토하고 인용하기 시작한다. 1354년, 성 아우구스티누스 수도회 탁발 수도자 우르비노의 바르톨로메오(1350년 사망)는 《성 아우구스티누스의 천 단어 *Milleloquium Sancti Augustini*》를 출간했다. 이 책은 아우구스티누스의 저서에서 선택한 1,500개의 문장을 모은 것이다. 바르톨로메오의 작업은 지난 세기의 《발췌집 *florilegiae*》이나 《명문집 *sententiae*》과는 다르다. 이 책은 중세 후기 학문과 문학 문화가 더 엄격하고 더 세련된 해석을 했음을 보여 준다.[226] 이 책은 또한, 특히 성 아우구스티누스 수도회의 많은 탁발 수도자가 연구하고 가르친 독일 대학교들에서 아우구스티누스 사상이 지속적으로 존재했으며, 그 영향력도 점차 커져 왔음을 보여 준다. 앞으로 살펴보겠지만, 이 책은 15세기와 16세기에 중요한 책이었다. 신아우구스티누스 학파가 제기한 아우구스티누스의 사상과 반反펠라지오주의라는 주제는 에르푸르트 수도원의 한 젊은 수도자에게 깊은 감명을 주었다. 그의 이름은 마르틴 루터였다.[227]

유럽의 중세 시대 동안 아우구스티누스의 영향력과 위치는 지속적으로 연구를 해야 하는 분야였다. 다마수스 트랩은 그 영향력을 참신하게 요약한다. 다마수스는 토마스 성인과 그의 제자들이 확실하게 지니고 있었던 아우구스티누스의 저서와 사상에 대한 실제적 인식을 의미하는 '아우구스티누스'라는 개념과 토미즘의 특징인 지성, 본성, 명제 논리에 대한 연구를 생략하지 않으면서도 의지, 은총, 인간 경험에 주목하는 철학적, 신학적 성향이라는 의미의 '아우구스티누스주의'라는 개념을 구분한다. 다마수스는 다음과 같이 진술한다.

> (10세기에서 12세기) 초기 스콜라 철학에는 아우구스티누스가 있었으며, 스콜라 철학 그 자체에 아우구스티누스주의도 있었다. (13세기) 아리스토텔레스 토미즘에는 아우구스티

누스는 있었지만 아우구스티누스주의는 없었다. (13세기에서 15세기) 후기 스콜라 철학에서는 스콜라 철학 그 자체의 아우구스티누스주의 안에서 아우구스티누스를 재발견했다!²²⁸

신아우구스티누스 학파 사상이라는 열정이 퍼지는 가운데, 15세기와 16세기 동안 아우구스티누스의 반反펠라지오주의와 정서의 영향력과 세력이 커지기 시작한다. 이는 루터의 저서와 설교 안에서 발전한다. 하지만 격동이 일어나기 전의 고요함 속에서, 우리는 그리스와 로마 시대를 재발견하고 거기로 복귀하려는 문화적인 막간을 발견한다. 르네상스 시대에는 아우구스티누스에 대하여 그 자체로 아주 다른 인식을 지니고 있었다.

### 르네상스 시대(1350~1550)

르네상스는 아우구스티누스를 이전과는 다르게 재발견하고 우리가 아우구스티누스적 인본주의라고 부를 수 있는 자신만의 아우구스티누스주의를 낳았다. 아우구스티누스의 영향력은 르네상스 시대에도 계속되어 그 시대의 많은 사상가들과 예술가들에게 영감을 주었다. 14세기와 15세기에는 그리스 로마의 문학, 예술, 건축에 새로운 관심과 부흥이 일어났다. 이 르네상스, 즉 고대 고전에 관심을 두는 부활은 결국, 마지막 위대한 라틴 저자이며 수사학자였던 아우구스티누스를 다시 소생하도록 했다. 르네상스 사상가들에게 관심이 있었던 것은 아우구스티누스의 반反펠라지오 신학이 아니었다. 13~15세기 아우구스티누스 학파의 신학적 학술 서적도 르네상스 사상가들에게 흥미를 일으키지 못했다. 그들이 아우구스티누스에게 관심을 가진 것은 두 가지 측면 때문이었다. 그것은 고전 문학과 그것을 읽는 방법에 대해 아우구스티누스가 관심을 가진 점, 그리고 종교의 출발점으로 인간 경험에 아우구스티누스가 중점을 둔 점이다.

이탈리아의 페트라르카(1304~1374), 보카치오(1313~1375), 피치노(1433~1499), 독일의 니콜라우스 쿠자누스(1401~1464), 영국의 토마스 모어 성인(1478~1535)과 같이 르네상스를 대표하는 이들은 아우구스티누스의 저서에서 영감을 받았다. 가령, 페트라르카는 학문적인 논쟁과 논리적인 문제에 대한 학문적인 집중에서 종교적 경험의 중심인 인간에 대한 탐구로의 전환을 알렸다. 페트라르카는 아우구스티누스의 《고백록》에서 자신과 하느님을 발견하고자 하는 영혼의 일기를 발견했다. 페트라르카는 할 수 있을 때마다 《고백록》 사본을 가지고 다녔다. 아우구스티누스의 신앙 일기는 페트라르카 자신의 경험을 반영하고 인간 경험을 더 많이 탐구하도록 그에게 영감을 주었다.[229]

페트라르카와 보카치오는 고대 그리스 로마의 고전 문학과 철학 사상을 회복하고 그리로 복귀하고자 하는 르네상스의 전형적인 예가 된다. 그들은 아우구스티누스에게서 교회의 협력을 발견했다.[230] 교회 신학자로 존경받는 위대한 히포의 주교 아우구스티누스는 라틴어 고전의 능숙한 독자이며 해석가였다. 르네상스 인본주의자들은 《신국론》과 같은 책들, 특히 아우구스티누스가 로마와 그리스 철학, 문학, 역사를 설득력 있게 논평한 초창기 책들에 끌렸다. 그곳에서 인본주의자들은 인간 경험의 깊이를 면밀히 조사하는 방법으로 고대의 문학과 철학을 탐구할 용기를 얻었다. 아우구스티누스 자신이 그러한 연구를 하지 않았던가? 아우구스티누스는 자신의 영향력 있는 저작인 《그리스도교 교양》에서 인류의 발전, 성경 해석, 복음 전파를 위한 인문학 연구를 장려했다.[231]

아우구스티누스의 신플라톤주의는 르네상스 시대에 큰 관심을 끌었다. 신플라톤주의는 19세기까지도 플라톤주의에 대한 해석으로 유명한 마르실리오 피치노에게 영감을 주었다.[232] 독일의 르네상스 인본주의자이자 주교인 니콜라우스 쿠자누스는 삼위일체 묵상에 대한 아우구스티누스의 비유에서 니콜라우스 자신의 심오하고 신비로운 인본주의에 대한 영감을 발견했다.[233] 니콜라우스는 자신의 유명한 책에 《학습된 무지에 대하여 On Learned Ignorance》라는 제목을 붙였다. 이 책의 제목은 하느님의 본성이 우리 인간 능력을 넘어 무한하시다고 이해한 철학적, 신학적 깨달음을 표현한 아우구스티누스의 구절 '학습된 무지 docta ignorantia'에서 따온 것이다.[234]

토마스 모어 성인은 1501년 런던에서 《신국론》을 강의했다. 로테르담의 에라스무스(1469~1536)는 16세기의 선도적인 인본주의자로 1528~1529년에 바젤에서 자신이 편집한 아우구스티누스의 라틴어 전집을 출판했다.[235] 전반적으로 보아, 르네상스는 아우구스티누스에게서 중세 스콜라 신학의 무미건조함에 반대하고 고전 문학에 대한 강한 선호를 호소할 수 있는 '안전한' 영웅을 발견했다.[236]

고전, 해석학, 인간 경험에 관심을 두는 르네상스는 스콜라 철학에 바탕을 둔 논리 명제와 교의에는 반대하였으며, 생각과 마음을 자세히 조사하여 개인의 은밀한 마음속 깊은 곳에 거주하시는 거룩하신 분의 신비를 파헤친 아우구스티누스의 《고백록》이 보여 주는 그리스도교 인본주의로 회귀하고자 했다.

르네상스 학자들 중에는 중세 대학교들에서 강의하는 성 아우구스티누스 수도회 회원들이 있었다. 그들은 르네상스 동안에 그들의 창시자 사상을 발전시키는 역할을 했다. 이탈리아의 성 아우구스티누스 수도회 탁발 수도자 보르고 산토 세폴크로의 디오니지(1300년경~1342)는 보카치오가 젊은 학생일 때 그에게 인문학을 공부할 것을 권했다. 또한 파리 대학교에서 공부했던 디오니지는 페트라르카에게 아우구스티누스의 저서들도 소개해 주고 그의 고해 신부가 되어 주기도 했다. 마페오 베지오(1407~1458)는 밀라노의 시인이자 인본주의자였으며, 결국 로마의 성 아우구스티누스 수도회에 입회한 인물이다. 그는

〈그리스도교 교육에 대하여*De edcuatione liberorum*〉라는 논문에서 광범위하게 아우구스티누스를 인용했다.

르네상스와 관련된 수도회의 중심에는 피렌체의 산토 스피리토 성당Santo Spirito에 있는 수도 공동체가 있었다. 1444년에 건축한 이 성당은 위대한 피렌체의 르네상스 건축가 필리포 브루넬레스키(1377~1446)의 작품으로 초창기 르네상스 건축물의 가장 순수한 형태 가운데 하나이다. 성 아우구스티누스 수도회 탁발 수도자인 루이지 마르실리(1342~1394)의 지도로, 산토 스피리토 성당은 르네상스 사상가들, 예술가들, 건축가들의 피렌체 "아카데미"가 되었다. 페트라르카는 산토 스피리토 성당에서 탁발 수도자들과 가까이 지냈고, 보카치오는 그곳 성 아우구스티누스 수도회에 장서를 유산으로 남겼다. 그리고 젊은 미켈란젤로 부오나로티는 산토 스피리토 성당에서 관리하는 도시 영안실에서 시체를 공부했다.

이처럼 서구에서 아우구스티누스의 유산은 르네상스라고 부르는 고대의 유물, 문학, 건축, 예술의 분야를 풍성하게 했다. 그리고 아우구스티누스의 저서들과 생활 규칙을 따르는 탁발 수도자들의 학문과 활동 이 두 가지는 14~16세기의 활력과 아름다움에 크게 기여했다.

# 제5장

## 후기 유산: 종교 개혁에서 오늘날까지

**종교 개혁**

르네상스 사회의 무절제는 교회와 교회 협력자들의 부와 세력을 포함해서, 나쁜 폐단을 많이 초래했다. 개혁만이 필요했다.[237] 개혁을 부르짖은 많은 이들은 아우구스티누스의 저서들에서 영감과 방향성을 발견했다. 아우구스티누스의 영향력은 다시 한번 세상의 주목을 받는다. 마르틴 루터(1483~1546)와 장 칼뱅(1509~1564)은 아우구스티누스 신학의 일부 측면에서 신학의 기반을 세웠다.

루터의 이야기는 잘 알려져 있다. 위험한 폭풍우 가운데서 한 서약에 기반하여, 젊은 루터는 독일 에르푸르트의 아우구스티누스 수도원에 입회한다. 젊은 수도자로서, 루터는 강박적인 세심함으로 고통을 받았다. 루터는 지나치게 자주 자신의 죄를 고백했다. 그는 언제나 하느님을 기쁘게 해 드리고 영원한 생명을 얻기를 갈망했다. 그런 그가 영적 수렁에서 벗어나는 길을 찾은 것은 아우구스티누스와 성 아우구스티누스 수도회의 한 수도자의 도움 덕분이었다.

에르푸르트의 수도원에서 루터의 고해 사제는 성 아우

구스티누스 수도회 수도자이자 학자인 요한 폰 슈타우피츠 (1460~1524)[238]였다. 신아우구스티누스 학파는 14세기에 발전하여 15세기와 16세기에도 지속되었다. 이 학파는 특히 북유럽에서, 아우구스티누스 수도원과 대학에서 연구하고 가르친 폰 슈타우피츠와 같은 신학자들에게 큰 영향을 미쳤다. 폰 슈타우피츠는 젊은 루터에게 아우구스티누스의 은총 신학과 바오로 서간에 관한 아우구스티누스의 해석을 소개했다. 우리 구원이 우리의 선행에 달려 있지 않고, 하느님의 무한하고 예정된 용서에 달려 있다는 아우구스티누스의 주장을 그에게 공유했다. 폰 슈타우피츠는 또한 루터에게 신학과 성경을 더 많이 연구하도록 격려하여 영성 생활에서 신앙과 은총의 역할을 더 깊이 이해하도록 했다. 폰 슈타우피츠의 조언에 따라 루터는 성경과 아우구스티누스를 계속 연구했다. 그다음 해에, 바오로의 해석에 근거를 둔 아우구스티누스의 은총 신학과, 특히 바오로 서간을 중점으로 한, 루터 자신의 성경 연구는 자신의 신앙생활에 깊은 영향을 주었다.

하지만 루터는 자신의 신학 견해를 전개하면서, 아우구스티누스 신학의 일부 측면을 선택하고 다른 신학은 배제한다. 아우구스티누스의 죄 개념, 하느님의 용서하는 은총에 의한 의화, 은총을 받기 위해 선택된 이들에 대한 예정설을 강조한다.[239] 루터는 하느님과의 관계에서 자기에 관한 아우구스티누스의 이해, 개인에게 미치는 은총의 신적인 영향력, 아우구스티누스의 여러 저서에서 제기하는 신비 요소들과 같은 아우구스티누스 사상의 다른 측면을 무시한다. 철학을 경멸하는 많은 다른 개혁가들처럼, 루터도 아우구스티누스의 신플라톤주의를 무시하고, 대신에 성경에 관한 아우구스티누스의 주해를 선호했다. 아우구스티누스의 용어에서, 루터는 이성보다 믿음을, 선행보다 은총을, 성화보다 용서를, 내적 관계보다 외적 의화를, 교회의 가르치는 권위보다 성경을 강조한다. 그래서 루터는 분명히 아우구스티누스와 중세 후기 신아우구스티누스 학파의 신학적 상속자이면서도 아우구스티누스의 사상과 저작물을 선택적으로 사용한다.

아우구스티누스는 사제인 장 칼뱅에게도 큰 영향을 미쳤다. 칼뱅은 루터처럼 성 아우구스티누스 수도회 수도자가 아니었지만, 아우구스티누스의 저서들, 특히 반反펠라지오주의 저서들을 철저히 다시 살펴보면서 자발적으로 신학 연구를 했다. 칼뱅은 자신의 권위 있는 학술 서적 《기독교 강요 Institutes of the Christian Religion》(1536)에서, 다른 신학 자료를 인용하는 것보다 훨씬 더 많이, 8백 번 이상 아우구스티누스를 참조한다. 칼뱅은 아우구스티누스가 자신의 개종과 개혁 신학에 '길을 열어 준' 공로를 인정한다.[240]

루터처럼, 칼뱅은 아우구스티누스의 사상인 죄, 은총, 의화, 예정설을 강조한다. 또한 성화, 신비주의, 조명, 영적 향상에 대한 아우구스티누스의 가르침과 아우구스티누스의 신플라톤주의 사용은 덜 강조하거나 무시한다. 칼뱅은 루터보다 예정설을 더 발전시킨다. 《기독교 강요》에 역사에서 이중 예정설이나 영벌의 가르침을 가져온다. 즉, 구원받을 이와 멸망될 이를 하느님께서 영원히 선택하신다는 가르침을 역사에서 찾아낸다(《기독교 강요》 3권 21).[241] 칼뱅은 자신의 이중 예정설 신학을 전개하면서, 오직 특정한 사람들만이 인간이 범한 죄의 덩어리massa damnata에서 구원받도록 하느님의 뜻으로 선택되어 있고, 나머지 사람들은 지옥에 떨어지도록 예정되어 있다는 아우구스티누스의 사상을 강조한다.[242]

개혁가들은 점점 부패하고 자기 이익만을 생각하는 교회를 개혁하겠다는 바람으로 아우구스티누스에게 매달렸다. 또한 아우구스티누스의 회개 이야기와 은총의 발견에서 그들 자신과 추종자들의 그리스도교 신앙을 위한 용기와 지침을 발견했다. 여러 면에서 아우구스티누스의 은총 신학은, 펠라지오마저 분노했을 기도와 활동에 기계적으로 의존하도록 하는 사목 활동과 교회 정책에 대응하는 유일한 수단이었다. 하지만 종교 개혁이 일어나기 천 년 전에 아를의 체사리오 성인과 아키텐의 프로스페르가 달성한 사목의 균형과 신학의 협력은 16세기에는 일어나지 않았다. 갈리아 남부 수도자와의 논쟁에서, 프로스페르와 체사리오 성인은 아우구스티누스 은총 신학의 핵심을 밝혔다. 되도록 예정설의 오해를 피하면서 사목의 균형을 유지했다. 이러한 절충은 유럽 종교 개혁의 격렬한 논쟁과 대결 중에는 일어나지 않았다.

### 트리엔트 공의회

종교 개혁가들에게 대응하기 위하여 가톨릭 교회는 트리엔트 공의회(1545~1563)를 열었다. 종교 개혁가들의 신학 학파를 포함해서, 많은 신학 학파를 대표하는 공의회 참석자들은 루터, 칼뱅, 다른 종교 개혁가들에게 어떻게 대응할지, 동시에 가톨릭 교회를 어떻게 개혁할지 논의했다. 종교 개혁가들은 신학 의제와 로마 가톨릭을 향한 이의의 자료와 원천으로 아우구스티누스의 사상을 주장했다. 트리엔트 공의회의 주교들과 신학자들도 논쟁과 자료에서 아우구스티누스 신학을 활용했다.

트리엔트 공의회에서 주도적 신학자는 성 아우구스티누스 수도회 탁발 수도자 지롤라모 세리판도였다.[243] 세리판도는 아우구스티누스 수도회의 총장이자 추기경이었다. 많은 이들이 신아우구스티누스 학파의 마지막 위대한 스승으로 그를 평가한다. 트리엔트 공의회에서, 세리판도는 교황의 특사였으며 한동안 공의회를 주재하기도 했다. 공의회에서 논의하는 동안, 그는 아우구스티누스의 신학과 아우구스티누스 신학의 중세적 해석을 적극적으로 옹호했다. 트리엔트 공의회는 세리판도가 주장한 아우구스티누스의 입장을 모두 수용하지는 않았다. 하지만 세리판도는 트리엔트 공의회에서 아우구스티누스의 죄와 은총 신학을 지지하고 내면의 성화와 같은, 종교 개혁가들이 소홀히 한 아우구스티누스 사상을 포함하도록 하는 일을 주도했다.

트리엔트 공의회에서 확인한 것은 원죄와 의화에 관한 아우구스티누스 가르침에 새로운 해석이 존재한다는 것이다.[244] 종교 개혁가들은 아우구스티누스의 원죄 가르침을 완전히 타락하고 치명적인 원죄의 결과 자유 의지가 손상되었다고 이해한다. 인간 경험에 만연한 탐욕은 역사 전반에 걸친 원죄의 지속적인 유산이었다. 개혁가들은 성경을 통하여 만난, 하느님 은총의 절대적인 필요성을 강조했다. 하느님 은총은 의화의 유일한 동인動因이었다. 선행은 의화하거나 구원하지 못했다.

트리엔트 공의회에서는 원죄가 하느님 은총을 상실하게 했다는 종교 개혁가들과 아우구스티누스 학파에 동의했다. 하지만 공의회는 원죄로 나약해지고 상처를 입더라도, 자유 의지가 그 때문에 파괴되지는 않는다고 주장했다.[245] 공의회 교부들은 완전히 타락한 인간성이라는 종교 개혁가들의 개념에 반대하여 자유 의지를 옹호했다. 은총은 우리를 신앙으로 부르고 그 부르심에 응답하도록 힘을 준다. 또한 우리가 하느님 은총의 징표이며 더 나아가 하느님 나라의 사업인 선행을 할 수 있게 해 준다.[246] 종교 개혁 신학과 대조적으로, 트리엔트 공의회에서는 내면의 하느님 현존과 변화시키는 은총의 본성을 강조한다.[247] 원죄는 인간 개인 안에 하느님의 삼위일체 모상을 파괴하지 않았을 뿐만 아니라, 그 모상을 치유하고 회복하면서, 내면의 거룩함을 불러일으켜 믿는 이와 하느님과의 관계를 향상시켜 준다.[248]

트리엔트 공의회의 의화 교령은 아우구스티누스를 다섯 번 인용한다. 이는 성경을 제외하고 다른 신학 자료보다 훨씬 더 많다. 제2차 오랑주 공의회에서 인정했듯이, 아우구스티누스의 은총 신학은 트리엔트 공의회에서 반복되고 채택된다. 의화 교령은 또한 신앙이나 선행의 결과로서가 아니라, 완전히 하느님의 선물로서 은총과 구원을 인정하는 방식으로 예정설의 '신비'라고 불리는 것을 간략하게 언급한다.[249] 아우구스티누스의 내면과 신성화라는 주제를 강조하면서, 트리엔트 공의회는 보나벤투라와 둔스 스코투스와 같은 13세기 아우구스티누스 사상가들의 특징인 신적 조명의 영성과 내면의 영적 상승이라는 아우구스티누스 신학의 신비적 경향성을 회복한다.

토마스 아퀴나스 신학은 트리엔트 공의회에서 아우구스티누스의 은총 신학을 긍정하는 데에 필요한 사상과 언어를 갖추고 있었다. 동시에 루터와 칼뱅 신학의 비관적인 인간학은 거부했다. 이 방식으로, 트리엔트 공의회에서는, 특히 의화 교령에서 아우구스티누스 사상, 신플라톤주의 사상, 토마스와 아리스토텔레스 사상을 통합한다. 트리엔트 공의회에서는 은총에 관한 모든 신학 논쟁을 해결하지 못했다. 의화와 성화에 관한 지속적인 신학 논쟁을 배제하길 원하지도 않았다. 하지만 트리엔트 공의회에서는 아우구스티누스 신학을 최대한 활용하도록 요구하면서, 토마스 신학으로 더 풍부하게 하여, 미래 세대에게 하느님과 인간 사이의 관계를 풍요롭고 균형 있게 이해하도록 전달하려고 했다. 아우구스티누스는 이를 기뻐했을 것이다.[250]

## 17세기에서 21세기:
## 현대 신학과 포스트모던 사상에서의 아우구스티누스

### 근대 시기: 데카르트, 파스칼, 얀세니우스

르네 데카르트(1596~1650)는 아우구스티누스의 내면 주제를 다시 시작한다.[251] 데카르트는 아우구스티누스에게 지적, 영적으로 도움을 받았다고 인정하지 않지만, 본성과 감각에 대한 스콜라 철학의 아리스토텔레스-토마스 출발점을 포기하고 주제를 전환하여 서양 철학의 근대 혹은 '중세 이후' 시대를 시작한다. 중세 철학의 물질 개념으로부터, 인간의 인식 경험 속으로 되돌아간다. 데카르트는 "나는 생각한다, 고로 존재한다$^{cogito\ ergo\ sum}$."라는 말로 자신의 모든 철학 토대를 위한 견고하고 변함없는 기초를 세우려고 한다.

일찍이 1,100여 년 이전에 아우구스티누스는 아테네 제2학술회의 회의론을 반박하려 하면서 《신국론》에 데카르트의 코

기토cogito를 예지한다. 아우구스티누스는 다음과 같이 서술한다. "나는 내가 존재한다는 것과 내가 존재함을 아는 것을 확신한다. 그리고 내가 이를 알고 있다는 사실을 사랑한다는 것도 확신한다." 그리고 그의 확신에 속임수가 스며드는 경우에 대해서도 다음과 같이 쓴다. "나는 속는다, 고로 나는 존재한다." (《신국론》 11권, 26장).

하지만 아우구스티누스 사상과 데카르트 사상 사이에 유사성은 일시적이다.[252] 아우구스티누스가 주장한 내면으로의 방향 전환은 자신에게 하느님의 신비를 만나게 하고 인간 의지의 나약하고 상처 입은 본성을 깨닫도록 한다. 아우구스티누스가 제시한 내면생활의 이러한 기본적인 현실은 자신의 주체성과 다른 사람의 주체성과 만나도록 영혼을 이끈다. 데카르트는 내면으로의 방향 전환이 개인의 정서적이고 의지적인 차원과 사회적 책임의 윤리를 통합되지 않은 채로 남겨 두는 이성의 정식化canonization of reason로 이어진다고 본다.[253] 따라서 누군가는 데카르트 철학이 내면에 있어서, 즉 '내면으로의 전환'에 있어서 아우구스티누스의 사상과 유사하다고 말할지 모르지만 아우구스티누스가 제시한 주체성이나 인격성이 결여되어 있기에 분명히 아우구스티누스의 사상과는 유사하지 않다. 후자의 경우는 데카르트와 동시대 철학자인 블레즈 파스칼을 살펴야 한다.

블레즈 파스칼(1623~1662)은 근대 초기 가장 뚜렷한 아우구스티누스 사상가이다. 분열된 자아라는 파스칼의 사상은 아우구스티누스가 가르친 분열된 의지에서 받은 영향을 반영하고 도덕적 투쟁을 수반한다. 파스칼이 주장한 '마음의 이성'은 데카르트가 주장하는 고독하고 유일한 이성적인 진리 추구와 17세기의 가톨릭 가르침의 특징인 신스콜라 철학의 합리주의에 대한 아주 강력한 대안이다. 파스칼은 이후 수 세기 동안 프랑스 철학과 신학에 영향을 미치는 방식으로 내면성, 주체성, 영성을 결합한다. 4세기와 5세기에 신플라톤주의의 영향을 받아 아우구스티누스가 주체와 인격을 내면으로 전환한 것이, 파스칼을 통하여 근대 시기에 다시 등장했다고 말할 수 있다.[254]

다른 중요한 17세기에 끼친 아우구스티누스 영향력은 파스칼과 관련이 있을 뿐만 아니라, 사제이며 주교인 코르넬리우스 얀세니우스의 사상에도 관련이 있었다. 얀세니우스(1585~1638)는 유명한 네덜란드의 가톨릭 신학자이자 성직자였다. 그는 아우구스티누스 사상가이며 루벵 대학교의 교수이기도 했다. 얀세니우스는 특히 아우구스티누스의 반反펠라지오 저서들에 관심이 있었다. 얀세니우스의 유작으로 출판된 《아우구스티누스 Augustinus》는 아우구스티누스의 은총 신학과 본성에 관한 얀세니우스의 사상을 요약한 책이다. 이 책은 매우 영향력이 있었으나 상당히 논란이 되었다.

얀세니우스는 아우구스티누스의 사상과 저서의 반反펠라지오주의적 성향을 주장하고자 했다. 이와 관련해서, 그는 프랑스 예수회에서 주장하는 입장들 가운데 의심스러운 신학적 입장의 균형을 맞추는 데 관심을 기울였다. 그는 하느님 은총의 우선성과 인간의 근본적인 하느님 은총의 필요성이 서로 타협하고 있다고 보는 입장이었다. 얀세니우스가 1638년에 전염병으로 죽은 이후에, 뒤이은 신학 논쟁은 정치적 다툼과 학문적 대결이 되고 말았다.

파리 외곽에, 포르루아얄의 수도원에 거주하는 베네딕도회 수녀들은 얀세니우스가 주장한 아우구스티누스의 반反펠라지오주의적 성향을 옹호했다. 아우구스티누스의 예정설뿐만 아니라 이중 예정설까지 수용한 이른바 '얀센주의자'들이 칼뱅주의로 비난받으면서 논란은 확대되었다. 로마 교황청에서 수녀들에게 벌을 주었고, 얀세니즘은 이단이라고 불렸다. 루벵 가톨릭대학교의 현대 학자 마티즈 램버그는 은총에 관한 아우구스티누스의 입장과 얀세니우스의 입장이 그의 죽음과 《아우구스티누스》 출간에 뒤따른 정치적이고 종교적인 논란 때문에 상당히 과장되고 잘못 이해되었다[255]고 주장한다. 하지만 프랑스의 영적, 사목적, 교회적인 삶에 있어서 포르루아얄은 상당한 영향력을 미치는 곳이었다. 그러한 영향력이 큰 수도원과 수도회 학교에서 이후 수 세기 동안 엄격한 종류의 아우구스티누스주의를 반영했다.

얀세니즘의 엄격한 영성은 프랑스를 넘어 북유럽 가톨릭 영역 전체로 광범위하게 퍼졌다. 예를 들어, 아일랜드 신학생들은 아일랜드에서 공부를 계속할 수 없었다. 18~19세기에 아일랜드는 반가톨릭적인 영국에 점령되었기 때문이다. 따라서 많은 신학생들이 국외나 프랑스에서 공부했다. 그곳에서 사제로 양성되며 엄격한 얀센주의 영성의 영향을 깊이 받았다. 이는 얀센주의의 영향력이 아일랜드, 미국, 캐나다, 오스트레일리아의 가톨릭에 광범위하게 확산되는 결과를 낳았다. 이들 나라에는 19세기와 20세기 초 동안 아일랜드 성직자들이 많았기 때문이다.

파스칼은 포르루아얄의 수호자이고, 그의 누이는 그곳 수녀 공동체에 입회한 이였다. 하지만 파스칼 자신의 아우구스티누스 해석은 더 인간적이었으며, 그의 문학 대작인 《팡세Pensées》의 영향을 통해 이루어졌다. 그래서 포르루아얄과 관련이 있는 동안, 파스칼은 아우구스티누스 사상의 하느님 내재론을 강조했다. 파스칼의 가르침이 함축한 의미는 아우구스티누스의 반反펠라지오 저서들에서 흔히 도출되는 것보다 더 긍정적인 인간학으로 이어졌다.

### 현대 그리스도교 신학

파스칼의 연구는 19~20세기를 통하여 인간 주체성에 학술적인 관심을 더 많이 두도록 길을 열었다. 하느님 내재성에 대한 경험과 주체성의 중심적 역할을 밝히고 있는 파스칼의 저서는 독일의 19세기 개신교 신학자인 프리드리히 슐라이어마허(1768~1834)에게 이어졌다. 개신교 자유 신학의 아버지인 슐라이어마허는 신앙 위기를 겪으면서, 신앙은 내재하는 하느님에 대한 신앙인의 내적 경험에 기초해야 한다는 확신을 갖게 되었다. 이러한 주제는 철저히 아우구스티누스주의적이다.[256] 이 "자유주의적인" 접근은 한 세기 후 카를 바르트(1886~1968)의 더 정통적인 신학으로 논박되긴 하지만, 슐라이어마허의 내면성은 오늘날 대부분의 개신교 종교 경험에 계속해서 많은 영향을 미치고 있다. 이 내면성에 대한 주장은 보수적인 개신교 공동체 내에서, 칼뱅의 종교 개혁 이후 수년간 공감하여 확산된 예정설과 영벌 신학을 약화시킬 수 있었다.

가톨릭에서 모리스 블롱델(1861~1941)과 카를 라너(1904~1984)는 아우구스티누스, 파스칼, 슐라이어마허가 실천한 '주체로의 전환'을 계속해서 연구했다. 블롱델은 그의 철학을 신플라톤주의에 두고, 라너는 아리스토텔레스-토미즘에 둔다. 하지만 두 사람은 아우구스티누스의 사상을 바탕으로 하여 그들 자신의 내재적 신학을 구성했다.[257] 독일의 예수회 회원인 라너는 영혼을 향한 하느님의 자기 소통으로 은총 신학을 발전시킨다. 라너의 광범위한 저서들은 아우구스티누스 사상의 주체성을 되살려 20세기의 실존주의, 특히 마르틴 하이데거 철학과 대화하려는 시도를 보여 준다.[258]

비슷한 신학적 접근법으로, 스위스 개신교 신학자 폴 틸리히(1886~1965)도 아우구스티누스 사상 노선을 따라 종교에 대한 이해를 발전시켰으며, 우리 존재의 기반에 대한 내적 경험을 하느님 질문의 원천과 맥락을 전제로 밝힌다. 이처럼 아우구스

티누스의 내면성과 주체성은 현대 그리스도교 신학의 반복적인 주제이다.[259]

발리노바 대학교의 성 아우구스티누스 수도회 탁발 수도자인 마이클 스캔런은 아우구스티누스의 신학적 계획 위에 세워진 복음의 '핵심'이라고 부를 수 있는 것을 밝힌다. 그 핵심은 '인격주의'이다.[260] 아우구스티누스의 인격주의는 인간 개개인이 자신 영혼의 깊은 곳과 변화무쌍한 자신의 삶에서 살아 계신 하느님을, 개인적으로 만날 수 있다고 이해될 수 있다. 스캔런은 아우구스티누스의 그리스도교와 신학적 인간학의 핵심이라고 생각하는 것에 관해서 장 기통Jean Guitton의 말을 인용한다. "우리는 아우구스티누스 성인을 두고 유대인들이 집단적 방식으로 얻은 경험을, 개인적인 방식으로 경험한 최초의 서양인이라고 말할 수 있다."[261] 아우구스티누스는 자아를 하느님과 만남으로 그리고 일상 가운데 생명을 주시고, 변화시키시고, 구원하시는 하느님 은총의 영향력으로 구성되는 존재로 이해한다.

스캔런은 이와 같은 인격주의의 핵심이 아우구스티누스의 다른 사상에서도 복원되어야 한다고 주장한다. 물론 아우구스티누스의 다른 사상적 측면은 인격주의에 필수적인 것은 아니며 현대 그리스도교 신학과 영성에서 그 관련성이 훼손된다. 이러한 아우구스티누스 사상의 비본질적인 부분 두 가지는 신학의 자연적 귀결로서 예정설과, 역사와 영원의 이중적 이해이다. 스캔런은 예정설이 아우구스티누스의 은총 신학에서 필수적인 것은 아니라고 주장한다.[262] 우리는 예정설에 의지하지 않고도 하느님의 전능하심과 은총에 대한 근본적인 인간의 요청을 확인할 수 있다는 것이다. 이것은 기본적으로 라너가 아우구스티누스 사상의 내면성 복원과, 인간의 주체성을 통하여 '초자연적 실존의 자기 소통' 또는 하느님의 보편적인 자기 소통이라는 그의 사상으로 성취한 것이다.[263]

아우구스티누스 신학에서 두 번째 비본질적인 사상은 바로 역사와 영원성 사이에 근본적인 이원론이다. 특히 창세기에 관한 저서에서, 아우구스티누스는 사상의 초년기를 특징짓는 물질과 정신이라는 마니교의 이원론을 간신히 넘어섰다. 하지만 스캔런은 아우구스티누스가 역사와 영원성이라는 새로운 형태의 이원론으로 이동했다고 주장한다. 아우구스티누스가 이해한 바에 따르면, 우리의 그리스도교 순례는 시련의 시간과 역사의 변천을 통하여 우리를 영원의 행복과 지복직관으로 인도한다. 그러나 오늘날의 역사적 의식은 우리가 아우구스티누스의 두 번째 이원론을 완화하거나 넘어서길 요구한다. 영원뿐만 아니라 역사 안에서도, 하느님을 발견하고 인간 존재를 구원할 수 있는 역사 신학을 필요로 한다.[264] 하느님을 향해 순례하는 중에도, 우리는 사회 구조를 서서히 변화시키고, 정의와 평화를 위해 끈기 있게 일하면서, 역사를 구원하는 하느님 은총의 대리인이 되기 위하여 우리의 시간과 노력을 봉헌해야 하는 것이다.

아우구스티누스는 영혼 안에서 신비롭게 활동하는 하느님

은총의 목적을 궁극적으로 영원 속에서 실현되는 우리 개인의 구원으로 보았다. 스캔런은 여기서 머물지 않고 오늘날 아우구스티누스 신학을 복원하면서 아우구스티누스 사상의 내면성과 주체성이 현대 역사의식과 관련이 있음을 보여 준다. 스캔런은 사회 구조를 변화시키기 위한 정의와 평화의 활동에 대해 오늘날 그리스도교적 강조가 역사의식으로 심화되고 변화되는 만큼 아우구스티누스적 내면성의 지속적인 경험으로부터 이익을 얻는다고 주장한다. 아우구스티누스 자신이 정의와 평화를 위하여 활동한 사례도 있지만, 아우구스티누스가 강조하는 것은 천국의 변함없는 확고한 행복이다.[265] 다음 장에서, 우리는 오늘날 연구되고 있는 아우구스티누스 사상의 다양한 측면을 살펴볼 것이다. 이 검토에서 중요한 질문은 이러한 연구가 스캔런이 아우구스티누스 전통의 일시적 역사의식을 회복하는 데 얼마나 기여할 수 있는가 하는 것이다.

### 제2차 바티칸 공의회(1962~1965)

우리는 아를의 체사리오 성인이 6세기에 열린 제2차 오랑주 공의회에서 아우구스티누스의 은총 신학을 어떻게 옹호했는지 살펴보았다. 16세기에, 성 아우구스티누스 수도회의 탁발 수도자이자 주교인 세리판도는 트리엔트 공의회에서 한층 더 미묘하게 아우구스티누스주의를 옹호했다. 이와 마찬가지로 수많은 신학자와 주교가 제2차 바티칸 공의회에서 은총, 교회,

성경, 계시, 복음화에 관한 아우구스티누스 사상을 논의하고 토론하였다.[266] 제2차 바티칸 공의회에서 아우구스티누스의 영향력은 공의회 문헌에서 그의 저서가 25번 이상 빈번하게 인용되는 것에서 알 수 있다.

이브 콩가르, 앙리 드 뤼박과 같은 신학자들은 바티칸 공의회에서 논의하며, 아우구스티누스를 포함한 초대 교부의 중요성을 강조했다. 이미 살펴본 대로, 카를 라너는 자신의 은총 신학을 세우려고 아우구스티누스의 자아와 주체성 개념the self and subjectivity을 사용했다. 라너의 신학은 제2차 바티칸 공의회에 상당한 영향력을 미쳤다. 요제프 라칭거도 아우구스티누스의 신학에서 자신의 박사 학위 논문 주제뿐만 아니라, 자신의 교회론이나 교회를 이해하는 관점이 될 영감을 발견했다.[267] 이 두 독일 신학자는 제2차 바티칸 공의회에 참석해서 다양한 방식으로 공의회 진행에 영향을 미치고 공의회를 풍성하게 만들었다.

제2차 바티칸 공의회 동안 그리고 그 이후에 가톨릭 신학에서 아우구스티누스의 지속적인 영향력은 일부 논쟁거리가 되었다. 교회 역사학자 마시모 파기올리는 제2차 바티칸 공의회 이후 두 가지 상반된 해석을 제시한다.[268] 하나는 '아우구스티누스주의' 또는 '신아우구스티누스주의'라고 부르는 것이다. 이는 한층 더 보수적인 견해로서 죄 많고 세속적인 세상 가운데 더 작지만 더 순수하고 더 진실한 교회에 관한 교회론을 지지한다. 다른 하나는 그가 '신토미즘'이라고 부르는 것이다. 이는 교회와 세상 사이에서 창조적인 상호 작용을 주장하는 보다 진보적인 견해다. 두 가지 상반된 해석에 대한 파기올리의 분석은 설득력이 있지만, 한 측면을 설명하기 위하여 '신아우구스티누스주의'라는 용어를 사용한 데 대해서는 이의를 제기할 수 있다.

파기올리는 제2차 바티칸 공의회의 심의에서, 특히 라너의 신학을 통하여, 아우구스티누스 사상의 인격주의가 긍정적인 영향력을 미친 것을 무시한다(파기올리는 라너를 토미즘 진영에 둔다). 제2차 바티칸 공의회는 트리엔트 공의회의 은총 신학과 의화를 더 발전시킨다. 이 두 가지는 이미 아우구스티누스주의와 토미즘의 창조적인 통합이었다. 이는 은총을 통한 역사의 구원의 확언과 결합된 아우구스티누스적 주체성의 회복을 통해 이루어진다. 파기올리가 공의회 이후의 두 진영을 아우구스티누스주의와 토미즘으로 분류하는 것은 트리엔트 공의회와 제2차 바티칸 공의회에서의 통합에 혼란을 초래할 수 있다.[269]

파기올리가 '신아우구스티누스주의'라고 설명한 것은 죄 많고 구원받지 못한 세상 가운데, 더 순수한 교회에 대한 도나투스파의 이해와 매우 비슷한 것처럼 들린다. 아우구스티누스가 《신국론》에서 처음부터 끝까지 반복한 것은 인간 역사에서 하느님 나라의 시민들을 식별하는 것이 불가능하지는 않더라도 어렵다는 것이다. 시민들은 교회 내에 모두 있지 않다. 사실, 신국은 교회와 동일한 시공간을 차지하지도 않고, 인간의 나라는 세상과 동일한 시공간을 차지하지도 않는다. "진실로, 이 두 나라는 이 시대에 뒤얽혀 있고 서로 섞여 있으며 마지막 심판에 분리되기를 기다린다."(《신국론》 1권 35장). 파기올리가 '신아우구스티누스주의자'로 규정한 신학자들에는 요제프 라칭거, 앙리 드 뤼박, 장 다니엘루, 한스 우르스 폰 발타사르, 루이 부이에가 포함된다. 이들은 아우구스티누스가 제시한 두 나라의 섬세한 통합을 잘 설명하지 못하고, 특정한 해석을 선호한다. 이미 살펴보았듯이, 아우구스티누스의 사상은 너무 광범위해서 후대의 그리스도인이 그의 사상을 어떤 주제에 대해 여러 다른 측면을 논의하기 위하여 사용해 왔기 때문이다.

파기올리의 '신아우구스티누스 사상'은 라너나 스캔런의 신아우구스티누스 사상과 결이 비슷하다. 곧, 아우구스티누스의 사상을 보완하지 못한 채 또 다른 현대적 읽기를 무시하고 차단하는 해석이다. 아우구스티누스에 대한 이러한 흐름은 훨씬 더 복잡한 면모를 보여 주는 아우구스티누스 연구 분야의 현대적 접근을 간과한 것이다.

파기올리가 '신토미즘'이라고 부르는 것은 신스콜라 철학을 넘어 '세상을 향한 개방성'을 권하는 '재해석된 토미즘'으로 나아갔다고 그가 판단한 토미즘이다.[270] 사실, 아우구스티누스주의와 토미즘의 회복은 현대 역사의식을 통하여 비판하여 각 사상 체계를 통합하게 되었을 때 달성된다. 이는 여러 면에서 제2차 바티칸 공의회가 이룬 일이기도 하다. 따라서 제2차 바티칸 공의회 이후 의미 논쟁을 조사하려면 역사의식이 아우구스티누스주의와 토미즘 신학(더 보수적인 집단) 모두에 가져오는 비판에 불편함을 느끼는 한 진영과, 모든 신학 체계나 학파의 비판을 심화시키는 것을 옹호하는 다른 진영으로 볼 때 더 잘 설명할 수 있다.

요약하면, 파기올리의 매우 흥미롭고 창의적인 분석은 아우구스티누스 사상의 복잡함을 적절하게 설명하지 못한다. 그 분석은 '신아우구스티누스주의' 범주나 진영을 선택하고 적용함에 있어서 아우구스티누스가 저술한 그리스도론, 교회론, 은총 신학에 대한 2차 또는 3차 독해에 더 많이 의존한다. 그럼에도 불구하고 파기올리가 두 가지 정의한 범주를 사용한 것은 아우구스티누스의 지속적 영향력을 보여 주는 또 다른 예이다. 이는 또한 아우구스티누스의 사상으로 인해 수 세기에 걸쳐 신학 논쟁이 지속적으로 촉발된 증거이기도 하다.

### 포스트모더니즘의 사상

지난 반세기 정도 동안, 아우구스티누스의 사상은 그리스도교 신학자 공동체를 넘어 철학자들과 사상가들에게 지속적인 흥미를 불러일으켜 왔다.[271] 20세기와 21세기에서 두 가지 관련된 철학 사조는 아우구스티누스 사상의 내면성과 주체성에 대해 각자의 관점을 지니고 있었다. 포스트모더니즘은 우리에게 아리스토텔레스 철학의 실체와 신플라톤주의 철학의 의식 그리고 이 두 가지 철학에서 끌어낸 신학들이 사회, 정치, 경제적 상황에 따른 결과물이라는 것을 상기시켜 준다. 그러므로 어느 정도, 포스트모더니즘은 철학적인 의미를 한 바구니에 넣고 아우구스티누스 사상에서 나온 통찰과의 관련성을 제한한다. 고대 그리스 로마 후기 사상과 성서 신학의 만남에서 태동한 5세기 철학과 인간학이 오늘날 우리와 어떤 관련이 있을까? 아우구스티누스의 신학은 그 역사적 시대가 아무리 흥미롭다고 하더라도, 고유한 시간과 장소의 결과물이다. 포스트모더니즘 비평도 그렇게 될 것이다.

비슷한 방식으로, 언어 분석은 신학적 언어를 배제한다. 이러한 영미의 사상 학파에 따르면, 형이상학적 언어는 파악하기 힘들고, 부정확하고, 궁극적으로 무의미하다고 주장한다. 언어 분석은 언어가 갖는 명확하고, 분명하고, 확연한 지시 대상을 강조하면서, 철학자들과 신학자들의 내면성-주체성 기획 전체를 약화시킨다. 이 분석은 내면성의 언어가 모호함과 불확실성으로 가득 차 있으며 거의 또는 아무것도 말하지 않는다고 본다.

영미 학파를 주도적으로 이끄는 인물인 루트비히 비트겐슈타인(1889~1951)은 언어와 그 의미에 관해 아우구스티누스와 함께 대화하면서 그의 저서 《철학적 탐구 *Philosophical Investigations*》를 시작한다. 비트겐슈타인은 아우구스티누스를 훌륭한 철학 상대로 생각하고, 《고백록》 1권 8장 13절에서 발견된 언어 이론을 다음과 같이 해체한다.[272] 비트겐슈타인은 아우구스티누스의 입장을 요약한다.

언어에서 개별 단어는 사물을 지칭하며, 문장은 이러한 단어의 조합이다. 이 언어의 그림에서 우리는 다음과 같은 개념의 뿌리를 찾을 수 있다. 모든 단어에는 의미가 있다. 이 의미는 단어와 연관이 있다. 그것은 그 단어가 의미하는 대상이다.[273]

비트겐슈타인은 이러한 언어의 이해를 비판하며 완전히 다른 접근 방법을 제시한다. 이후 비평가들은 아우구스티누스의 언어 이론에 관한 비트겐슈타인의 비판이 아우구스티누스가 자신이 언어에 내재한 모호함을 깊이 깨달은 것을 많이 놓쳤다고 지적한다.[274] 그럼에도 영미 분석 학파의 지지자들은 일반적으로 아우구스티누스와 같은 철학적, 신학적 연구를 무시한다.

그래서 아우구스티누스의 사상은 대륙 포스트모더니즘과 영미 언어 분석에서 제공하는 현대적 비평에서 거의 살아남지 못할 것 같다. 그러나 이 두 철학 사조의 지지자들은 아우구스티누스와 계속해서 교류하고 있다. 아우구스티누스의 사상은 포스트모더니즘과 언어 분석학에서, 각기 다른 방식으로 일종의 상호 보완적인 관련성을 가지고 나타난다. 포스트모더니즘의 옹호자였던 자크 데리다(1930~2004)도 말년에 아우구스티누스에게 관심을 기울였다. 프랑스계 알제리 철학자이자 세파르디계 유대인인 데리다는 알제리에서 태어났으며, 이곳은 아우구스티누스가 살았던 로마 제국령 북아프리카와 같은 땅이었다.[275] 데리다와 다른 동시대의 철학자들은 빌라노바 대학교의 마이클 스캔런, 시라쿠사의 존 카푸토와 함께 연구하면서, 오늘날 아우구스티누스 사상의 관련성에 관하여 폭넓게 대화를 나눴다.[276]

카푸토와 스캔런은 "약간은 장난스러운 제목"이라고 부르며 《아우구스티누스와 포스트모더니즘: 고백과 흩뿌림Augustine and Postmodernism: Confession and Circumfession》이라는 에세이 모음에 "포스트모던 아우구스티누스"라는 제목을 붙인 서문을 썼다. 그들은 동시대의 대륙 철학으로 확인된 주도적인 학자들 가운데 아우구스티누스 사상과 관련된 활동을 하는 이들에 관심을 기울인다. 데리다의 개인 일기로 "흩뿌림"이 있는데, 거기서 그는 모니카가 오스티아에서 그랬던 것처럼 어머니가 바다 건너 니스에서 죽어 간다고 썼다.[277] 장-프랑수아 리오타드의 《성 아우구스티누스의 고백록The Confession of St. Augustine》도 있다. 리오타드는 이 책을 그가 세상을 떠나는 해인 1997년에 썼다.[278] 1995년에 출판된 마르틴 하이데거의 1921년 《아우구스티누스와 신플라톤주의 철학Augustine and Neoplatonism》 강좌도 있다.[279] 1966년에 출판된 한나 아렌트의 아우구스티누스에 대한 박사 학위 논문 《아우구스티누스와 신플라톤주의 철학Augustine and Neoplatonism》도 있다.[280] 아우구스티누스 사상이 중요한 역할을 한 폴 리쾨르의 《시간과 이야기Time and Narrative》도 있다.[281] 그리고 알제리 대학교에서 교수 자격을 취득하기 위한 알베르 카뮈의 논문은 신플라톤주의에 대한 것이었고 아우구스티누스에 대한 장章이 포함되어 있었다.

언어 분석 측면에서는 모든 형이상학(플라톤 철학, 신플라톤주의 철학, 아리스토텔레스 철학, 토미즘)에 관한 비평은 시들하다. 이런 상황에서 아우구스티누스 사상의 복원을 희망하는 일은 헛되게 보일 것이다. 그렇지만 심지어 여기에서도, 아우구스티누스는 아이러니하게도 21세기 사상으로 다시 등장한다. 우리가 이미 살펴보았듯이, 비트겐슈타인은 아우구스티누스와의 대화로 자신의 저서인 《철학적 탐구*Philosophical Investigations*》를 시작한다. 하지만 비트겐슈타인의 언어 해체는 쓸모 없거나 관련이 없는 것으로서, 명확하고 식별 가능하며 수량화할 수 있는 지시 대상이 없는 것을 말하는데, 이러한 언어 해체는 언어 사용에 대한 현대적 연구의 최종 단계가 아니다.

20세기 후반에서 21세기로 향하면서, 학계에는 수사학에 새로운 관심이 생겼다. 현대 수사학자들은 언어의 본질을 탐구하면서, 언어의 사회적, 정치적, 경제적 영향력과, 인간을 연결하는 언어의 기본 기능에 그들의 관심을 돌린다. 이 과정에서 수사학자들은 위대한 로마의 마지막 수사학자인 아우구스티누스를 결국 만난다. 아우구스티누스의 은총 신학, 원죄, 교회론에는 관심이 없을지 모르나, 아우구스티누스가 저술한 《고백록》에 나타나는 영향력 있는 담화, 《그리스도교 교양》에 나오는 수사학 목적의 분석, 《신국론》에 담겨 있는 고대 그리스 로마 철학자들, 역사학자들, 수사학자들의 광범위한 검토에는 관심

이 있다.[282]

오래전에 아우구스티누스가 밀라노에서 암브로시오 성인의 말을 들은 것처럼, 아우구스티누스의 저서들을 읽고 언어에 대하여 그가 한 말에 관해 연구하는 최근의 수사학 학자들은 아우구스티누스 자신이 그렇게 비판적으로 생각한, 즉 수사학을 넘어서는 움직임을 만들 수 있을지 의문을 품지 않을 수 없을 것이다. 아우구스티누스에게는 수사학과 내용이 결국에는 "분리될 수 없다."(《고백록》4권 14장 24절).

## 결론

지난 400년간, 개신교의 종교 개혁과 트리엔트 공의회를 통해 비롯된 가톨릭 쇄신의 시간, 그리고 모더니즘의 태동 이후에 아우구스티누스의 풍부하고 다양한 지적 유산은 교회에 많은 영향을 끼쳤다. 아우구스티누스의 사상에서 도출된 신학적 주제들은 주요 사상가들, 운동가들과 교회 공동체들의 저서에 지속적인 정보를 제공했다. 아우구스티누스의 주제는 최근의 조화롭고 섬세한 포스트모더니즘의 경향을 통하여 계몽주의의 담대하고 폭넓은 대조로부터 서구 문명과 지성사에 여전히 영향을 미친다. 아우구스티누스의 내면성, 주체성, 공동체, 하느님 은총의 근본적인 필요성, 상처 입은 인간 의지, 성경 해석, 권위의 역할이라는 공통된 주제는 종교, 문화, 철학 곳곳에 널리 뻗어 있었다. 그렇기에 선도적인 사상가들은 그들이 제공하는 유익이나 활기를 주는 행복을 위한 윤리학, 미학 또는 형이상학의 형식을 만들기 위하여 아우구스티누스의 저서들에서 계속 이야기를 꺼낸다.

지난 1,600년간, 인간과 신의 교차점에 관한 철저한 조사, 인간 영혼의 구조와 역동성에 관한 탐구, 의미와 지식과 진리에 관한 탐색은 그러한 대화에 아우구스티누스를 끌어들여 풍요롭게 했다. 아우구스티누스는 깊이 생각하고 이러한 주제들에 관해 매우 광범위하게 저술했기에 그의 전망은 무시하기 어렵다. 스캔런은 아우구스티누스의 핵심적인 통찰에는 미래 세대에게 넘겨줄 만한 가치가 있다고 주장한다. 하지만 연구는 역사의식의 현대적 탐구와 21세기의 지속적인 구원 역사 신학을 위한 이러한 통찰을 복원하기 위하여 이루어져야 한다.[283] 6장에서는 오늘날 가장 많이 연구하고 관심을 끌고 있는 아우구스티누스 사상의 책들과 주제들을 살펴볼 것이다. 거기서 아우구스티누스의 사상에 대한 연구와 새로운 전망에 대한 단서를 찾을 수 있을 것이다. 또한 그의 통찰력 중 어떤 부분이 새로운 관련성을 가져다줄지에 대한 단서도 발견할 것이다.

# 제6장

최근 연구 방향

지난 50~60년간, 아우구스티누스 연구 분야에서 학술적 연구가 급격하게 증가했다. 다양한 저서들, 학술지 논문들, 학위논문들, 소논문 문집들, 전공 논문들, 웹사이트들이 계속 늘고 있다. 연구는 다음과 같은 주제들을 다룬다. 가령, 아우구스티누스의 생애와 저서들, 로마 제국 후기 북아프리카의 언어, 사회, 종교, 문화, 4세기와 5세기 교회의 구조, 공의회와 실천, 아우구스티누스의 신학과 교회 선임자들과 동시대인들과 후계자들에 관한 정보, 교회와 서구 사상에 미친 아우구스티누스의 지속적인 영향력, 원고 모음집과 연구들, 아우구스티누스 사상에 관한 동시대인의 검토와 비평과 같은 것들이다. 매년 영향력 있는 학술지 〈아우구스티누스와 교부학 연구 저널Revne des études augustiniennes et patristiques〉에서는 이 분야에 대해 광범위하고 주해가 달린 출판 목록을 출간한다. 그해 목록은 약 500개 항목으로 구성되어 있다. 최근 몇 년 동안, 노틀담 대학교의 로라 홀트는 〈히드롭 저널The Heythrop Journal〉에서 이 분야에 출간된 새로운 책들에 관해서 매우 도움이 되는 평론 몇 편을 썼다.[284]

이 방대한 연구집 가운데에서, 후베르투스 드롭너는 최근 수십 년 동안 학자들로부터 중요하고 지속적인 관심을 받고 그 분야에서 새로운 방향성을 알린 확실한 화제나 주제를 밝힌다.[285] 이 주제들은 다음과 같은 것들이다. 아우구스티누스 사상에서 그리스도 역할의 새로운 이해, 아우구스티누스 성경 해석학의 새로운 탐구, 사랑에 관한 아우구스티누스 사상의 더 역동적이며 발전적인 이해, 아우구스티누스 은총 신학과 예정설의 재고, 여성과 결혼과 순결에 관한 아우구스티누스 저서들의 새로운 전망 등이다.

이 장에서는 현대 학자들이 논해야 하는 주제들을 살펴보고 이 주제들을 검토할 것이다. 하지만 방법론의 변화가 새로운 통찰과 전망을 생기게 한 풍부한 기초를 어떻게 마련했는지 고려하면서 현내 학문의 평가로 이 장을 시작하려고 한다. 아우구스티누스 연구에서 현대 연구를 이끄는 방법론의 변화를 이해하면 그 분야가 발전하는 맥락을 한눈에 알아 볼 수 있게 된다.

### 아우구스티누스 연구 방법론

최근 수십 년간 아우구스티누스 연구에 적용된 방법에는 세 가지 변화를 인식할 수 있다. 이 세 가지 변화 가운데 첫 번째 변화는 아우구스티누스 연구에 대해 교의적 접근에서 벗어나 역사적 접근으로 바뀐 것이다. 우리는 이것을 맥락을 고려한 방법론이라고 부를 것이다. 두 번째 변화는 아우구스티누스 사상을 공정하며 객관적으로 분석하는 데에서 벗어나 그의 사상에 대해 주관적이며 상호적으로 바뀐 것이다. 우리는 이를 전환에 개방성을 두는 방법론이라고 부를 것이다. 세 번째 변화는 개념들과 맥락들을 분리하는 변증법적 기반에서 개념과 맥락을 조화하는 더 통합된 구조로 나아가는 것이다. 이 방법론은 아우구스티누스의 생애와 사상의 현실을 한층 더 반영한다. 우리는 이 세 번째 방법론을 친교로의 전환이라고 부를 것이다. 따라서 이 세 가지 방법론의 변화에서 이전보다 중요해진 점은 맥락을 강조하게 되었고, 보다 개방성을 지니게 되었으며, 더 통합적으로 바라보게 되었다는 것이다. 이 세 가지 변화는 현대 아우구스티누스 연구에서 가장 중요한 변화다. 우리는 차례로 이 세 가지를 각각 고찰할 것이다.

## 맥락을 고려한 방법론:
## 교의적 접근에서 역사적 접근으로

이 세 가지 변화 가운데 첫 번째는 아우구스티누스 저서들을 연구할 때 교의적 접근에서 역사적 접근으로 바뀐 것인데, 이는 가장 기본적인 방법론 변화이다. 앞으로 살펴보겠지만, 첫 번째 변화는 다른 두 가지 변화를 강조한다. 2004년에 앨런 피츠제럴드가 쓴 중요한 논문은 이 변화를 지적한다.[286] 〈아우구스티누스와 교부학 연구 저널*Revne des études augustiniennes et patristiques*〉

이라는 학술지의 역사, 공헌, 발전을 뒤돌아보면서, 피츠제럴드는 아우구스티누스 연구가 제2차 세계 대전 이후에 어떻게 변했는지 지적한다. 20세기 중반에 앞서 아우구스티누스 학자들이 제시한 주요 연구 과제는 교의 주제였으며, 각 교파의 입장을 충실하게 반영하는 것이었다. 아우구스티누스의 저서들은 교회의 가르침을 지지하거나 그러한 가르침에 대한 특정 교파 해석을 강조하기 위해 연구되고 인용되었다.

이러한 접근은 중세 초기 교부들의 문헌 발췌집과 명문집까지 거슬러 올라갈 수 있다. 아우구스티누스의 저술을 통틀어 아우구스티누스가 쓴 구절 모음집이 그의 가르침 가운데 하나 또는 다른 하나를 강조하기 위해서 종종 사용되었다는 것을 기억할 것이다. 아우구스티누스가 특정한 책, 편지 또는 강론 원고를 쓸 때, 방법이나 이유의 맥락은 그가 쓴 책 내용만큼 중요하게 여겨지지 않았다. 아우구스티누스가 말한 언어들은 가령, 하느님 은총의 본성, 원죄의 영향력, 인간 의지의 나약함, 삼위일체의 신비와 같은, 교회의 특별한 교의를 형성하고 확고히 하기 위해서 이해되고 사용되었다. 때때로 이 명문집들은 편집장이나 편집자의 의견으로 교회 가르침에 동의하지 않거나 의심하는 이들에 맞서기 위하여 출간되거나 사용되었다. 확실히, 아우구스티누스의 저서들 일부에서 나타나는 수사학과 변증법적 신학 형태는 정통 교의를 옹호하기 위한 것이었으며, 그래서 그의 저서들을 연구할 때도 변증법 사용이 장려되었다.

16세기의 종교 개혁가들은 로마 가톨릭 교회를 향한 맹렬한 비난에서 아우구스티누스의 하느님 은총에 관한 가르침을 종종 사용했다. 반종교 개혁에서, 가톨릭은 개신교 신학에 거듭 반대하며 교황의 권리와 특전을 옹호하는 데 아우구스티누스를 인용하곤 하였다.[287] 아우구스티누스는 그리스도교 교의 발달과 교의를 표현하고 가르치는 용어를 규정하는 데 매우 영향력이 있으므로, 여러 세대 주교들과 신학자들은 아우구스티누스가 표현한 은총과 죄와 그리스도의 구원에 관한 기초적인 그리스도교 가르침에 관심을 쏟았다. 그런데 19세기와 20세기 초로 들어서면서 교회의 문헌이 아우구스티누스의 책들보다 우위를 차지하게 된다.

아우구스티누스 사상의 본문들은 '입증 본문들'로서 성경과 유사한 방식으로 사용되기 시작했다. 교회 역사 내내 설교가들과 신학자들은 그리스도교 가르침이나 그 가르침에 관한 교파의 차이점을 설명하고 정당화하려고 성경 말씀을 사용했다. 하지만 19세기 성경을 연구한 학자들은 성경책과 구절의 본래 문맥에 더 관심을 두기 시작했다.[288] 성경이라는 특정한 책이 쓰인 이유, 저자 또는 여러 저자가 사용한 문학 형태, 본문에 등장하거나 본문을 작성한 공동체, 본문 자체가 쓰이기 전에 구전으로 어떻게 발달하였는지에 관심을 두었다. 이러한 노력이 성경학자들의 성경 연구 방법을 변화시켰다. 오늘날 역사적이며 원문을 따르는 문학적인 비평들은 성경 연구에서 중요한 방법이다. 이러한 성경 연구의 혁신은 성경 문장의 맥락을 고려하도록 하면서 모든 신학 분야에 영향을 주었다. 우리가 신학의 통찰력을 심화하고 풍요롭게 하는 목표로 성경 말씀을 사용하는 동안에도 성경 말씀의 맥락을 고려해야 한다.[289]

성경 연구의 혁신을 일으킨 방법에 관심을 둔 한 세기가 지나면서 비슷한 변화가 아우구스티누스 연구에도 일어났다. 첫 번째로는 제2차 세계 대전 후 유럽에서, 그다음에는 제2차 바티칸 공의회 후에 미국에서 학자들은 아우구스티누스의 저서와 다른 교부학의 본문 연구에 역사 비판적인 방법론을 적용하기 시작했다.[290] 여기서 교회 일치 운동도 중요하다. 먼저 개신교 신학자들이 역사 비판적인 방법론을 성경에 적용했고, 가톨릭 성경 학자들도 곧 이를 적용했다. 20세기 중반, 교부학자들 사이에서 일어난 교회 일치 정신은 교파의 차이점에서 벗어나 이러한 방법론을 한층 더 넓고 협력적으로 사용하도록 했다.

성경 말씀을 이해하는 데 문맥이 도움이 되는 것처럼, 아우구스티누스와 같은 교부들이 그리스도에 대한 신앙의 의미를 두고 씨름하면서 저술한 내용을 더 광범위하고 깊게 이해하는 데에도 문맥이 중요하다. 성경 연구에서 그랬던 것처럼, 역사, 언어학, 문화, 문학 비평, 고전, 철학 등의 학자들이 서로를 도와 아우구스티누스와 그 전임자들, 그리고 그의 뒤를 이은 이들에 대해 더 이해하고 통찰력을 갖게 되었다. 그래서 교부학에 대한 연구가 점점 더 학제간의 연구가 되었다.[291]

지난 50~60년 동안, 아우구스티누스에 관한 학문은 아우구스티누스의 글들을 읽기 위한 오직 한 가지 좁은 관점에 적용한 일종의 교의적인 환원주의에 빠져 있었다. 이제 이 환원주의를 넘어 아우구스티누스가 살았고 생각했고 저술한 세상의 넓은 전망과 더 광범위한 지평을 누리기 위하여 더 많은 관점을 신중하고 협력하여 사용하려 하고 있다. 교의적 접근에서 역사적 접근으로 변화는 또한 아우구스티누스가 쓴 글들을 더 정확히 번역하고 해석하도록 이끌고 있다.[292]

**전환에 개방성을 두는 방법론:**
**객관적인 분석에서 주관적인 개입으로**

《삼위일체론》에서, 아우구스티누스는 자신의 저서들과 관계 맺기를 바라는 독자 유형을 서술한다. "물론, 내가 모든 내 책들을 위하여 원하는 것은 단지 온화한 독자만이 아니라 솔직히 비평하는 독자이다. 내가 원하는 마지막은 나의 애지중지한 지지자이거나 그 자신 편에 있는 비평가인 독자이다."(《삼위일체론》, 서언). 아우구스티누스는 자신의 책과 강론이 영감을 줄 수 있는 대화에 관심이 있었다. 그는 그의 독자들이 서로 듣고 비평하면서 자신과 서로 의견을 나누는 데에 관심이 있었다. 서로 의견을 나누면서, 진정한 대화를 조성하는 적극적인 경청에 기반을 둔 변화와 생각의 발전에 열려 있었다. 《고백론》뿐만 아니라, 아우구스티누스의 모든 저서에는 하느님과 그리스도를 향한 그의 믿음, 그리고 그 믿음에 비추어 그의 삶과 업적에 대한 지속적인 비평이 나온다는 점에서 고백적이다. 신앙의 호된 시련 상황에서 나온 책의 저자로서, 아우구스티누스가 희망하는 것은 그의 독자들이 아우구스티누스의 본문을 읽을 기회를 사용하여 그들 스스로와 지속적인 신앙의 대화를 해 보는 것이다. 그들 자신의 삶과 사상에 대해 아우구스티누스와 유사하게 검토하고 평가해 보는 것이다.[293]

아우구스티누스는 그와 동시대인들, 또한 이후 세대에 자신의 책을 읽을 이들과 이러한 형태의 대화를 나누기를 바랐다. 아우구스티누스와 같은 사람의 글은 단순히 읽고 비평하는 것만으로는 충분하지 않다. 단지 객관화한다거나 이우구스티누스의 주관으로 인해 학자나 독자의 참여와 비평이 방해받는 방식이어서는 안 된다. 현대 해석학은 우리가 문화나 우리 시대가 아닌 다른 시대의 본문을 읽는 방법에 중대한 관심을 보인다. 해석학에서는 우리가 본문을 더 잘 이해하기 위하여, 본문을 분석하는 데 역사적, 비판적, 분석적 도구를 마음대로 적용하면, 그 본문을 완전히 흥미 있게 읽을 수 없다고 지적한다. 그리고 두 번째로 역사적 본문이 우리를 비평하도록 해야 한다고 지적한다. 오늘날을 기준으로 추정하면 저자의 종교와 문화, 사회와 정치, 철학을 추정하는 일을 제대로 할 수 있겠는가? 저자의 사상을 수용하거나 활용하려고 했는가? 아우구스티누스가 여러 시대와 대화하는 저자로서 유지하고자 했던 자기 비판적인 자세만큼 우리도 개방성을 지니고 있는가?[294]

아우구스티누스에 관한 연구에서, 방법의 변화가 아무리 중요하더라도, 변증론적이며 교의적인 근거를 넘어 아우구스티누스 저서를 역사적이며 비판적으로 분석하는 것은 여전히 해석학의 과제 중 하나이다. 아우구스티누스의 용어로 말하자면 학자들은 자신의 글에 표현된 아우구스티누스의 견해를 연구하는 동안, 자신들의 중대한 가정과 이미지와 확신에 대한 '고백적' 검토를 할 것을 요청받는다. 가다머는 이를 '의미에 앞선 것fore-meaning'이라고 불렀다.

《아우구스티누스와 그의 비평가들Augustine and His Critics》의 "아우구스티누스의 세속적인 도시"라는 장에서, 로버트 도다로는 윌리엄 코널리의 저서 《아우구스티누스 사상의 책무: 도덕성의 정치에 대한 성찰The Augustinian Imperative: A Reflection on the Politics of Morality》을 비평하면서 이 고백의 역동성을 연구한 한 예를 제시한다.[295] 코널리가 제시한 아우구스티누스의 비평에 중요한 점이 있다는 것을 인정하면서, 도다로는 코널리가 두 가지 중요한 사상을 이해하지 못한다고 주장한다. 첫째, 코널리는 5세기 로마 제국 북아프리카의 복잡한 정치와 사회와 종교 상황 가운데에서 아우구스티누스의 입장이 어떠했을지를 충분히 철저하게 연구하지 않았다. 그래서 도다로는 역사 분석을 더 철저히 할 것을 주장하고 있다. 하지만 도다로는 여기서 더 나아간다. 그는 코널리가 고백적 글의 복잡함과 섬세함을 인정하지 않았다고 말한다. 도다로는 아우구스티누스의 저서가 "금욕주의를 통해 사회적, 정치적 개입을 완전히 피하려고 시도하더라도 사회적, 정치적, 문화적 힘이 과해서 (자신의) 핵심 사상, 열망, 애착, 두려움, 환상, 동기에 대해 끊임없이 타협해야 하는 최소한의 경계적 인식"[296]을 유지하도록 독자와 비평가들에게 도전한다고 말한다. 이런 면에서 우리 각자는 아우구스티누스와 "속고 속인다."(《고백록》 4권 6장 1절). 도다로는 우리가 자기 인식의 바탕에서 '의미에 앞선 것'의 근거를 밝혀 본문을 해석한다는, 가다머가 심화한 '의미에 앞선 것'을 제시한다.

달리 말해서, 오늘날 아우구스티누스에 관한 연구 방법은 방법 그 자체의 선환을 위한 개방성이 필요하다. 즉 자기 구조와 자기의 구성적인 의미에 앞선 것을 지지하는 추정과 편견에서 변화와 이동을 위하여 열린 마음으로 고백하는 것이 필요하다. 학자들은 역사적, 문화적 문헌에 따른 분석을 통하여 아우구스티누스의 언어와 사상을 재해석하더라도, 그들 자신의 문화와 종교와 학문으로 추정하면서 변화에 열린 마음을 갖도록 권고받는다. 학자, 학생, 아우구스티누스 본문 비평가는 자신의 문화, 개인사, 추정이 아우구스티누스가 쓴 본문과 맥락과 자신의 관련성에 어떻게 영향을 주고 가르치고 이끄는지를 규정한 '최소한 한계 인식at least liminal awareness'과 함께 연구해야 한다. 현대 해석학은 학문을 하는 데 중요한 도움으로 이러한 인식을 인정한다. 아우구스티누스에 관한 연구에서 보면, 아우구스티누스는 서구 문학에 고백적 글쓰기를 전하고 고백적 인식과 그 인식에 부수적으로 생기는 전환이나 개방성을 도입하여 추정을 하는 데 변화를 가져왔다. 아우구스티누스에 관한 연구에서는 연구자의 자기 인식을 오늘날 아우구스티누스 연구 방법 요소로 강조한다.

**통합적인 구조를 향한 방법론:
친교로의 전환**

종교와 문화 학회지인 〈경청Listening〉의 중요한 논문에서, 조지 롤리스는 그 분야에서 초보자를 위하여 핵심적인 아우구스티누스 저서들이라고 생각하는 추천 도서를 제공한다.[297] 롤리스는 기본적인 아우구스티누스 책을 추천하면서, 아우구스티누스 책을 읽는 새로운 독자에게 아우구스티누스 사상을 특징짓는 경향에 빠지지 말라고 경고한다. 이는 아우구스티누스 사상의 다른 측면을 서로 분리하는 경향이다.

롤리스에 따르면, 이러한 경향은 아우구스티누스에 관한 연구의 방법론적인 성향이었다. 그래서 예를 들면, 아우구스티누스의 그리스도 이해는 기도에 대한 특별한 관심 없이도 연구될 수 있다. 두 주제는 서로 분리되어 연구될 수 있고 더 자주 그렇게 연구되고 있다.

이러한 방법론적인 분리는 최근에 철학과 신학 연구의 다른 측면을 특징짓는 변증법적 경향을 계승한다. 변증법적 경향은 16세기 종교 개혁의 특징이었던 성경과 교회 전통의 분리를 포함한다. 17세기와 18세기의 계몽주의에 나타나는 신앙과 이성의 분리, 그리고 19세기와 20세기 초에 나타난 신학이 그리스도교 영성과 분리되는 '과학적' 연구로서의 신학 확립도 마찬가지이다.

롤리스는 아우구스티누스 저서들에 나타나는 정신과 내용이 종종 상반되는 갈등을 보이는 것은 개념과 맥락을 분리하는 변증법적 방법론과는 모순된다고 말한다. 아우구스티누스의 독특한 강점은 "영성과 신학의 두 영역 사이에 넓어진 격차를 해소하는 것"이라고 단언한다.[298] 롤리스는 다음과 같이 주장한다.

> 아우구스티누스 독자들은 신학과 영성 사이에 필연적으로 존재하는 진실하고 놀라운 일치를 직접 검토하여 최근의 인지 부조화를 극복할 수 있다. 이러한 일치는 신학과 영성, 교의와 삶, 성경과 전통, 본문과 해석하는 공동체 사이에 필연적으로 존재한다.[299]

아우구스티누스가 그리스도인의 삶과 사상에서 다양한 차원을 통합했다는 데 주목하면서 그리스도인의 삶과 사상을 우리 자신의 연구와 글쓰기 과정에서 서로 의견 교환을 할 수 있도록 하거나 그렇지 못할 때는 어떻게 할지에 대해 방법론적으로 섬세함이 필요하다. 이것은 내용 정보 전달 방법의 사례로,

후기 종교 개혁과 후기 계몽주의 경향을 아우구스티누스 본문에 부과하지 않기 위하여 학자들이 방법론 전제를 재조정하고 연구의 관점을 넓히도록 하는 경우이다.

이 통합을 향한 방법론의 전환과 관련하여 아우구스티누스 사상 본문과 맥락을 완전히 이해하기 위해서는 본문들의 해체 비평을 보완할 필요가 있다. 방법론적인 통합은 실제로 이미 앞서 논의한 방법론적 전환의 한 예이다. 롤리스가 요구한 이 전환은 최근 아우구스티누스 사상의 연구, 심포지엄, 협의회를 특징짓는 논의와 많은 학문 분야에 관련이 있는 학문 가운데 초기 형태에서 찾을 수 있다.[300] 하지만 모든 영역에서 명백한 것은 방법론적 전환이 아니다. 우리가 이 장의 후반에서 제안하겠지만, 아우구스티누스의 그리스도론, 곧 강생의 신학 이해는 아우구스티누스가 시편에 관한 강론과 주해에서 입증하는 것처럼 주님이신 예수님과 맺은 관계와 그 자신의 영성을 고려해야 하는 데 이를 제쳐 놓고 연구되고 있다.

통합을 향한 전환은 드롭너가 추천하듯이 아우구스티누스에 관한 연구에서 현재와 미래 경향을 고찰하는 것이다. 아우구스티누스에 관한 연구의 "최근 학문의 개관"에서 드롭너는 프랑스 아우구스티누스 학자 피에르 마리 호베르를 인용한다.[301] 호베르는 특정하고 고립된 연구 주제들이 아니라, 향후 아우구스티누스 연구와 저술이 하느님의 섭리, 그리스도론, 구원론, 교회론, 은총 신학, 영성의 만남의 지점 역할을 할 때 새로운 통찰력을 얻을 가능성이 가장 높다고 주장한다.[302] 드롭너는 이러한 호베르의 주장을 수용한다.

결국, 아우구스티누스에 관한 연구 방법론의 주요한 전환은 특정 교파의 신학을 지지하기 위하여 아우구스티누스 저서를 교의적으로 활용하던 데에서 한층 더 역사적인 접근으로 이동해 온 것이다. 교의적인 관심에서 역사적인 맥락으로 이동한 이 전환은 두 가지 결과에 이른다. 하나는 아우구스티누스 자신도 바라던 바이자 시대적인 요구 사항이기도 한 방법론적인 개방성, 말하자면 해석학적 솔직함을 통해 지성적 전환을 하는 개방성이다. 다른 하나는 아우구스티누스 생애와 사상의 다양한 차원을 주의 깊게 방법론적으로 재통합하도록 요구하는 것이다. 이를 통해 우리는 아우구스티누스 자신의 맥락에서 그를 이해할 수 있다. 곧 아우구스티누스 사상에 대한 통합적인 접근이다.

### 그리스도의 역할

아우구스티누스가 예수 그리스도에 관한 신학 논문을 쓰지 않았다는 것을 혹자들은 놀랄지도 모른다. 오늘날 대부분 대학원 신학 교과 과정은 그리스도론 과정을 요구한다. 이러한 과정에서, 학생들은 4세기와 5세기의 그리스도론 논쟁을 탐구하고 니케아, 콘스탄티노폴리스, 에페소, 칼케돈 공의회를 연구한다. 나자렛 예수님의 본성과 정체성에 관한 수십 년 동안 벌인 그리스도교 논쟁 중에도 아우구스티누스는 바르게 살며 강론했다. 아우구스티누스는 니케아 공의회(325)의 가르침을 재확인한 제1차 콘스탄티노폴리스 공의회(381) 6년 후인 387년에 세례를 받았다. 아우구스티누스는 에페소 공의회(431) 1년 전에, 그리고 칼케돈 공의회(451) 21년 전에 세상을 떠났다. 그렇지만 4세기와 5세기를 특징짓는 그리스도론 논쟁에 관해서 어떤 글도 쓰지 않았다.

하지만 아우구스티누스는 그리스도에 관해서 분명히 썼다. 가령 아우구스티누스는 아리우스가 그리스도에게 신성이 없다고 이해한 데에 반대하여 강론했다.[303] 410년 8월에 로마의 약탈 이후에, 유럽의 피난민들이 히포와 같은 북아프리카 도시들로 몰려들었다. 일부 피난민들은 아리우스주의에 동조하기도 했다. 이전에 누미디아에서 사목적 문제가 아니었던 이단을 아우구스티누스는 설명해야 했다. 아우구스티누스의 강론들과 많은 다른 저서들에서 확실한 것은 그리스도 신성에 대한 믿음이 아우구스티누스 생애와 신앙의 기반이었다는 것이다.

《신국론》 10권에서, 아우구스티누스는 밀라노에서 그의 종교적 성장에 지대한 영향을 끼친 강생에 대한 그리스도교의 믿음과 플라톤 철학 사이의 차이점을 상세히 기술한다. 《삼위일체론》 4권에서는 그리스도의 역할을 설명한다. 그리스도는 성부와 동등하시며, 성부에게서 파견된 중개자이며, "그분은 파견되시고 세상에 오시어, 여인에게 잉태되기 전에 성사이시며, 희생 제물이시며, 대사제이시며, 하느님이시다."(《삼위일체론》 4권 2장 11절).[304] 아우구스티누스에게는 하느님의 아드님 예수 그리스도 이외에는 인간과 신성 사이에 다른 중개자는 없다.

이후 그리스도교 신학을 교의적인 영역이나 별개의 주제로 나누는 것은 아우구스티누스의 사상이나 저서의 일부에 속하는 것이 아니었다. 결과적으로, 학자들은 아우구스티누스의 저서들에서 구체적인 '그리스도론'을 확인하지 않았고, 최근까지 아우구스티누스 철학이나 신학에서 많은 시간이나 여지를 그리스도의 위치에 쏟지 않았다. 대신에 원죄, 은총, 자유 의지 등에 관한 아우구스티누스의 가르침에 우선권을 두었다.

이 모든 일은 최근 몇 년 동안 변화하기 시작했다. 드롭너는 "그리스도를 신학 논문의 대상으로 계속 삼는 일은 아마 절대로 아우구스티누스의 마음에 들어오지 않았을 것이다. 그 이유는 아우구스티누스가 그리스도를 모든 사고의 조건, 저자, 방법으로 생각했기 때문이다."[305] 아우구스티누스에게 "그리스도는 고찰 대상이 아니라 그의 신학 사고를 위한 원천이자 방법이다."[306] 마이클 카메론은 이를 다음과 같이 말한다. "아우구스티누스에게 그리스도는 신학 명제가 아니라 보는 방법이었다."[307] 프랑스 성모 승천의 아우구스티누스회 사제이며 아우구스티누스 학자인 굴벤 마데크(1930~2008)는 이렇게 말한다. "우리의 지식이며 우리의 지혜이신 그리스도"는 아우구스티누스 사상에서 "일관성의 원칙"이었다.[308] 앨런 피츠제럴드는 우리가 "아우구스티누스 사상의 그리스도론"을 발견하거나 전개하기 위해 그렇게 많은 것을 필요로 하지 않는다고 말했다. 오히려 아우구스티누스 학자들은 아우구스티누스의 예수 그리스도 경험을 인간 실존적 의미와 관련하여 평생에 걸쳐 성찰한 한결같은 공통된 주제로 받아들일 필요가 있다.[309]

지난 몇 십 년 동안 아우구스티누스 신앙과 신학에서 그리스도 역할에 관한 두 가지 학술적 연구가 나타났다. 스위스 베네딕도회 수도자이며 교부학 학자 바질 스터더의 《히포 출신 아우구스티누스의 그리스도 은총과 하느님 은총: 그리스도 중심주의 또는 하느님 중심주의?*The Grace of Christ and the Grace of God in Augustine of Hippo: Christocentrism or Theocentrism?*》라는 중요한 책은 1997년에 영어 번역본으로 출간되었다.[310] 2차 자료와 아우구스티누스의 저서들을 살펴보면서, 스터더는 아우구스티누스 은총 신학의 핵심에 아우구스티누스의 그리스도 신학의 문제를 제기한다. 또한 아우구스티누스 사상에서 그리스도 역할의 중요한 백과사전적인 요약으로 마데크의 《아우구스티누스~렉시콘*Augustinus~Lexikon*》이 출판되었다. 이 책은 "그리스도"를 이해하는 출발점이다.[311] 이 두 가지 중요한 저서들에서는 아우구스티누스의 생애와 사상에서 그리스도의 중심성에 관한 추가 연구를 위한 과제를 밝히고 있다.

아우구스티누스 자신의 저서들 가운데, 아우구스티누스가 어떻게 생각했고 예수 그리스도에 관해서 무엇을 믿었는지 밝히는 최상의 작품은 아우구스티누스가 히브리 성경의 시편에 관하여 저술한 주해서이다. 시편에 관하여 완전한 주해서를 쓴 사람은 아우구스티누스가 처음이었다. 아우구스티누스의 《시편 주해》는 '뉴시티 출판사 시리즈'의 6권으로 출간되어 있다.[312] 총체적으로 볼 때, 이 주해서는 아우구스티누스의 모든 저서 중에서 가장 긴 저서이다. 일부 주해들은 아우구스티누스가 회중이나 청중에게 한 강론이나 기도 형식을 취하고 있다. 수집을 완료하기 위해서 아우구스티누스가 사적으로 받아쓰게 한 글은 소수이다. 일부 글은 분량이 길며 복잡하다. 어떤 글은 짧고 간결하다. 주해서를 끝까지 읽으면서, 우리는 아우구스티누스의 고상한 문체와 한층 더 단순한 강론 방식을 발견한다. 이 모든 자료들은 아우구스티누스가 25년 이상 펼친 사상과 바친 기도를 보여 준다. 아우구스티누스는 사제 생활을 하는 동안 시편 1편에서 32편에 관한 주해를 저술했다. 그러고 나서 주교 직무를 수행하는 동안 연구를 계속하면서, 개별적인 시편들의 주해를 추가했다. 참으로 이 인상적인 저서는 아우구스티누스 자신의 영적 삶을 통한 우리를 사로잡는 일종의 일지이다. 또한 아우구스티누스의 신학을 구체화하고 형성한 사상과 기도의 끊임없는 상호 연결 그리고 신앙과 이성의 끊임없는 상호 연결을 드러내고 있다.[313] 그리고 그리스도가 아우구스티누스 신앙과 기도의 핵심에 있다는 것은 그가 저술한 《시편 주해》를 통하여 분명히 알 수 있다.

150편의 시편을 통하여, 시편 저자는 하느님께 말하고, 간청하고, 그분 앞에서 불평하고, 찬양하고, 감사드리고 있다. 아우구스티누스는 다음과 같은 질문을 한다. 누가 이 모든 감성과 사고를 실제로 표현하고 있는가? 한 측면에서 시편 저자는 시편의 전통 저자이며, 자신이나 히브리 백성을 대신하여 말하는 다윗 왕이었다. 하지만 아우구스티누스는 성경 해석의 한 측면을 절대 승낙하지 않는다.[314] 그리스도인들은 새 계약인 그리스도를 믿는 신앙의 관점에서 모든 히브리 성경을 읽는다.[315] 전체 성경은 강생하시고, 십자가에 못 박히시고, 죽은 이들 가운데서 부활하신 하느님의 아드님 그리스도의 신비에 비추어 읽어야 하고 기도드려야 한다. 이것이 아우구스티누스가 하는 성경 해석의 기본 원칙이다. 이는 그가 하는 시편들의 주해에서 가장 선명하게 설명되고 있다. 모든 시편을 통하여 말하고 기도하는 분은 그리스도이시다.

그렇지만 신앙인들이 가정에서 개인적으로 그리고 전례 중에 교회에서 함께 시편을 기도로 바치는 것도 진실하지 않는가? 아우구스티누스는 시편들이 그의 개종 때부터 그에게 얼마나 중요한지 기술한다. 따라서 때로 시편 본문들이 믿는 이들의 개인 기도이며, 때로 공동체 기도이며, 때로 시편 본문들이 예수님의 기도를 나타내는 것("나의 하느님, 어찌 저를 버리셨나

이까?"에서와 같이)이 그 예인가? 이러한 질문들의 맥락에서, 아우구스티누스는 '온전한 그리스도Totus Christus'라는 그의 신학에 응답한다.[316] 그리스도교 신앙의 중심 교의는 믿는 이들의 그리스도와의 일치이다. 그리스도의 몸이라는 바오로 사도의 주제에서,[317] 아우구스티누스는 그리스도와 그리스도교 신자들 사이에 근본적인 영적 일치를 확인한다. 은유나 비유로써 이 일치를 이해하지 않는다. 세례를 통하여 그리스도와의 일치는 성사적 실제이다.[318] 그리스도와의 일치는 아우구스티누스 그리스도 신학의 핵심이다. 따라서 시편의 시어를 말씀하신 분은 그리스도이시다. 그리스도는 때로 구성원의 머리로서, 때로 구성원의 몸인 구성원과 일치하고 계신다. 하지만 언제나 하느님께 도달하는 음성은 그리스도의 음성이다.

아우구스티누스의 해석과 시편 활용에 관한 연구는 아우구스티누스 신학의 가장 깊은 부분을 고찰하도록 해 준다. 곧 모든 그리스도인이 영원히 그리스도와 하나가 되기 위하여 그리스도와 함께 신비롭게 일치를 이룬다는 것이 아우구스티누스의 믿음이다. 이 점에서 그리스도를 향한 아우구스티누스의 믿음은 그가 추구하는 신학 방법이다. 그리스도인이자 사제이고 주교이며 한 인간인 아우구스티누스는 부활하신 그리스도와의 세례를 통한 일치를 강하게 이루면서 생각하고 저술하고 기도한다. '온전한 그리스도'의 부분으로 자신을 그리고 자신의 교회 공동체를 이해한다. 아우구스티누스에게 맡겨진 모든 직무,

강론하는 일, 사고하는 일은 교회의 성사에 영향을 주고 교회의 성사를 통하여 끊임없이 확인한 일치에서 발생한다.

지난 십여 년 동안 '온전한 그리스도'라는 아우구스티누스 신학에 대한 관심과 연구에서 일어난 일은 아우구스티누스에 관한 연구에 사용된 방법의 전환을 잘 설명한다. 아우구스티누스의 그리스도 신학, 곧 부활하신 그리스도와의 일치를 이룬 신비를 믿는 것은 아우구스티누스의 모든 신학 작품에 깊숙이 스며들어 있다. 따라서 아우구스티누스의 그리스도 신앙은 우리가 통합으로 방법론적인 전환이라고 부르는 것을 일으키게 하는 주요한 원칙이다. 아우구스티누스의 그리스도 신앙에 관한 추가 연구는 야우구스티누스 사상의 다른 측면을 서로 분리하는 경향을 넘어 아우구스티누스에 관한 연구로 이동하도록 도울 수 있다. 아우구스티누스의 신학과 영성의 통합을 이해하는 것은 하느님의 섭리, 그리스도론, 구원론, 교회론, 은총 신학, 영성으로 이러한 개념들 가운데 상호 관계를 탐구하도록 하는 방법론적 방법이 될 수 있다.[319]

### 아우구스티누스의 성경 해석학

아우구스티누스의 《시편 주해》에 관한 연구는 아우구스티누스가 성경을 어떻게 읽고 해석했는지에 관한 추가 의문을 제기한다. 시편에 덧붙이면서, 아우구스티누스는 성경의 다른 책들에 관한 광범위한 주해서도 저술했다. 여기에는 창세기에 관한 세 가지 주해서, 구약 성경의 최초 7권Heptateuch에 관한 두 가지 주해서, 욥기에 관한 한 가지 주해서, 로마 신자들에게 보낸 서간에 관한 두 가지 주해서, 일반적으로 복음서에 관한 주해서 두 권, 갈라티아 신자들에게 보낸 서간에 관한 주해서 한 권, 산상수훈에 관한 주해서 한 권, 요한 복음서와 요한 서간에 관한 강론들이 있다.[320] 또한 《고백록》 11권에서 13권은 창세기 첫 장의 시작에 관한 확장된 주해이다.[321] 이미 살펴보았듯이, 다른 교부들처럼 아우구스티누스도 강론과 교의 저서들에서 구약 성경과 신약 성경을 광범위하게 사용한다. 아우구스티누스와 그의 성경 사용에 관한 최근 연구가 많이 있었다. 이 연구는 두 가지 주제 영역으로 나뉜다. 첫 번째 주제 영역은 아우구스티누스가 사용한 성경의 라틴어 본문이나 원고에 관심을 두는 것이다. 곧 아우구스티누스가 무엇을 읽었는지에 관심을 두는 것이다. 다른 주제 영역은 아우구스티누스가 이 본문을 어떻게 해석하고 이해하며 설명했는지에 관심을 두는 것이다. 즉 아우구스티누스가 그것을 어떻게 읽었는지에 관심을 두는 것이다.

예로니모 성인과 달리 아우구스티누스는 히브리어를 알지 못했으며, 그리스어도 일부만 알고 있었다.[322] 따라서 아우구스티누스가 구약 성경과 신약 성경을 접한 것은 기본적으로 라틴어본을 통해서였다. 라틴어 문학을 공부한 젊은이로서, 4세기와 5세기 초 로마 제국에서 사용하고 있던 성경의 라틴어 번역본은 번역이 형편이 없어서 꺼렸다고 한다(《고백록》 3권 5장 9절). 이 라틴어본은 '구 라틴어 Vetus Latina'본이었는데, 이 번역본에는 수많은 변화가 있었다.

380년대 중반, 예로니모 성인은 히브리어와 그리스어 원본에서 새롭고 더 나은 라틴어 본문으로 번역 작업을 하기 시작했는데, 이는 '불가타 성경 Vulgate'이라고 불리게 되었다. 아우구스티누스는 예로니모 성인의 저서를 알고 있었으며 390년 초경에 젊은 사제로서 새롭게 번역된 일부 구약 성경의 초안본을 읽었다.[323] 하지만 아우구스티누스는 직무 내내, 아우구스티누스 강론과 저서 대부분은 구 라틴어본을 사용했다. 프랑스 학자 앤 마리 라 바나르디에르는 아우구스티누스가 사용한 성경을 훌륭하게 편찬해서 출간했다.[324] 아우구스티누스의 저서를 통하여 아우구스티누스가 사용한 모든 성경 말씀을 인용하는 일은 매우 어렵다. 아우구스티누스는 강론을 하는 동안 그리고 자신의 저서들에서 기억을 통해 성경을 인용했다. "아우구스티누스는 다른 때에 다르게 같은 구절을 종종 인용하곤 했다. 의미는 바뀌지 않았으나 단어 순서를 바꾸거나 자신의 수사학 목적에 맞추거나 어떤 상징을 강조하려고 동의어를 사용했다."[325] 라 바나르디에르는 아우구스티누스의 저서, 강론, 기도에서 성경의 광범위한 영향력에 관하여 추가 연구를 하고 있다.

아우구스티누스와 성경에 관한 두 번째 영역에서는 아우구스티누스의 주해 연구를 포함하거나 그가 성경 말씀들을 계속 이해하고 해석하도록 한다. 이 점에서, 아우구스티누스는 설교가이며 교사로서 자신의 책임 일부분이 되는 성경의 해석자라는 자신의 역할을 이해했다. 아우구스티누스가 그리스도에 관한 성경 말씀을 읽고 숙고하는 일은 교회를 위하여 봉사하는 데 있어서 그의 핵심 활동이다. 아우구스티누스의 강론들, 책들, 편지들에서 그는 그리스도인들이 예수 그리스도를 깊이 이해하고 그분께 헌신하도록 도우려고 했다. 아우구스티누스의 성경 주해는 사제와 주교로서 그의 직무에서 핵심적인 부분이었다.

아우구스티누스에게 모든 구약 성경과 신약 성경의 내용은 하느님의 말씀이며 이제 그 말씀이 나자렛 예수님 안에 강생하셨다는 것이다. 따라서 성경을 이해하고 해석하려는 모든 시도는 그리스도를 믿는 신앙의 빛으로 이루어져야 한다.[326] 그리스도를 믿는 그리스도인들의 신앙은 교회의 공식적인 신경 안에 담겨 있고 표현된다. 따라서 성경 해석은 그 신경과 신경 구성 내용과 언제나 대화하여 실천되어야 한다. 이것은 아우구스티누스가 이해하고 실천했듯이 주해를 위한 "표준 규칙"이다.[327]

그리스도를 믿는 신앙, 하느님의 말씀, 진리의 빛은 성경을 읽고 이해하는 데 중심에 있다. 이것은 《그리스도교 교양》의 네 권에 두루 나오는 내용이다. 아우구스티누스의 성경 주해에 관한 최근 연구는 《그리스도교 교양》에서 발견된 세 가지 영역을 탐구하고 상세히 설명했다. 첫 번째 영역은 아우구스티누스가 성경 해석을 위하여 도나투스파의 신학자 티코니우스의 저서를 활용한 것이다. 티코니우스는 성경을 해석하기 위하여 규칙 체계를 설명한 첫 번째 라틴어 저자였다. 티코니우스가 도나투스파와 관련이 있음에도 불구하고, 아우구스티누스는 성경을 해석하기 위하여 티코니우스의 규칙들을 존중하고 활용했다.[328] 《티코니우스의 규칙서: 규칙의 목적과 내적 논리 The Book of Rules of Tyconius: Its Purpose and Inner Logic》에서, 파멜라 브라이트는 아우구스티누스의 발표와 해석과는 별도로, 그 자체로 티코니우스의 저서를 보여 주려고 한다.[329]

브라이트는 티코니우스가 성령의 인도로 성경을 읽기 위하여 분간하는 일곱 가지 "신비로운 규칙"의 내부적 일관성과 논리를 주장한다. 《티코니우스의 종말론 주해: 그것의 수용과 영향력의 역사 The Apocalypse Commentary of Tyconius: A History of Its Reception and Influence》에서, 케네스 스타인하우저는 아우구스티누스의 저서에서 그리고 뒤이은 그리스도교 역사를 통하여 티코니우스 주해 규칙의 영향력을 살펴본다.[330] 이 두 권의 책과 아우구스티누스가 성경 해석을 어떻게 이해했는지 폭넓게 관심을 두는 일은 교의적 방법에서 역사와 문학 맥락의 고찰로 아우구스티누스에 관한 연구 방법을 전환한 좋은 예이다.

아우구스티누스의 성경 사용에 관한 최근 연구의 두 번째 영역은 아우구스티누스가 성경 말씀의 문자적, 우화적인 해석을 사용한 데에 관심을 두는 것이다. 아우구스티누스가 말하는 성경 말씀의 '문자적' 해석에 대한 이해는 오늘날 일반적으로 '문자적' 성경 해석으로 이해되는 것과 동일하지 않다. 아우구스티누스가 이해한 인간 언어는 지나치게 복잡해서 "문자적 진리"로서 6일간의 창조와 기원전 5천 년경에 우리 행성의 창조로서 이러한 것들을 주장한 본문을 고집하는 것을 수용하지 못한다. 문자적으로 아우구스티누스는 본래 성경의 맥락에서 기본적이고 본래적이고 역사적인 의미를 말하고 있다. 본문의 비유적이고, 영성적이고, 상징적이고 우화적인 해석은, 문자를 넘어 뒤를 잇는 독자 세대에서 발생하는 새로운 맥락에서 펼쳐지는 의미를 드러내기 위하여 본문을 열린 마음으로 바라보는 정당한 해석이다.[331] 아우구스티누스는 《신국론》에서 성경의 문자적이고 우화적인 해석의 균형을 잡는 일에 관하여 언급한다. "이야기의 각 사건과 모든 사건에서 영적인 의미를 이끌어 내는 데 성공한 사람을 비난하지 않는다. 그들이 역사적인 진실에 담겨 있는 최초의 기반을 언제나 유지한다면 말이다."(《신국론》 17권 3장). 그래서 아우구스티누스는 어떤 가능한 비유적인 감각에서 구절의 문자적 감각을 구별할 수 있다는 것이 중요하다고 강조했다.

하지만 우화적이거나 상징적인 해석이 바람직하거나 가능하다면, 우리는 이러한 비유적인 의미의 타당성을 식별하는 데에 "표준 규칙" 이상이 필요하다. 따라서 아우구스티누스는 창세기에 관한 그의 책과 《신국론》의 영적인 구절의 의미를 식별하려고 하면서, 표징과 상징의 특성을 탐구한다. 이것은 새로운 관심을 쏟는 아우구스티누스의 주해와 관련된 세 번째 주제이다. 《고백록》 11권에서, 아우구스티누스는 창세기의 첫 번째 장을 고찰하면서, 본문의 상징적인 해석 과정으로 안내하기 위하여 기도한다(11권 2장 4절). 아우구스티누스가 저술한 《교사론》에는 언어와 상징주의에 관한 긴 담화가 있다. 그리고 표징들 사이의 관계와 그들이 의미한 것들은 《그리스도교 교양》 1권에서 자세히 살펴보고 있다.

아우구스티누스의 언어 이론에 관한 여러 가지 중요한 연구에서 표징에 관한 아우구스티누스의 사상이 나타난다. 데이비드 도슨은 《그리스도교 교양: 서구 문화의 고전 De Doctrina Chris-tiana: A Classic of Western Culture》이라는 저서의 "《그리스도교 교양》에서 표징 이론: 우화적 해석과 영혼의 움직임"이라는 장에서 《그리스도교 교양》에 상세히 상술된 표징의 이론을 고찰한다.[332] 존 리스트도 《아우구스티누스: 세례받은 고대 사상 Augustine: Ancient Thought Baptized》에서 그 주제를 고찰한다.[333] 로버트 마르쿠스는 자신의 책 《표징과 의미: 고대 그리스도교의 언어와 본문 Signs and Meanings: Word and Text in Ancient Christianity》에서 이 중요한 주제에 관한 문학 평론을 한다.[334] 브라이언 스톡이 쓴 《아우구스티누스 독자: 묵상, 자기 인식, 해석의 윤리학 Augustine the Reader: Meditation, Self-Knowledge, and the Ethics of Interpretation》에서도 날카로운 분석이 있다.[335]

상징적이거나 비유적인 해석에 관한 아우구스티누스 저서는 고찰하기에 어려운 주제지만, 얼마나 깊이 아우구스티누스가 성경 해석의 과제와 책임감을 생각했는지 보여 주는 주제이다. 아우구스티누스의 상징 이론에 관한 미래 연구는 이 연구에서 사용된 방법이 그의 해석 맥락 내에서 아우구스티누스의 표징과 언어 이론을 고찰하는 정도까지, 그리고 미래 연구가들이 아우구스티누스가 믿는 그리스도를 믿는 신앙의 맥락에서 주해를 연구 조사하는 정도까지 확대될 것이다.

### 하느님 사랑과 이웃 사랑

아우구스티누스는 '사랑의 의사'라고 불렸으며, 사랑amor, caritas, delectio에 관하여 자주 열성적으로 말한다. 하느님을 향한 아우구스티누스의 사랑과 그를 향한 하느님의 사랑, 곧 하느님의 열정적인 사랑은 《고백록》에 나오는데, 10권에서 최고조에 도달한 주제로 등장한다. "주님, 추호의 미심쩍은 마음 없이 절대적으로 확신하면서, 저는 당신을 사랑합니다. 당신께서 제 마음을 당신의 말씀으로 꿰뚫었습니다. 그리하여 저는 당신과 사랑에 빠졌습니다. …… 하지만 당신을 사랑할 때 제가 사랑하는 것은 무엇입니까?"《고백록》 10권 6장 8절).[336] 《요한 복음서에 관한 강론》과 《요한 1서에 관한 강론》에서, 아우구스티누스는 하느님 사랑과 이웃 사랑에 관하여 동등하게 쓰고 말한다. 몇 몇 학자들은 최근 수십 년 동안 하느님을 향한 우리의 사랑과 이웃을 향한 우리의 사랑 사이에 유사점과 차이점을 연구하는 데 관심을 돌렸다.

성 아우구스티누스 수도회 소속인 타르시우스 반 바벨은 《아우구스티누스 사랑의 이중적인 측면》이라는 소논문에서, 아우구스티누스가 세 가지 사랑, 하느님 사랑, 이웃 사랑, 자기 사랑을 점점 더 식별하는 사고의 발달을 확인하고 조사한다.[337] 반 바벨에 따르면, 우리가 《요한 1서에 관한 강론》의 강론 7에서 발견하는 '대담한 반전'으로, 하나의 현실로서 이 세 가지 다른 사랑의 식별이 아우구스티누스의 사고에서 전개되고 있다는 것이다. 요한의 첫째 서간 강론에서 아우구스티누스는 두 가지 단어를 자리바꿈하면서 성경 말씀을 대담하게 해석한다. 요한의 첫째 서간 4장 16절에서 우리는 "하느님은 사랑이십니다."라고 읽는다. 강론에서, 아우구스티누스는 "사랑은 하느님이십니다."(《설교》 7,9)라고 주장한다. 반 바벨은 요한 문학에 나타난 사랑에 관한 아우구스티누스 사상에서 이 해석학적 전환의 의미를 고찰한다.

아우구스티누스 학자이며 반 바벨의 제자인 레이 캐닝은 사랑에 관한 아우구스티누스의 사상과 저서를 통하여 역작을 출판한다. 《성 아우구스티누스의 하느님과 이웃을 위한 사랑의 일치 The Unity of Love for God and Neighbour in St. Augustine》라는 그의 책은 역사적이고 주제에 관한 전망에서 그 주제를 광범위하고 깊이 있게 다룬다.[338] 역사적으로, 캐닝은 아우구스티누스의 초기 주교 직무를 통하여, 아우구스티누스의 개종과 여러 해를 걸친 펠라지오와의 논쟁에서 사랑에 관한 아우구스티누스의 저서를 조사한다. 주제적으로, 캐닝은 아우구스티누스의 언어를 파노라마식으로 개요를 제시하고 사랑에 관한 사고를 범주화한다.

캐닝은 아우구스티누스의 기초적인 문헌들로 자신의 중요한 연구를 정리하고, 아우구스티누스 사상의 사랑 이해에 관한 20세기 주요 유럽 학문을 비판하기 위하여 방대하게 배열한 2차 문헌들의 관점을 정리한다. 캐닝의 책은 아우구스티누스 사상에서 사랑의 주제에 관심이 있는 사람을 위한 기초적인 문헌이다. 캐닝은 마태오 복음서 25장에서 최후의 심판에 관한 예수님의 비유에서 볼 수 있듯이, 우리 가운데 "가장 작은 이들"을 돌보는 것을 다룬 광범위한 부분으로 사랑에 관한 아우구스티누스 사상을 다루면서 결론을 짓는다. 아우구스티누스에게 세상에서 사랑의 최종적인 과제는 우리 가운데 가난한 이들과 "가장 작은 이들"을 위하여 정의를 추구하는 것이다. 이것은 마태오 복음서 25장에 관한 히포의 주교 아우구스티누스의 주해에서 가장 중요한 주제이다.[339]

사랑에 관한 아우구스티누스 사상의 오래된 연구들에 따르면 아우구스티누스는 《그리스도교 교양》의 첫 번째 책에서 '즐기는 것$^{frui}$'과 '사용하는 것$^{uti}$' 사이에 만든 구별에 자주 집중한다.³⁴⁰ 이러한 구별은 창조주이신 하느님을 사랑하는 것과 하느님 창조의 다른 부분들을 사랑하는 것 사이에서 발생하는 차이점이다. 우리는 그 자체로 즐기는 우리 사랑의 오직 완전하고 적절한 대상으로 하느님을 사랑한다. 우리는 하느님의 창조물들로서 다른 개인들을 사랑하며, 그 사랑은 우리를 하느님의 사랑으로 움직이게 하므로 우리에게 "유익하다." 아우구스티누스의 사랑 신학에 관한 이러한 초기 학문은 궁극적이며 오직 영원히 선하신 분으로서 하느님만이 우리 즐거움의 적절한 대상이시며, 인간의 사랑은 하느님의 즐거움에 도달하기 위한 수단일 뿐이라는 주장에 집중한다.³⁴¹

반 바벨과 같은 학자들은 이와 같은 구별과 아우구스티누스의 사랑 사상의 의미를 아우구스티누스가 즐기는 것, 사용하는 것을 발달시킨 맥락에서 훨씬 더 복잡하게 이해해야 한다고 주장했다.³⁴² 반 바벨은 아우구스티누스가 초기 직무를 수행하면서, 성경에 비추어 이 고도의 철학적 식별을 어떻게 변화시켰는지 보여 준다.³⁴³ 아우구스티누스가 이 언어를 다시 절대 사용하지 않으며, 특히 사랑에 관한 신약 성경 구절과 관련해서, 그의 사랑 윤리는 성경 해석학에 명백하게 나타나는 중요한 발전을 포함해야 한다고 주장하는 것이다.³⁴⁴

## 은총

현대 연구에서는 또한 아우구스티누스 교의의 다른 핵심인 은총을 다시 살펴보고 있다. 이러한 재고는 방법의 두 가지 전환으로 규정되고 있다. 첫 번째는 맥락의 전환, 즉 아우구스티누스에 관한 연구에서 교의적 방법에서 역사적 방법으로 전환이다. 두 번째는 통합을 향한 전환, 곧 다양한 아우구스티누스 사상의 차원들이 어떻게 그 자신의 삶과 조화를 이루었는지에 관한 현실을 더욱더 잘 반영하는 방법들로 다양한 아우구스티누스 사상의 차원을 통합하는 방법론이다.

맥락의 방법론 전환은 중요하다. 아마도 아우구스티누스 신학의 다른 부분은 은총에 관한 그의 저서들보다 더 교의적으로 읽히지 않고 받아들여지지도 않을 것이다. 아우구스티누스 전집의 다른 부분도 반反펠라기오 저서들처럼 교의의 설득과 논쟁에서 그렇게 열렬하지 않다. 따라서 이 저서들의 역사적인 분석에 집중하는 연구들은 이 분야에서 중요한 발전 과정에 있다. 방법론적인 전환의 선도자들 중에는 밴더빌트 대학 신학대학원의 J. 팻아웃 번즈가 포함되어 있다. 《아우구스티누스가 주장한 작용하는 은총 교의의 발달The Development of Augustine's Doctrine of Operative Grace》이라는 그의 독창적인 책은 교의적인 차이점을 분석한 신학적인 주해에서 은총에 관한 아우구스티누스 사상의 역사적인 발달을 고찰하도록 혜택을 주는 후속 연구를 위한 방법을 제시한다.[345] 성 아우구스티누스 수도회 회원이며, 수도원장이었던 아고스티노 트라페의 저서들과 토론토에 있는 장로회 신학교의 레베카 위버의 저서도 아우구스티누스의 은총 신학이 어떻게 발달했는지 역사적으로 연구하는 데 중요한 공헌을 한다.[346]

은총에 관한 아우구스티누스의 저서들을 맥락화하는, 역사적 방법으로의 방법론적인 전환은 아우구스티누스 사상의 다양한 측면을 통합하려는 두 번째 전환을 수반했다. 구체적으로, 반反펠라지오 저서들에 관한 최근 연구에서는 아우구스티누스가 주장한 은총 신학에서 그리스도론적인 차원의 중요성을 강조한다.

우리가 전반적으로 아우구스티누스의 사상과 저서를 이해하기 위하여 아우구스티누스가 그리스도를 어떻게 생각하는지 살펴보았다. 현대 연구에서는 아우구스티누스의 사상에 영향을 미친 그리스도와 그분께 대한 그의 신앙을 완전히 이해하기 위해서는 그가 사용한 신학적 방법의 중대한 역할을 깨달아야 한다고 주장한다. 그리고 우리는 이 같은 주장을 펼치는 현대 연구들을 고찰했다. 따라서 아우구스티누스 사상에서 예수 그리스도의 중심적인 위치를 인정하는 것이 펠라지오의 논쟁을 읽고 고찰하는 새로운 방법을 열어 주는데, 이는 아우구스티누스가 물려준 신학 유산의 중요한 부분이라고 이해한다.

앞에서 언급한 J. 팻아웃 번즈, 아고스티노 트라세, 레베카 위버가 고찰한 은총에 관한 역사적인 연구는 은총에 관한 아우구스티누스 사상에서 그리스도의 역할을 강조했다. 이러한 관련성은 바질 스터더, 조앤 맥윌리엄, 성 아우구스티누스 수도회 로버트 도다로에 의해서 중요한 방법으로 발전되었다.[347] 특별히 이 연구들에서 밝혀진 것은 그리스도에 관한 아우구스티누스의 이해와 펠라지오에 관한 아우구스티누스의 이해 사이에 나타난 대조이다. 아우구스티누스의 은총 신학은 그리스도의 두 가지 본성, 인간이시며 하느님이신 본성에 관한 신학을 중요하게 따른다. 우리는 그리스도 안에 두 가지 본성의 일치를 통하여 하느님의 은총을 받는다. 하느님의 은총은 그리스도의 겸손한 인성과 우리의 일치를 통하여 우리의 마음과 생각에 들어온다.

이것은 아우구스티누스가 펠라지오의 은총 이해를 비판하는 핵심에는 펠라지오의 그리스도 이해에 관심을 둔다는 것을 시사한다. 아우구스티누스가 보는 그리스도의 두 가지 본성과 깊은 일치를 이해하는 것은 451년에 칼케돈 공의회의 그리스도론 가르침을 예견한다.[348] 아우구스티누스의 은총 신학에서 그리스도론에 관한 앞으로의 연구에서는 아우구스티누스가 주장한 자유 의지와 예정설의 이해, 그가 저술한 반反펠라지오 저서들의 중요한 범위에 관한 재고찰의 길도 열어 놓을 수 있다.[349]

### 여성, 성생활, 결혼, 순결

20세기 후반의 여성 신학은 여성, 성생활, 결혼, 순결에 관한 아우구스티누스의 저서에 집중했다. 로즈마리 레드포드 리우더와 일레인 페이지스와 같은 저자들은 이러한 주제들에 관한 아우구스티누스의 사상과 언어를 고찰했다.[350] 일부 저자들은 후대 그리스도인 삶과 사상에서 나타난 여성 혐오에 아우구스티누스를 연루시키고 아우구스티누스가 제기한 원죄와 성욕(탐욕)의 신학에서 성생활을 비관적으로 이해한다고 아우구스티누스를 비난한다.

페미니스트 저자들과 사상가들은 그리스도교 신학과 교회 실천의 여러 가지 문제에 중요한 비판적 분석을 가한다. 아우구스티누스에 관한 연구 분야는 새로운 토대에 기초하고 옛 의문에 새로운 가능성을 제시한 학자들에게서 일어난 새로운 통찰로부터 지속적인 혜택을 받을 것이다. 하지만 방법에 대한 관심은 다른 분야에서와 마찬가지로 이러한 주제들에 관한 아우구스티누스 저서들의 연구에서도 중요하다.

우리가 이 장의 시작에서 보았듯이, 그 분야는 아우구스티누스의 문헌에서 드러난 역사, 사회, 문화의 맥락에 중요하게 관심을 두면서 풍부하게 했다. 여성과 성생활에 관한 아우구스티누스의 저서와 관련해서, 맥락에 주목하는 것이 특히 필요하다. 21세기 서구 세계에서 모든 개인의 평등에 두는 가치와 5세기 로마 제국의 사회경제적 현실 사이에는 꽤 넓은 격차가 있다. 우리가 오늘날 인간의 성생활을 이해하는 것과 초대 교회가 속한 문화와 사회에서 인간의 성생활을 이해하는 것 사이에는 큰 간격이 있다. 피터 브라운이 말하기를, 오늘날 그리스도인들과 교부 시대의 그리스도인들 사이에 실재하는 이러한 간격은 "유익한 외국 여행을 위한 경이로움과 존중심으로 가득 찬 태도와 같이 그리스도교의 먼 과거를 바라봐야만" 연결될 수 있다고 기술한다.[351] 초대 그리스도인들과 그들의 사목자들이 수용한 여성, 성생활에 관한 쟁점과 가설을 우리가 깊이 있게 고찰할 때까지 우리는 그들이 사회적 성관계와 성생활에 관하여 말하고 쓴 것에 관하여 예비적인 이해와 평가만을 얻게 된다.

《육체와 사회: 초대 그리스도교에서 인간, 여성, 성의 포기 The Body and Society: Men, Women, and Sexual Renunciation in Early Christianity》라는 최근에 출간된 책에서, 피터 브라운은 아우구스티누스가 처음 4세기 교회의 폭넓은 맥락에서 이 주제들에 관해서 이해하고 생각한 것을 서술한다. 브라운의 책은 원래 1987년에 출판되었다. 이 책은 그 당시 그 분야의 학문을 연구 조사하고 동서방 교회의 교부 시대에 성과 성생활에 관한 이해와 실천의 복잡성과 다양성으로 독자를 이끈다. 2007년에 출간된 이 책의 21세기 기념판 서문에서는 교부학에서 성과 성생활 분야를 추적하는 데 돌봄의 중요성을 중요하게 여긴다는 증거가 있다.[352]

여성 신학자들의 아우구스티누스에 관한 연구에서 방법론적 진보의 몇 가지 예를 제시한 아우구스티누스에 대한 현대 페미니스트의 비판에 관해서는 두 가지 개요가 있다. 세턴홀 대학교의 주디스 첼리오스 스타크가 편집한 《아우구스티누스에 관한 페미니스트 해석Feminist Interpretations of Augustine》에서는 미국 학자들이 저술한 11가지 논문을 보여 준다.[353] 이 논문들은 여성에 관한 아우구스티누스의 사상뿐만 아니라, 어머니 모니카와, 배우자이며 아데오다투스의 어머니를 포함해서 여성들과의 관계도 자세히 살펴본다.

노르웨이 학자 카리 엘리자베스 보레센이 두 번째 모음집 《하느님의 모상: 유대 그리스도교 전통에서 성性 모형The Image of God: Gender Models In Judaeo-Christian Tradition》을 편집했다.[354] 이 모음집에는 유럽과 미국 여성들이 저술한 10가지 논문이 있다. 이 논문들은 모호성의 역사에 관한 다양한 전망을 보여 주며 창조와 구원에서 여성의 위치에 관한 주제로 논쟁한다. 보레센 자신은 여성들과 구원에 관한 아우구스티누스 사상에서 성경 사용을 자세히 고찰한다. 아우구스티누스가 주장한 성경 해석학에서, 아우구스티누스가 하느님의 이미지에 여성들을 포함하려고 한다고 주장한다.[355] 5세기의 성경 해석상의 맥락에서 그렇게 하려고, 아우구스티누스가 일반 인간성(라틴어로 homo)에서 남성과 여성이 하느님의 이미지라고 주장하려고 남성과 여성의 성적인 특성을 제거했다고 주장한다.[356] 이 방법에서 보레센은 어떤 식으로든지 하느님의 이미지에서 여성을 분명히 배제한 창세기 1장 27절과 코린토 신자들에게 보낸 첫째 서간 11장 7절의 다른 5세기 해석과 아우구스티누스가 거리를 두었다고 이해한다. 따라서 아우구스티누스는 여성혐오주의자와 거리가 멀다고 하면서 하느님 모상imago dei에서 여성들을 포함하려고 이러한 성경 해석상의 지적 훈련을 수행한다고 주장한다.[357] 하지만 뒤이은 세기들에서는 이 섬세함이 빠졌으며, 일반 인간성homo이라는 개념에서 여성을 포함하기보다 체화된 여성성의 성적인 특성을 빼는 것에 더 주목했다. 하느님의 이미지로 체화된 남성성과 더불어, 체화된 여성성을 포함하려고 한 오늘날 신학의 패러다임 전환은 이 책에서 로즈마리 레드포드 레우더가 상세히 설명한다.[358]

성과 성생활에 관한 아우구스티누스의 사상은 결혼과 순결을 다루는 방법을 위하여 매우 실제적이며 사목적인 의미가 있다. 이 분야에서 중요한 책을 켄터키 대학교의 데이비드 헌터가 최근 몇 년 동안에 완성했다. 뉴시티 출판사에서 출판된 번역본 《결혼과 순결Marriage and Virginity》의 서론과 주석에는 초대 그리스도교의 측면에 헌터의 전문성을 반영한 그 주제의 가치 있는 개요가 있다.[359] 《아우구스티누스 사상에 관한 연구Augustinian Studies》에 헌터가 쓴 1994년 논문에서는 성생활과 관련된 주제들을 다룬 아우구스티누스를 재고하고 개념화한 것을 잘 요약해서 보여 준다.[360] 헌터는 결혼을 모욕한 (예로니모처럼) 동시대인들을 반대하는 히포의 주교 아우구스티누스를 이해한다. 대조적으로, 아우구스티누스는 결혼의 세 가지 좋은 점, 자식, 충실, 하느님 사랑의 성사를 주장한다.

타르시우스 반 바벨은 아우구스티누스의 저서들에 나타난 성과 성생활에 관한 연구에 아우구스티누스의 사랑 이해에 관한 그의 방대한 책을 활용한다.[361] 그는 아우구스티누스가 주장한 사랑과 정의 신학에서 여성들 또는 성생활에 관한 아우구스티누스의 언급을 분리할 수 없다고 주장한다. 아우구스티누스는 그의 문화와 인간학의 한계성이 있지만, 하느님 앞에 남성과 여성의 평등성을 주장했다. 로마 시대 말기에 여성을 향한 법적이며 사회적인 차별이 있었지만, 아우구스티누스는 여성과 남성이 동등한 도덕적 권리와 책임감을 공유해야 한다고 생각했다.

반 바벨이 제시한 아우구스티누스 사상에서 여성의 위치에 관한 연구 방법은 우리가 아우구스티누스에 관한 연구에서 통합이라고 불렀던 것, 즉 아우구스티누스 생애와 사상의 다양한 측면을 조심스럽게 방법론적으로 통합하는 것의 예이다. 이러한 통합 방법은 아우구스티누스 사상의 분리된 측면을 서로 연결하게 하는 아우구스티누스의 신앙과 영성에서 깊은 흐름을 고찰한다. 아우구스티누스의 성과 성생활에 관한 미래 연구들은 초대 그리스도교 교부 시대의 사회적 복잡성과 문화적 다양성에서 지속적으로 연구되고 있는 만큼 맥락과 통합의 방법론적인 전환에서 혜택을 얻는다.

    이러한 방법론적인 전환은 최근 수십 년 동안 가장 중요하며 창조적인 관심을 받는 아우구스티누스 사상의 영역이다. 이 영역에는 아우구스티누스 사상과 그의 신학적 방법에서 그리스도의 중심성, 성경을 해석하고 이해하고 가르치는 아우구스티누스의 방법, 하느님과 이웃 사랑에 관한 아우구스티누스의 사상, 은총 신학, 여성과 성생활의 역할에 관한 아우구스티누스의 저서들이 있다. 이 모든 주제들은 앞으로 수십 년 안에 아우구스티누스 학자들의 새로운 세대에게 훨씬 더 많은 관심을 받을 만하다.

# 제7장

아우구스티누스와의 재만남:
아우구스티누스에 대한 새로운 연구

## 아우구스티누스 생애에 대한 새로운 연구

아우구스티누스 전기 작가인 헨리 채드윅은 "아우구스티누스는 우리가 세부 사항을 많이 알고 있는 몇 안 되는 고대 사람 가운데 한 명이다. …… 고대 세계의 어떤 인물도 우리가 더 접근하기 쉬운 사람은 없다."라고 서술한다.[362] 이것은 아우구스티누스가 타고났으며 풍부하게 개발한 화술 능력의 상당 부분 때문이다. 아우구스티누스는 수사학을 공부했으며 로마 후기 다른 수사학자들처럼, 어떻게 이야기를 꾸미고, 상세 사항을 말하는 것을 강조하고, 독자나 청자의 영향을 이끌어 내는지 알았다. 아우구스티누스는 《고백록》에 이 모든 수사학 기술을 매우 효과적으로 사용한다.

우리는 아우구스티누스의 전기를 저술하는 일을 간단한 문제라고 생각할지 모른다. 한 가지 필요한 것은 《고백록》을 참고하는 것이다. 이 책은 아우구스티누스가 4세기 후반과 5세기 초 로마 제국의 북아프리카와 이탈리아에서 일어난 사회, 정치, 종교와 관련된 맥락에서 자신 삶에 관해 말한 것을 기록한 것이다. 하지만 여기서 《고백록》이 자서전이라는 것은 추정일 뿐

완벽한 의미에서의 자서전이라 할 수는 없다. 《고백록》은 자서전의 요소를 담고 있기는 하지만, 현대의 어떤 장르에도 속하지 않는다.[363] 아우구스티누스의 가장 유명한 책의 첫 아홉 권에서, 아우구스티누스는 자신의 초기 시절, 386년 32세에 자신의 개종까지에 관한 일부 이야기를 우리에게 들려줄 때, 상당한 화술과 수사학 기술을 사용한다. 《고백록》 9권에서, 아우구스티누스는 뒤이은 387년에 자신의 어머니 모니카 죽음을 감동적으로 상세하게 첨부한다. 하지만 《고백록》에서 정확하게 묘사한 것, 개인적인 세부 내용, 기억 속에서 떠올린 이야기들은 이 대작을 저술한 아우구스티누스가 생각한 주된 이유에서 수사학적인 역할을 하고 있다. 하느님의 섭리가 그리스도와 성경에서 드러나면서, 아우구스티누스는 자신의 독자들이 신앙과 진리를 향한 죄와 잘못에서 점차 벗어나서 그를 움직이시는 하느님의 섭리를 이해하도록 한다. 제시된 자서전적인 연관들과 흥미로운 장면들은 한 가지 신학적이고 교리 문답의 목적으로 이용할 수 있다.

따라서 아우구스티누스의 전기를 저술하기 위하여, 작가는 《고백록》을 꼼꼼히 읽기만 하면 안 된다. 작가는 히포의 주교 아우구스티누스의 많은 편지와 강론과 책들도 연구해야 한다. 아우구스티누스의 편지는 사제와 주교인 아우구스티누스의 삶을 살펴보도록 하고, 강론은 아우구스티누스 삶의 후반기에 봉사한 사람들과의 관계를 드러내고, 그의 수많은 책은 그의 삶이 교회 생활의 우연한 사건들과 사목적 책임감에 응답하면서 아우구스티누스의 사상이 어떻게 발전했고 변했는지 보여 준다. 로마 후기 북아프리카 역사, 사회, 종교, 정치에 관한 방대하고 지속적으로 증가하는 학문적인 연구는 5세기의 아우구스티누스 자신의 동시대인들과 직계 승계자들을 제외하고 우리가 누구보다도 아우구스티누스의 시대와 장소에 관하여 더 많이 알고 있다는 것을 의미한다.[364]

다수의 저명한 학자들이 아우구스티누스의 삶의 가치 있는 전기를 출간하기 위하여 역사에서 아우구스티누스의 시대와 장소에 관한 그의 저서들을 연구한 학자들의 지식과 전문성을 활용했다. 이 장에서는 20세기 중반 이후 저술된 최고의 아우구스티누스 전기를 개관하고자 한다. 하지만 이러한 전기들을 살펴보기 전에, 우리는 아우구스티누스가 죽은 지 몇 년 후에 저술된 아우구스티누스의 첫 번째 전기로 개관을 시작할 것이다.

### 포시디오(370년경~440년경)

아우구스티누스의 첫 번째 전기 작가는 아우구스티누스와 개인적인 친분을 맺은 것에 장점이 있다. 포시디오 성인은 히포의 수도원에서 아우구스티누스와 동료로 지냈으며, 나중에 히포에서 남쪽으로 약 80킬로미터 떨어진 칼라마 주교가 되었다. 두 사람은 거의 40년의 긴 세월 동안 친구로 지냈다. 아우구스티누스가 430년에 죽었을 때, 반달족이 북아프리카에 침범해 들어왔고 엄청난 사회적, 종교적 변화가 발생했다. 이 모든 불안 가운데, 포시디오 성인은 아우구스티누스가 교회에 크게 봉사한 것을 가톨릭 교회가 기억하길 원했다. 그래서 포시디오 성인은 아우구스티누스의 생애를 연대순으로 기록하면서, 아우구스티누스가 《고백록》에서 멈춘 이야기, 즉 아우구스티누스가 모니카 성녀의 죽음 이후에 아프리카로 돌아온 이야기에서 시작했다.

포시디오 성인의 《아우구스티누스 성인의 삶》은 성인전의 모범으로, 독자들의 신앙심을 함양하고 격려하며 성인의 덕성을 본받도록 하기 위하여 성인의 삶에 관하여 쓴 이야기이다. 포시디오 성인은 그의 친구이자 동료 성직자인 아우구스티누스의 삶에서 감동적인 자세한 이야기를 전해 준다. 개인적인 성화와 겸손함으로 수도 생활의 증언자뿐 아니라 복음의 직무자로서 아우구스티누스가 교회에서 봉사한 일을 강조한다. 또한 포시디오 성인은 자신의 전기 마지막에서 '아우구스티누스의 저서 목록집이 불완전하다면, 아마도 히포의 도서관에 있는 책들과 아우구스티누스가 저술한 《개정본》을 근거로 평론하는 것도 가치가 있다'고 생각했다.

이후 수백 년 동안 신학과 철학에 깊은 영향력을 미칠 아우구스티누스의 천재성을 포시디오 성인이 얼마나 통찰력 있게 고려했을 것인지에 관해서는 학자마다 의견이 다르다. 그렇지만 포시디오 성인은 주교이자 수도자로서 아우구스티누스의 삶에 관하여 진솔하게 설명한다. 이는 기적적인 사건에 주목하거나 감성적인 성격을 띠는 전형적인 초기 그리스도교 시대와 중세 시대의 수많은 성인전과 다르다. 사실, 포시디오 성인의 설명은 아우구스티누스의 교회적이고 문학적 활동에서 날짜와 사건을 확인하는 데 귀중한 자료이다.

북아프리카 교회 생활에서 아우구스티누스의 위치를 알려주는 포시디오 성인의 통찰력을 두 명의 현대 학자가 고찰하고 전개한다. 첫 번째 학자는 1965년에서 1977년 토리노의 대주교인 마이클 펠레그리노이다. 펠리그리노의 《포시디오가 저술한 아우구스티누스 성인의 삶 The Life of Saint Augustine by Possidius》은 1988년 영어로 출판되었다.[365] 이 책에는 아우구스티누스 생애를 훌륭하게 소개하고 본문에 도움이 되는 주석이 있다. 에리카 헤르마노비치가 저술한 《칼라마의 포시디오: 아우구스티누스 시대의 북아프리카 주교단에 관한 연구 Possidius of Calama: A Study of the North African Episcopate in the Age of Augustine》는 영어로 더 최근에 광범위하게 주제를 다룬 책이다.[366] 포시디오 성인의 주교 직무와 광대한 북아프리카 교회의 상황에 관한 헤르마노비치의 연구는 아우구스티누스의 신학 사상과 교회 지도력이 언제나 북아프리카 그리스도교를 주도했다는 일반적인 가정에 이의를 제기한다. 사실 헤르마노비치는 신학 문제와 교회 정책에 관하여, 아우구스티누스의 입장은 언제나 제한적이고 소수파에 속해 있었다고 제안한다. 여러 가지 측면에서 매우 다르며 종종 일치하지 않는 목소리 가운데 아우구스티누스가 주장한 교회 쇄신을 반대하는 사람을 제외하고, 포시디오 성인은 아우구스티누스가 살았던 5세기 중반 라틴 교회의 정치적인 격동과 교회 분열 가운데 그의 멘토인 아우구스티누스의 신학 입장과 유산을 지키기 위하여 《아우구스티누스 성인의 삶》을 저술했다고 주장한다.

### 루이-세바스티앙 르 넹 드 티유몽(1637~1698)

아우구스티누스의 현대 전기들을 살펴보기 전에 한 가지 더 역사적인 주석이 있다. 포시디오 성인 이후, 중세 시대 동안 그리고 종교 개혁으로, 아우구스티누스에게 쏟는 관심은 《고백록》에서 서술한 아우구스티누스 삶의 영성적 측면을 제외하고는 전기적이지 않았다. 그 자서전은 중세 시대에 드러난 그리스도교의 통합을 위한 원문으로 아우구스티누스의 교의적인 저서들에서 끌어낸 더 신학적이며 교의적 내용이었다. 하지만 17세기 얀세니즘의 포르루아얄 대수도원의 한 프랑스 사제였던 티유몽이 교회 역사에 관한 일련의 책을 출판했다. 이 책의 3권에서, 그는 아우구스티누스의 생애를 연대순으로 기록한다. 티유몽은 자신의 저술에 있어서 출처의 중요성을 인지하고 이에 대한 정밀한 평가를 통해 역사에 접근했다는 점에서 초기 현대 역사학자라 말할 수 있다.[367] 그리하여 아우구스티누스의 첫 번째 '현대' 전기를 출판했다. 티유몽은 아우구스티누스의 문헌

어디에 위치하는지 정확하게 확인한 원자료를 가져온다. 원문 헌은 이후의 모든 전기 작가들에게 가치 있는 자료였다. 프레데릭 반 플레테렌은 아우구스티누스에 관한 티유몽의 중대한 책에 주석을 달아 번역했다.[368] 아우구스티누스 전기의 역사를 추적하는 영어권 학자들이 이 최근 번역본에 크게 관심을 가질 것이다.

### 존 J. 오메라 (1915~2003)

처음 주요한 20세기 영어권 전기는 1954년에 출판되었다. 아일랜드의 라틴어 전문가이자 철학자이며 신학자인 존 J. 오메라는 아우구스티누스의 신플라톤주의 철학 읽기, 특히 철학자 포리피리우스의 저서에 관한 논문을 썼다. 그 연구는 오메라가 쓴 영향력 있고 중요한 《젊은 아우구스티누스 The Young Augustine》의 토대를 형성했다.[369]

아우구스티누스 삶의 첫 번째 부분을 설명하면서, 오메라는 젊은 북아프리카인 아우구스티누스의 문화, 교육, 직업, 그리스도교로의 개종이라는 맥락에서 그를 독자들에게 소개한다. 전기의 모든 부분에 걸쳐, 오메라는 특히 20세기 초 프랑스 교부학자 피에르 쿠르셀의 논문을 반박하고 싶어 한다. 쿠르셀과 프랑스의 다른 교부학자들은 신플라톤주의 철학이 아우구스티누스의 생애 내내 형성적이고 중대한 종교적 영향력으로 남아있었다고 주장했다.[370]

확실히, 신플라톤주의 철학이 아우구스티누스의 지성적이며 영성적인 발전에 큰 영향을 주었다. 하지만 오메라는 신플라톤 철학과 밀라노에서 일어난 그리스도인들의 지성적 순환을 꼼꼼히 읽는다. 밀라노의 그리스도인 지성인들 중에는 아우구스티누스에게 큰 영향을 주었던 암브로시오 성인과 심플리치아노 성인이 포함되어 있다. 오메라는 아우구스티누스가 신플라톤주의 철학을 경유하여 그리스도교로 옮겨 갔다고 설득력 있게 주장한다. 아우구스티누스가 개종 이후 종교 생활과 신비 체험에 성경과 강생하신 그리스도를 향한 그리스도교 신앙에 깊이 뿌리를 두었다는 것이다. 오메라는 아우구스티누스의 저서들, 특히 서품받기 전 초기의 저서들을 재음미하여, 아우구스티누스의 사제직과 주교 직무 전에 아우구스티누스의 생각과 마음이 신플라톤주의 철학을 뛰어넘어 그리스도교 가르침과 믿음에 따랐다고 보여 준다.

아우구스티누스는 자신의 신학 어휘에서 신플라톤주의 철학의 표현과 일부 철학적 언어를 유지한다.[371] 하지만 오메라는 아우구스티누스의 라틴어를 자세히 분석하여 성경 언어와 성경 영성이 젊은 아우구스티누스의 신학 저서와 사목적 강론에 어떻게 영향을 주었는지 보여 준다.[372] 아우구스티누스의 생애와 사상에서 신플라톤주의 철학의 역할에 관한 연구를 계속하면서, 아우구스티누스의 종교 본성에 관한 오메라의 논문은 쿠르셀의 논문보다 더 설득력 있는 것으로 일반적으로 인정되고

있다.[373]

오메라는 라틴어 전문가로서 그 전문성을 서문에서 분명히 드러내면서 문학적 작품으로 《고백록》의 개관을 서술한다. 오메라는 아우구스티누스의 라틴어를 4세기와 5세기 로마 제국의 북아프리카 맥락에 두며, 일상생활과 교육에 관한 많은 세부 내용을 알려 준다. 또한 현대 독자가 라틴 수사학 형태와 아우구스티누스가 행한 뛰어난 문학 훈련을 이해하도록 도와준다. 이 전기는 아우구스티누스의 종교 체험 본질에 관하여 신학 논쟁을 벌이더라도, 성인의 삶을 중요하게 소개해 준다.[374]

### 피터 브라운(1935~)

아우구스티누스의 다음 현대 전기도, 비록 이번에는 케임브리지이지만, 영국의 교부학에서 시작하고 있었다. 뛰어난 영국계 아일랜드 학자이며 역사가인 피터 브라운은 32세였을 때 1967년에 《히포의 아우구스티누스 *Augustine of Hippo*》를 완성했다.[375] 그는 이 책으로 고대 후기의 선도적인 역사학자로 자리 매김하게 된다. 여러 방면에서 이 책은 현대의 아우구스티누스 학문과 관련하여 완전히 새로운 장을 열었다.

브라운은 자신의 전기를 은총과 해학으로 그리고 독자들에게 4세기와 5세기 북아프리카와 이탈리아를 살아나게 하는 세세한 부분까지 주의하여 아름답게 저술했다. 또한 독자들에게 아우구스티누스의 인생 여정에서 주된 변화와 지성적 움직임을 끌어내는 역사가의 신중함으로 서술한다. 우리가 보았듯이, 오메라의 전기는 아우구스티누스 개종에 관한 쿠르셀의 수준 높은 신플라톤주의 철학 해석을 몰아내려고 한다. 우리는 그 전기를 통하여 한 가지 신학 논쟁에 되풀이해서 나타나는 주제를 듣는다. 반면에 브라운은 고대 로마 시대의 호의적인 역사가로서 현대 독자들에게 아우구스티누스 삶의 특징적인 면과 과정을 전달하고자 하는 것이 그의 목표이다. 브라운은 신학 논평을 피하지 않으면서도, 자신의 전기에서 신학 논평을 강조하지 않는다.[376]

브라운은 다섯 기간으로 아우구스티누스의 생애를 설명한다. 첫째 기간은 탄생에서 시작해서 로마 제국의 수사학자(354~385)로서 성공까지의 기간이다. 둘째 기간은 그의 개종에서 주교 서품까지의 기간이다(386~395). 셋째 기간은 주교 서품에서 서고트족의 왕 알라리크가 로마를 침략한 기간까지이다(395~410). 넷째 기간은 로마의 약탈에서 도나투스파와의 논쟁을 걸쳐 펠라지오와 논쟁을 시작한 기간까지이다(410~430). 마지막 기간은 펠라지오파이며 이탈리아 에클라눔의 주교 율리아누스와 벌인 논쟁으로 주로 지낸 그의 생애 마지막 단계 기간이다(420~430). 각 기간을 서술하면서, 브라운은 도움이 되는 연대표를 제시하여 아우구스티누스 자신의 삶에서 일어난 사건뿐만 아니라 교회와 로마 제국의 역사적 사건을 추적한다. 브라운은 그의 저서에서 또한 영어 번역본에 따라 이 연대표에서 연대 순서를 배열해 둔다.

브라운의 전기는 1967년에 출판되었고 30년 이상이 지나 2000년에 다시 출판된 전기로서 중요한 의미를 지닌다. 이 제2판은 브라운 자신의 지속적인 가르침, 연구, 저서를 통하여 큰 도움이 된다. 그뿐만 아니라 프린스턴 대학교 대학원 출신인 브라운의 많은 연구물을 포함해서, 20세기의 마지막 30년 동안 아우구스티누스에 관한 연구에서 수많은 다른 학자들이 저술한 많은 양의 저작이 실려 있어 큰 도움이 된다. 나이 들어 《개정본》을 통하여 자신의 저서들을 다시 살펴본 아우구스티누스처럼, 브라운은 점점 커지는 아우구스티누스 학문 분야를 고려하여 (바꾸지 않고 다시 인쇄된) 1967년 문헌의 중요한 평가를 보여 준다. 1967년 편집본에서 브라운은 "새 편집본의 서문"과 새로운 두 장, "새로운 증거"와 "새로운 방향"을 첨부한다.

"새로운 증거"에서, 브라운은 돌부가 한 강론들과 디브작이 쓴 편지들의 발견을 다시 고찰한다.[377] "새로운 방향"이라는 제목을 붙인 장에서는 1970년에서 1999년까지 이 분야의 발전을 전문가로서 요약한다. 이러한 주제들은 강론들, 북아프리카 그리스도교, 고대 로마 후기, 마니교도 생활, 로마의 교육 체계, 암브로시오 성인, 그리스도교의 신플라톤주의 철학, 도나투스파 교리, 수도원 제도, 다른 주제 가운데 성과 결혼의 연대기를 포함한다.

브라운은 20세기의 마지막 30년에 방대한 아우구스티누스 학문에 따라, 디브작과 돌부의 발견물들이 아우구스티누스에 관한 일부 아우구스티누스의 전제를 어떻게 변화시켰는지 감동적으로 서술한다. 브라운은 아우구스티누스가 자신의 시대와 장소에서 직면한 난제들에 대한 평가를 수정한다. 아우구스티누스의 문화적 맥락과 교회의 '경쟁'을 생각하면, 브라운은 히포의 주교 아우구스티누스가 그 당시 다른 성직자들보다 훨씬 더 통찰력과 일관성이 있으며, 동정심이 많다는 것을 안다. 새로운 학문도 아우구스티누스의 동시대인들이 언제나 아우구스티누스와 그의 사상을 존중하지 않았다는 것을 밝힌다. 그 후의 수 세기 동안의 교회가 그의 사상을 나중에 정식으로 인정해서 브라운과 일반적인 아우구스티누스 학자들이 이 사실을 이해하기 어렵게 했다. 아우구스티누스 후기에 벌인 더 많은 논의 영역에서 승리의 트럼펫을 울리지 못했다. 아우구스티누스는 수사학 측면에서 큰 영향을 받아, 그리스도교 신앙을 이해하는 데 본질적이라고 믿었던 사상을 위하여 노력했지만, 그 당시 그리스도교 사상에 결코 중심이 되지 못한 사상을 위하여 논쟁하고 있었다. 브라운은 이 책으로 5세기 교회의 한 사람으로서 아우구스티누스의 독특함을 점점 더 잘 이해하도록 한다. "아우구스티누스의 개성은 그의 동시대인과는 확연히 대조를 이루며 계속 두드러진다."[378]

자신의 전기 주제처럼, 브라운은 "글을 쓰면서 성장하고 성장하면서 글을 쓰는"(《편지》 143장 2절) 한 사람이 자신이라고 한다. 히포의 주교를 더 깊이 이해하게 되길 바라는 사람은 브라운의 다른 책들과 논문들뿐만 아니라 그가 저술한 전기를 읽어야 한다.

### 제럴드 보너(1926~2013)

존 오메라가 아우구스티누스의 개종에서 신플라톤주의 철학의 역할에 집중하고 피터 브라운이 신학보다 전기에 집중한다면, 제럴드 보너는 《히포의 성 아우구스티누스: 생애와 논쟁 St. Augustine of Hippo: Life and Controversies》을 공들여 저술해서 아우구스티누스가 사제와 주교로 직무를 수행하면서 벌인 세 가지 주된 신학 논쟁, 즉 마니교, 도나투스파, 펠라지오 사상과의 논쟁을 독자에게 소개한다.[379] 보너는 아우구스티누스의 사목 생활과 의무와 이 세 가지 신학 관심을 서로 섞어 소개한다.

보너는 적절하게, 북아프리카의 아우구스티누스 사상을 접했다. 제2차 세계 대전 당시 영국의 젊은 병사로, 보너는 책방에서 《고백록》의 라틴어본을 우연히 발견했다. 그 후 영국으로 돌아와서, 더럼 대학교에서 아우구스티누스에 관한 연구를 평생 추구했다. 보너가 저술한 최초의 영어 전기는 대륙에 있는 교부학 센터에서, 특히 파리의 아우구스티누스 대학에서 20세기 초 동안 발표된 아우구스티누스 신학에 관한 방대한 연구를 가능하게 한다. 성 아우구스티누스 수도회의 로버트 러셀은 보너 방법의 중요성을 일찍이 인정했다. 빌라노바 대학교에 있는 러셀의 아우구스티누스 연구소에서는 1970년에 빌라노바 대학교에서 첫해 아우구스티누스 강의를 하도록 보너를 초대하고 〈아우구스티누스 사상 연구〉라는 학술지에 그의 연구를 실어서 보너의 연구를 주목한다.[380] 성 아우구스티누스 수도회 사제이며 저명한 아우구스티누스 학자인 러셀 신부는 아우구스티누스가 보인 신학적 관심과 말씀과 성사의 직무자로서 아우구스티누스의 역할 사이에 기본적인 연관성을 바라보는 통찰력을 보너가 가지고 있다는 것을 높이 평가했다.[381]

보너는 사상가로서 아우구스티누스의 인생 과정이 아우구스티누스에게 직면한 사목적인 관심의 높고 낮음을 통하여 연결된다는 점을 설득력 있게 설명한다. 아우구스티누스는 서품을 받기 전에, 이전 마니교도의 가르침에 대항하여 글을 쓰기 시작했다. 서품을 받은 후에, 아우구스티누스가 신앙인들의 이익을 위하여 그렇게 글을 쓰는 일은 피할 수 없게 되었다. 그리스도교로 개종한 후, 이탈리아를 떠나 타가스테로 돌아와 388년에 설립한 수도원에서 은둔 생활을 하던 아우구스티누스와 그의 동료들은 도나투스 교의의 교회적인 측면에 관해서 아마도 거의 관심이 없었을 것이다. 하지만 391년 사제품을 받은 후에 아우구스티누스는 히포의 도나투스파 그리스도인들에게 제기된 매우 현실적이며 사목적인 문제를 다루어야 했다. 주교이며 설교가로서 아우구스티누스는 또한 펠라지오주의에 답변해야 했다. 아우구스티누스는 펠라지오주의가 그리스도를 믿는 그리스도교 신앙의 본질을 약화시킨다고 생각했다. 그 후에도 여전히 아우구스티누스는 아리우스의 그리스도 이해에 맞서야 했다.

보너가 저술한 전기는 1986년에 다시 출판되었다. 제2판의 서문에서, 보너는 1963년 이후 아우구스티누스 학문이 히포의 주교에 관한 그 자신의 사상에 미친 영향을 살펴본다. 보너가 출판한 제2판에서는 브라운이 출판한 제2판에서 발표한 광범위한 검토와 조사가 있지 않지만, 보너의 저서는 아우구스티누스 신학 논문들이 주교로서 아우구스티누스의 사목 역할을 밝혀 줌으로써 그 논문들의 귀중한 종교적 맥락을 소개해 주고 있다.[382]

### 헨리 채드윅(1920~2008)

20세기의 가장 저명한 영국 학자 중 한 명인 헨리 채드윅은 옥스퍼드 대학교에서 처음, 그다음 케임브리지 대학교에서 흠정(왕이 직접 제정하거나 왕의 명령으로 제정된 것) 신학 담당 교수였다. 영국 성공회에서 서품을 받았고, 옥스퍼드에 있는 그리스도 교회의 주임 사제이기도 했다. 초기 교회사의 탁월한 학자인 채드윅은 아우구스티누스에 관한 연구에서 그의 전문성을 인정받았다. 그가 번역한 《고백록》은 2장에서 언급했다.[383]

두 가지 독특한 자서전이 채드윅의 펜에서 나온다. 첫 번째 자서전은 주요한 세계 저자들과 주제들에 관한 '매우 간결한 입문서 시리즈The Very Short Introductions series'로 옥스퍼드 대학교 출판부에서 1986년에 출판되었다. 《아우구스티누스: 매우 간결한 입문서Augustine: A Very Short Introduction》는 130페이지 이하이며 주제에 관한 색인이 제한된 매우 짧은 분량의 책이다.[384] 편집 제약을 고려하면, 채드윅은 사회와 정치적 영향력 또는 다른 영향력보다도 아우구스티누스의 삶과 저서들에 관한 지성적 영향력을 조사하기로 했다. 키케로, 마니, 포르피리오스, 플로티노스, 그리스도에게 영향을 받은 아우구스티누스 사상 형성을 보여 준다.[385] 채드윅은 독자에게 발표된 아우구스티누스의 주된 사상과 저서들을 빠르고 흥미 있게 접하도록 해 준다. 아우구스티누스의 작품에서 기억에 남는 감동적인 대사를 많이 인용한 감동적인 전기이다. 채드윅은 아우구스티누스의 사상과 그것에 관한 중세 후기의 해석 사이를 신중하게 구별한다.

채드윅이 1981년에 준비한 원문에 기반을 둔, 《히포의 아우구스티누스: 생애Augustine of Hippo: A Life》는 덜 난해하고 더 여유로운 전기이다.[386] 원고를 되찾고 출판을 위하여 준비한 채드윅의 부인과 동료들이 편집한 노력 덕분에, 이 책은 2009년에 그가 죽은 후에 출판되었다. 한 걸음 더 나아간 피터 브라운은 채드윅 인생 저서의 중요성과 아우구스티누스에 관한 연구를 위한 이 책의 가치를 강조한다.

고전 문학의 방대한 지식을 끌어내면서, 채드윅은 고전 문학에 나타난 아우구스티누스의 언급을 강조한다. 우리 자신의 시대와 문화와 매우 다른 그 시대와 문화에 관한 정보로 가득 찬 아우구스티누스의 삶과 사상을 설명하기 위하여 고대 로마에 관한 세세한 사항의 비상한 전망을 정리한다. 브라운의 머리말을 인용하기 위하여, 채드윅이 저술한 전기는 '인생의 풍미'로 가득하다.[387]

또 다른 통찰력이 있는 20세기 아우구스티누스 전기처럼, 채드윅은 히포의 주교 아우구스티누스가 후대에 역사학자들과 주해자들이 아우구스티누스를 종종 묘사한 교의적 선동가와는 얼마나 다른지 깨닫는다. 아우구스티누스는 작은 가톨릭 공동체, 곧 히포의 소수 그리스도교 교회의 사목자이다. 그 시대와 장소에서 다른 가톨릭 주교들처럼, 아우구스티누스는 제국 정부의 대표들에게 또는 가난한 이들의 권리를 보호하려다가 그 당시 부유한 사람들에게 종종 모욕을 당했다.[388] 아우구스티누스는 큰소리로 힘차게 말하고, 생각을 표현하고 5세기 로마 제국의 북아프리카에서 펼치고 있는 종교와 사회와 정치 세력들이 서로 경합하는 틈 사이에서 신자들의 지위와 그들의 신앙을 지키는 방법을 알았다. 그렇지만 아우구스티누스는 의견을 달리하는 이들에게 수사학적으로 비난하지만, 상호 존중과 수용의 중요성을 강조했다. "다른 편의 이야기를 들어라 Audi partem alteram!" 그는 《두 가지 영혼 The Two Souls》(22장)에 이렇게 썼다.[389]

채드윅은 아우구스티누스의 마지막 말을 인용하여 자신의 전기를 끝마친다. 그는 아우구스티누스의 마지막 책들 가운데 하나인 《인내의 선물*The Gift of Perseverance*》에서 인용한다. 현명한 현자와 최종 권위의 역할을 피하면서, 아우구스티누스는 신앙 탐구 여정과 이해를 추구하는 신앙 순례의 맥락에서 그 자신의 신학적인 저술에 관하여 말한다.[390] "나는 내가 실수하지 않았던 것을 그 사람이 본 이 문제들을 제외하고 나의 모든 가르침을 수용할 어떤 사람도 바라지 말아야 한다. …… 나는 모든 일에 있어 나 자신을 따라가지 않았다. 하느님의 자비로우심으로 내가 글을 쓰는 데 진전이 있었다고 생각하지만, 내가 완전함에 도달했다고 전혀 생각하지 않는다. 그의 생애 마지막 날에도 그가 여전히 향상하고 있다는 것을 안다면 사람은 희망이 많다."(《인내의 선물》 21. 55).

### 마일스 홀링워스(1981~)

남아프리카 출신인 마일스 홀링워스는 더럼의 세인트존스 대학에서 공부하고 나서 연구원으로 그곳에서 활동했다. 홀링워스는 아우구스티누스에 관한 두 권의 책을 썼으며 이 책들은 호평을 받았다. 이 두 권은 《순례 도시: 히포의 성 아우구스티누스와 정치적인 사상에서 드러난 그의 혁신*The Pilgrim City: St. Augustine of Hippo and his Innovation in Political Thought*》(2010)과 《히포의 성 아우구스티누스: 지성적 전기*Saint Augustine of Hippo: An Intellectual Biography*》(2013)이다.[391]

여러 가지 점에서, 홀링워스가 저술한 아우구스티누스의 전기는 채드윅이 저술한 《아우구스티누스: 매우 간결한 입문서》를 이어받는다. 이 두 책은 아우구스티누스의 생애와 저서들에서 지성적인 영향력과 발전을 강조한다. 하지만 채드윅의 간결한 입문서에 나타난 편집적인 한계는 홀링워스를 방해하지 않았다. 그래서 홀링워스가 저술한 새로운 지적인 전기는 한층 더 발전적이다. 그 전기는 저자의 철학적인 관심으로 더 심화되고, 서정적인 형식으로 풍요롭게 되고, 역설들의 이름을 붙이는 능력과 인간 체험의 복잡함으로 구별된다. 따라서 홀링워스는 신선하게 지적인 혁신가이며 창조적인 천재로서 아우구스티누스의 역할을 새롭게 살펴보도록 한다. 로완 윌리엄스는 홀링워스를 새롭고 인상적이며 수준 높은 아우구스티누스 학자로 인정하면서, 새로운 세대인 젊은 학생들을 그 분야로 끌어들일 수 있다고 본다.

### 세르주 란셀(1928~2005)

아우구스티누스에 관한 20세기의 어떤 전기 저자도 세르주 란셀처럼 아우구스티누스가 살았던 땅에서 시간을 보내지 않았다. 란셀은 그르노블 대학교의 고대 역사 교수이며 철학과 고고학의 저명한 전문가였다.

수년에 걸쳐 란셀은 히포(오늘날 안나바)와 카르타고(오늘날 튀니스)를 포함해서, 알제리와 튀니지의 고고학 발굴을 감독했다. 란셀은 마그레브의 선사 시대, 고대, 중세 역사 연구를 이어

갔다. 그 지역은 아우구스티누스가 태어났고 성장했으며, 그가 주교로서 여러 번 사목 방문으로 종횡무진 다녔던 지역이었다.

란셀은 고대 카르타고, 한니발 장군과 로마를 향한 그의 원정, 오늘날 알제리와 튀니지의 고대 역사, 아우구스티누스에 관하여 광범위하게 철저히 조사해서 최종적인 책들을 썼다. 란셀이 쓴 《성 아우구스티누스*Saint Augustin*》는 1999년에 프랑스에서 출판되었다.[392] 영어 번역본은 2002년에 출판되었다.[393] 이 책은 아우구스티누스의 생애와 사상, 로마 제국 북아프리카 역사의 장소와 그 시기의 그리스도 교회가 있는 장소에 관한 대걸작이다. 역사적 방법의 정확함과 섬세한 구별을 즐기는 교양 있는 독자를 위하여 저술하면서, 란셀의 책은 아우구스티누스 시대와 장소의 일상생활에 관하여 놀랍고 새로운 방법을 도입한다.

아우구스티누스의 맥락에서 란셀이 한 아우구스티누스에 관한 역사적인 분석의 깊이와 범위는 로마 제국의 북아프리카에 관한 20세기 후반 프랑스의 광범위한 학문적 결과를 영어권 독자들에게 이르게 한다. 이 책은 분량이 5백 페이지 이상인데, 역사적 세세한 내용, 철학과 신학의 지식, 아우구스티누스의 사목적인 의무와 교회의 역할 이해를 두루 다룬다. 란셀은 "현장에서" 잘 교육된 기자로부터 매일 상세하고, 정보에 근거한 보고서를 받는 경험을 독자들에게 만들어 준다. 란셀은 특별한 장소, 관습, 역사적인 명사를 생생하게 설명한다. 이 설명은 우리의 감각을 자극하고 카르타고의 바다 냄새가 나는 해변으로 이끈다. 카르타고에서 모니카는 그녀의 아들이 이미 로마를 향해 항해하고, 보호 구역으로 들어가고, 밀라노의 정원에 나무를 심는 것을 본다. 밀라노의 알리피우스는 아우구스티누스의 눈물이 가득한 개종을 목격한다. 히포 교구에서 일어나는 문제로 그곳의 주교가 누미디아의 기름진 평원과 장엄한 산을 가로질러 이동한다(22장에서 24장). 덥고 폭풍우가 몰아치는 가운데 카르타고 교회 공의회가 열린다. 가톨릭 교회와 도나투스파의 주교들이 서로 의심스럽게 쳐다보고 정치적으로 로마 제국의 승인을 얻는다(26장). 평화의 대성당을 넘어 아우구스티누스는 히포에 있는 수도원에서 강론한다. 그 수도원에서 그는 아프리카 기름 등잔의 빛으로 《삼위일체론》와 《신국론》과 같은 책들에 관해서 해마다 연구한다(30장과 31장). 이러한 묘사들은 란셀의 저서 본문을 통하여 독자가 히포 주교의 삶과 어려움을 깊이 이해하도록 하는 예이다.

란셀은 아우구스티누스의 세계를 많이 알고 있으며, 북아프리카의 아들인 아우구스티누스에게 깊이 공감한다. 이 지식과 공감으로 란셀의 《성 아우구스티누스》는 자세히 읽고 철저히 연구할 가치가 있다. 이 책은 가장 역사적으로 완벽하고, 신학적으로 섬세한 전기이며 영어로도 읽을 수 있다.[394]

### 성모 승천의 아우구스티누스회 굴번 매덱(1930~2008)

굴번 매덱 신부는 성모 승천의 아우구스티누스회 수도자이며 히포의 주교에 관한 연구로 일생을 바쳤다. 매덱의 학문 범위는 고전과 철학과 신학을 포함한다. 40년 동안, 파리에 있는 아우구스티누스 대학교 연구소의 연구원이며 가톨릭 학사원의 명예 교수였다. 파리에 있는 국립 과학 연구센터의 연구 책임자이기도 했다.

프랑스 독자를 위하여, 매덱이 저술한 《성 아우구스티누스의 묘사*Portrait de saint Augustin*》는 아우구스티누스에 관한 설득력 있고 이해하기 쉬운 개관이다.[395] 단지 100페이지 분량 이상에서, 아우구스티누스의 생애와 사목적인 활동과 히포의 주교 아우구스티누스의 기본적인 신앙 확신과 철학을 살펴본다. 매덱 자신이 연구한 학문과 학식, 20세기 중반 이후에 있어서 가장 중요한 센터와 오랫동안 관련을 맺은 귀중한 이점의 혜택이 이 책에 고스란히 담겨 있다. 매덱이 저술한 《성 아우구스티누스의 묘사》의 영어본은 아우구스티누스에 관한 연구에 크게 이바지할 것이다.

### 성 아우구스티누스 수도회 토마스 마틴(1943~2009)

지금까지 언급한 모든 전기는 아우구스티누스와 그의 생애, 시대와 신학에 대한 지식이 다양하다는 것을 알려 준다. 학자는 전기들이 모두 가치가 있으며 어려움이 있다는 것을 알 것이다.《히포의 아우구스티누스: 충실한 종이며 영적인 지도자 Augustine of Hippo: Faithful Servant, Spiritual Leader》는 아우구스티누스에 관한 책을 처음 접하는 독자에게 아우구스티누스를 더 쉽게 이해할 수 있도록 한다. 이 책은 2011년에 출판되었으며, 프렌티스 홀에서 출간하는 세계 전기 시리즈 문고로, 두 명의 현대 아우구스티누스 학자의 공동 노력으로 완성된 새로운 전기이다.[396]

이 책이 완성되기 전에 세상을 떠난 토마스 마틴과 그 사후에 출판을 편집한 앨런 피츠제럴드는 아우구스티누스 학자로 인정된다. 이 두 사람 모두 성 아우구스티누스 수도회의 회원이다. 마틴은 빌라노바 대학교에서 가르쳤으며 피츠제럴드도 마찬가지였는데, 이전에 로마에 소재한 아우구스티누스 교부학 대학원에서 가르쳤다. 또한 피츠제럴드는 영향력 있는 백과사전인《시대를 통한 아우구스티누스 Augustine Through the Ages》와 2012년까지 〈아우구스티누스 연구 Augustinian Studies〉학술지를 편집했다. 두 사람은 풍부한 지식으로 아우구스티누스의 새로운 전기를 함께 발표했으며, 그들의 책은 선택적, 효율적으로 지난 50년간 연구된 아우구스티누스 학문에서 시작한다.

두 사람은 또한 아우구스티누스 탁발 수도회 모범으로서 그들의 삶에서 아우구스티누스의 독특하고 영적인 관계와, 아우구스티누스 자신이 그 당시 수도자와 수녀들을 위하여 쓴 생활 규칙으로 시작한 사상도 살펴본다.[397] 두 사람이 쓴 전기의 주제를 구성하는 것은 사제와 주교로서 교회에 충실하게 봉사하는 아우구스티누스이며, 그리스도교의 영적 지도자로서의 그의 역할이라는 것이 전혀 놀랍지 않다. 그들은 아우구스티누스를 자신들의 동료 회원이자 현대 그리스도교 독자와 다른 이들에게 "영적 지도자"로 소개하려고 전기를 쓴다. 그들은 아우구스티누스의 그리스도교 영성을 강조해서 소개한다. 특히 우리는 이것을 인본주의라고 부를지 모른다. 아우구스티누스가 주장하는 '자기self'의 사상에 집중하면서, 아우구스티누스가 세계 문학에 소개한 여러 면에서, 두 사람은 아우구스티누스 자신이 경험을 뒤돌아보고 내면 성찰을 한 것을 독자들이 따라 하도록 하면서 아우구스티누스의 삶과 직무의 다양한 단계를 조사한다.[398]

이를 위해, 각 장은 아우구스티누스 자신의 저서들(포시디오, 《아우구스티누스 성인의 삶》)에서 한 구절로 대부분 끝을 맺는다. 이 구절들은 아우구스티누스 삶에 관한 전기 저자의 해설과 관련된 원문을 확인해 준 다양한 아우구스티누스의 책, 강론, 편지에서 발췌한다. 저자들은 아우구스티누스가 교회 봉사와 공동체 지도력을 발휘하는 영적이고 지성적인 토대를 밝히는 방법으로 신학적인 해설을 구성한다. 마니교와 도나투스파, 펠라지오파와 아우구스티누스의 갈등은 아우구스티누스 자신의 신앙 의미뿐만 아니라 그 신앙의 공식적인 교사로서 아우구스티누스의 의미를 고찰한다. 이 150페이지 분량의 전기는 학자와 학부생이나 대학원생을 위한 아우구스티누스에 관한 연구를 잘 소개해 주고 있다.

### 제임스 J. 오도넬(1950~)

제임스 오도넬이 저술한 《아우구스티누스: 새로운 전기*Augustine: A New Biography*》도 있는데 이 책은 흥미롭다.[399] 우리가 이미 언급한 《고백록》에 관하여 오도넬은 방대하고 철저하게 연구한 세 권의 책을 집필했다. 더욱이 최근에는 아우구스티누스 삶을 혁신적으로 해석하는 데 관심과 에너지를 쏟았다. 오도넬의 해석학 방법은 로마 수사학자로서 아우구스티누스의 능력에 비추어, 아우구스티누스의 다른 작품들과 《고백록》을 읽는 것이다. 오도넬은 우리가 아우구스티누스를 뉘우치는 개종자와 성인과 같은 주교 등 그에 대해 우리가 알길 원하는 것만을 많이 안다고 주장한다.

오도넬은 "진정한" 아우구스티누스를 살짝이라도 보려면 수사학의 장막을 치울 것을 주장한다. 진정한 아우구스티누스는 히포의 상류층 가운데 해변 별장 같은 숙소에서 사는 "열광자" 주교이고 아주 "허세를 부르는 속물"이며, 언제나 "출세에 열을 올리며", "윗사람에게 비위를 맞추는 경향"이 있는 인물이다. 오도넬에 따르면, 아우구스티누스는 마니교가 "그의 생애에 유일하며 진실하게 인상을 준 종교 체험"이므로, 마음속에는 전 생애 동안 마니교도로 남아 있었다. 주교로서, 아우구스티누스는 이전에 동로마 제국에서만 볼 수 있는 방식으로 스스로 국가 권력과 제휴했다. 아우구스티누스는 아프리카에 "가톨릭 교회"를 꿈꿔 왔는데, 그 교회는 단지 그리스도교의 소수 종파였다(오도넬은 체칠리아노 주교 이후 가톨릭 신자들을 '체칠리아노주의자Caecilianists'라고 불렀다). 오도넬에 따르면, 수사학 능력으로 무장하고서, 아우구스티누스는 교세가 더 크며 합법적인 북아프리카 교회에 속한 도나투스파 교인들을 서서히 몰아냈다고 한다.

오도넬 자신은 재치 있는 유머와 매력적인 형식으로 글을 썼다. 하지만 오도넬은 제기한 많은 의문에 관한 방대한 기존 학문으로부터 관심을 받지 못하는 것처럼 보인다. 오도넬은 많은 기성학자의 연구를 무시하고 세심함과 복잡함보다 드라마를 끌어들이는 것을 선택한다. 그러한 이유로, 그 분야에서 다른 학자들과 교류하는 연구로서 오도넬이 저술한 전기를 고려하기는 어렵다. 하지만 오도넬의 도발적인 형식 즉 그 자체로 수사학적인 방안이다. 이는 그 분야에서 진지한 학자조차도 인정한 학문을 다시 생각하고 고려하게 한다. 아우구스티누스 자신은 오도넬과 한 가지 또는 두 가지 논쟁을 즐길지도 모른다.

프레데릭 반 플레테렌이 이 논쟁적이고 '비권위적인' 전기를 다시 살펴보면서, 그 전기의 장단점을 강조한다.[400] 반 플레테렌은 "오도넬의 능력이 아니라 판단력을, 그의 지성이 아니라 해석"을 비판한다. 오도넬은 신학적 방법론이 부족한 데에 원인이 있는 이 전기의 한계를 이해한다. 놀라운 방식으로, 오도넬 자신은 아우구스티누스가 속물 같고, 허세를 부리고, 출세에 열을 올리며, 로마 제국의 사회경제적 사다리를 오르는 인물로 그 자신의 《고백록》을 세심하게 공들여 썼다는 상상에 몰두하고 있는 것처럼 보인다. 오도넬이 배제한 아우구스티누스의 생애에서 한 가지 현실은 회개이다.

### 게리 윌스(1934~)

미국의 대중적인 지성인이며 다작 저자인 게리 윌스가 저술했고 '펭귄 위인전 시리즈'로 출간한 《성 아우구스티누스: 생애 Saint Augustine: A Life》는 읽기 쉽다.[401] 아우구스티누스를 처음 접하는 탐구자는 이 전기가 아주 이해하기 쉽고 편안하게 읽을 수 있다는 것을 알 것이다. 윌스는 오도넬보다 아우구스티누스를 더 많이 동정하고 독자가 아우구스티누스의 4세기와 5세기 북아프리카 사회를 이해하도록 돕는 데 자신의 에너지를 쏟는다. 윌스는 언어에 관심을 두고 여러 방식으로 이 일을 한다. 아우구스티누스의 생애와 사상을 앵글로색슨 관용구로 표현한 영어 단어를 발견하는 데 헌신한다. 따라서 윌스는 '고백록'을 '증언'으로, '아데오다투스'를 '하느님의 선물'로, '도나투스파 사람들 circumcelliones'를 '오두막 사람들'로 번역한다. 또한 일부 아우구스티누스의 책들 가운데 단축하고 영국식으로 한 번역본을 주장하기도 한다.

조지 롤리스는 윌스가 저술한 전기를 다시 살펴보면서 대체적으로 긍정적인 평가를 한다.[402] 롤리스는 윌스의 번역 계획에 어려움과 문제에 관한 관심을 표현하더라도, 윌스가 아우구스티누스 자신의 시대와 장소에서 그를 보지 못하도록 하는 수세기 동안의 역사적 축적에서 아우구스티누스를 다시 끌어내는 굉장한 연구 활동을 한다고 주목한다. 윌스의 책은 대단히 재능 있는 비전문가가 쓴 "가장 훌륭한 역사적인 개정판"이다.

### 학술지와 연구소

몇몇 학술지는 아우구스티누스에 관한 풍부하고 다양한 현대 학문을 조사하도록 안내해 준다. 이 학술지들에는 〈아우구스티누스와 교부학 연구 저널*Revue des études augustiniennes et patristiques*〉(파리, 1955년부터),[403] 〈아우구스티누스주의*Augustiniana*〉(루벵, 1951년부터), 〈아우구스티누스주의*Augustinianum*〉(로마, 1961년부터), 〈아우구스티누스 연구*Augustinian Studies*〉(빌라노바, 1970년부터), 북아메리카 교부학회의 〈초기 그리스도교 연구 저널*Journal of Early Christian Studies*〉(애빌린, 1980년부터)[404]이 포함된다. 매년, 학술지 연호의 두 번째 호에서, 〈아우구스티누스와 교부학 연구 저널〉에서는 모든 학술지 논문, 전문 사전, 원문과 본문 연구, 총회 절차, 번역본, 명문집, 책, 학위 논문, 많은 역사와 신학과 철학과 언어학과 다른 학문 분야의 출판되지 않은 책의 포괄적인 목록(개정판)까지도 포함한다. 파리에서 발행하는 〈아우구스티누스 연구 학회L'Institut d'Études Augustiniennes〉의 학자가 성실하게 한 조사를 바탕으로, 그 학술지는 세계의 아우구스티누스 학자가 연구한 최근의 책을 여러 언어로 상세하고 정확하게 검토하고 있다. 이 검토는 프랑스어와 다른 주요 유럽 언어를 유창하게 하지 못한 영어권 학자를 위하여 귀중한 자료일 수 있다.

독일 뷔르츠부르크에 소재한 아우구스티누스 연구소Zentrum für Augustinus-Forschung in Würzburg는 뷔르츠부르크 대학교와 제휴하면서 그 분야에서 이차 자료의 데이터베이스를 구축해 왔다. 그 연구소는 웹사이트 www.augustinus.de에서 중요한 수집 자료에 접근할 수 있도록 한다. 그 웹사이트의 일부분만이 영어로 되어 있으므로 독일어에 관한 지식이 필요하다.

오늘날 아우구스티누스 학자들 가운데 다양한 저서의 지식을 얻고 교류를 원하는 영어권 학자를 위하여, 가장 친숙한 자료는 〈아우구스티누스 연구〉 학술지가 확실히 유용하다. 성 아우구스티누스 수도회 회원이며 빌라노바 대학교의 로버트 러셀 신부가 1970년에 발간했고, 2012년까지 성 아우구스티누스 수도회 회원인 유능한 앨런 피츠제럴드의 편집 방향에 따라, 이 학술지는 아우구스티누스 학자들, 특히 영어권 학자들에게 자신의 논문을 발표하고 동료 학자들의 논문에 대응하도록 하고 상당한 수준의 공개 토론장 역할을 해 오면서 계속 발행되고 있다.[405] 논문과 서평, 서평 토론뿐만 아니라 수령한 책의 각 발행호 목록을 자세히 조사하면서, 관심 있는 독자는 오늘날 아우구스티누스에 관한 연구의 세계에서 현재 대화에 편리하고 접근하기 쉬운 항목을 즐긴다. 지난 40년 동안, 학술지는 아우구스티누스 연구소Augustinian Institute를 통하여 빌라노바 대학교에서 매년 발표하는 성 아우구스티누스 강연의 발표된 원고를 실었다.

아우구스티누스에게 관심이 있는 이들을 위한 다른 필수적인 연구 도구는 성 아우구스티누스 수도회의 앨런 피츠제럴드가 편집한 《시대를 통한 아우구스티누스》이다.[406] 이 책은 거의 아우구스티누스 학자 150명이 작업한 500개 항목을 담고 있다. 저명한 학자들로 인정된 150명의 학자는 주제에 관하여 간결하고 이해하기 쉬운 논문을 쓴다. 각 논문은 주제에 관한 주된 책이나 논문의 중요한 참고 문헌도 제시해 준다. 기쁘게도, 제2판이 몇 년 이내에 출간되리라 기대된다.

피츠제럴드의 백과사전은 칼라 폴만이 저술한 《아우구스티누스의 역사적 수용에 관한 옥스퍼드 지침서》[407]의 훌륭한 후속 작품이다. 세인트앤드루스 대학교의 폴만은 편집장이며 시카고 대학교의 편집장이며 20년간 공동 편집자인 윌레미언 오텐과 함께 작업했다. 이 모음집은 아우구스티누스의 영향력과 여러 학문, 종교, 문화 분야의 유산에 증거를 제시한 국제 전문가 400명 이상이 연구한 학문을 발표하고 있다. 이 책은 앞으로 아우구스티누스 학자들에게 꼭 필요한 책이 될 것이다.

## 명문집, 논문 편집 모음집, 입문서

방대한 아우구스티누스의 저서는 그 분야에 접근하는 것을 어렵게 한다. 어디서부터 시작해야 할까? 독자들이 아우구스티누스의 사상을 이해하고 쉽게 접근하도록 돕는 새로운 세대의 작품들이 있다. 이 책들은 또한 아우구스티누스에 관한 최신 연구를 그 분야에서 새로운 독자들이나 때때로 읽는 독자들이 활용할 수 있게 한다.

참조할 만한 현대 입문서에는 세 가지 형태가 있다. 그것들에는 명문집, 논문집, 아우구스티누스의 생애와 사상에 관한 일반 입문서가 포함되어 있다.

### 명문집

명문집들은 아우구스티누스 사상을 이해하기 쉽게 안내할 뿐만 아니라 독자의 관심을 자극하면서 깊이 들어가고 더 나아가도록 이끌어 준다. 선택된 문헌을 제시하면서, 명문집은 아우구스티누스와 같은 사람이 어떤 주제와 사건에 관해 어떻게 생각했는지 알도록 한다. 또한 명문집은 아우구스티누스의 일반적인 전집에 있어 핵심적인 주요 주제들과 아우구스티누스의 작품이 서구의 신학적, 철학적 전통의 발전에 기여한 역할을 살핀다.

아우구스티누스의 전집과 같은 방대한 전집에서 선별한 발췌집들은 오랜 역사를 통하여 나타났다. 4장에서 언급했듯이, 교부들의 문헌 발췌집과 명문집은 편집자의 종교적 열풍과 교의적 관심을 불러일으키면서, 그의 죽음 후 수 세기 동안 나타나기 시작했다. 발췌집과 명문집은 중세 초기의 명문집과 같은 것이었다.

현대의 명문집들은 역사적 맥락에 따라 20세기 방법론적 전환을 반영한다. 그래서 독자에게 아우구스티누스의 저서들을 소개해 준다. 이와 동시에 최근에 학자들이 선택된 문헌을 연구한 주석과 주해를 통해 맥락을 제시한다.

예수회 윌리엄 함리스가 저술한 《아우구스티누스는 자기 말로 말했다*Augustine in His Own Words*》는 히포의 주교에 관한 훌륭한 입문서이다.[408] 예수회 사제 함리스는 크라이톤 대학교에서 가르친 현대 교부학자이다. 그는 아우구스티누스와 세례 지원자, 초기 교회의 수도원 제도에 관해 저술했다.[409]

함리스는 주제적으로 그리고 역사적으로 아우구스티누스의 저서에서 이 선집을 정리한다. 《고백록》의 구절로 시작하고 나서, 철학자, 주교, 설교가, 해석학자로서 아우구스티누스를 소개한 선집으로 이동한다. 다른 장들은 마니교도, 도나투스파, 펠라지오주의에 반대하여 아우구스티누스가 저술한 반론하는 저서들뿐만 아니라 《신국론》과 《삼위일체론》을 독자에게 소개해 준다.

함리스의 현대 연구 전망은 각 부분에서 선택한 본문에 관한 소개와 주해에서 분명히 드러난다. 그의 저서는 또한 독자에게 광범위한 교부학의 깊이와 범위의 유익함을 준다. 특히 아우구스티누스의 주요 저서들뿐만 아니라 아우구스티누스의 삶에서 일어난 사건의 연대기는 도움이 된다.

선택된 구절을 번역하기 위하여, 함리스는 '미국 가톨릭대학교의 교회 교부들 시리즈'(1948/1950)와 뉴시티 출판사에서 출판한 《성 아우구스티누스의 저서들: 21세기를 위한 번역 The Works of St. Augustine: A Transla-tion for the 21st Century》을 사용한다. 이 책은 일반적으로 아우구스티누스 또는 교부학 연구에서 학부와 대학원 과정을 위하여 중요한 문헌이다.

1984년에 성바오로 출판사에서는 서구 영성의 방대한 문학의 부분으로서 메리 T. 클라크가 저술한 《히포의 아우구스티누스: 선택된 저서들 Augustine of Hippo: Selected Writings》을 출판했다. 서구 영성의 방대한 문학은 성바오로 출판사의 유명한 발행인 케빈 린치 신부의 주도하에 출판되었다.[410] 맨해튼빌 대학의 메리 클라크 수녀는 선도적인 미국 가톨릭 철학자이자 시민 권리 운동가로, 거의 70년 동안 아우구스티누스 학자였다. 이 명문집은 클라크가 아우구스티누스에 관해 여러 해를 걸친 연구와 저서와 1980년 중반대에 사용 가능한 기존 영어 번역본을 새롭게 하려는 신중한 연구 작업에 큰 도움을 받는다.

클라크는 아우구스티누스의 영성을 강조하는 구절을 선택한다. 《고백록》의 중간 권에서 시작한 자신의 발췌를 정리하고 나서 《시편 주해》, 《요한 복음서에 관한 강론》, 《요한 1서에 관한 강론》, 《삼위일체론》, 《신국론》, 수도원의 《규칙》, 두 가지 편지의 구절로 이동한다. 클라크의 입문서는 아우구스티누스의 영성에 관한 훌륭한 논문인데, 성심 수녀회로서 클라크 자신의 영성 생활과 철학적 분석과 통찰력으로 저술되었다.

서구 영성에 관한 시리즈에 배치해서, 클라크의 명문집은 아우구스티누스에 관한 훌륭한 일반 입문서로서도 역할을 하지만, 아우구스티누스의 영성과 기도 신학에 집중한 과정이나 토의 그룹에 적절하다. 학자로서 클라크가 여러 해 동안 진행한 중요한 연구 작업과, 철학의 역사에서 아우구스티누스의 역할과 신앙생활에 관한 전망 덕분으로 그의 논평과 주석은 큰 이점을 누리고 있다.

더 오래되고, 수십 년간 고전적인 아우구스티누스의 명문집에는 버논 버크(1907~1998)가 저술한 《아우구스티누스의 주요점 *The Essential Augustine*》[411]이 있다. 버크는 세인트루이스 대학교에서 수년간 가르쳤으며, 토마스 아퀴나스 성인과 아우구스티누스, 특히 그들의 윤리학에 관한 전문 지식을 겸비한 주도적인 캐나다계 미국인 가톨릭 철학자이자 신학자이다.

버크는 아우구스티누스뿐만 아니라 문헌들에 관한 아우구스티누스의 정리와 주해에서 선택한 발췌에 자신의 해박한 철학적 배경을 반영한다. 아우구스티누스의 저서에서 그리스도교적 기원에 관하여 정해진 중세의 철학적 신학적인 범주를 밝혀낸다. 이 범주들에는 신앙과 이성, 하느님을 이해하는 우리의 능력, 육체와 영혼과 하느님의 존재론적 단계, 도덕성, 은총, 《신국론》에서 발견된 대로 정치적이고 역사적인 철학이 포함되어 있다. 《아우구스티누스의 주요점》은 버크의 학문의 특성과 특히 고대에서 중세 기간까지 서구 철학에 대한 예리한 통찰력으로 인쇄되어 있다. 이 책은 여전히 그리스도교 철학의 역사 과정을 위한 귀중한 자료이다. 하지만 지난 50년간 아우구스티누스 학문의 혜택을 누리지 못한다. 또한 '뉴시티 출판사 시리즈'와 같은 아우구스티누스 저서들의 더 최근 번역본에 포함되지도 못한다.

아우구스티누스의 명문집에 한층 더 최근에 포함된 저서는 필자가 저술한 《히포의 성 아우구스티누스: 주석이 달리고 설명이 있는 고백록과 다른 핵심적인 저서들*Saint Augustine of Hippo: Selections from Confessions and Other Essential Writings, Annotated and Explained*》[412]이 있다. 이 아우구스티누스 저술들의 편람은 '스카이라이트 출판사의 빛 시리즈' 가운데 그 일부분에 속해 있다. 이 시리즈의 목적은 수년 동안 여러 종교적이고 철학적인 전통에서 영적 스승들의 저서들을 오늘날 일반 독자에게 알려 주는 데 있다. 이 책은 아우구스티누스 자신의 사고 범주뿐만 아니라 현대 독자에게 관심이 있는 화제들을 주요 주제들에 따라 아우구스티누스과 관련 있는 문헌들로 구성되어 있다. 이 선택된 문헌들에는 신앙 여정, 죄에 대한 인간 책임성, 하느님 은총과 인간 의지,

공동체와 하느님과 예수님과 성령과의 친교, 교회와 성사, 현대 윤리 문제를 포함하고 있다.

번역본들은 대부분 '뉴시티 출판사 시리즈'들이며, 주석과 주해는 최근 아우구스티누스 학문에서 발췌한다. '스카이라이트 출판사의 빛 시리즈'의 특성으로 인해 이 책은 중등 교육, 성인 토론 프로그램, 대학교 수준의 신학 입문 과정에 적합하다.

이러한 명문집에 덧붙여서, 뉴시티 출판사에서는 번역본 시리즈로 이미 출판된 아우구스티누스의 저서들을 선별하여 특정한 주제에 맞추고 접근 가능한 한 권으로 엮어 다시 책들을 출판했다. 이 '아우구스티누스 시리즈: 발췌된 전집'의 서적들에는 《은총과 펠라지오주의에 관한 선집 Selected Writings on Grace and Pelagianism》,[413] 《신앙과 행복에 관한 3부작 Trilogy on Faith and Happiness》,[414] 《수도원 규칙 Monastic Rules》,[415] 《핵심적인 강론 Essential Sermons》,[416] 《고백록의 기도 Prayers from the Confessions》[417]가 지금까지 포함되어 있다. 이 책들은 아우구스티누스 저서들의 특별한 주제를 연구하길 원하는 이들에게 크게 도움이 되는 서적들이다.

다른 주제를 다룬 선집들이 있다. 이 책들은 다양한 주제들에 관한 아우구스티누스 사상과 아우구스티누스 삶의 특별한 기간을 소개해 준다.[418]

**논문 편집 모음집**

이 책을 통하여, 아우구스티누스에 관한 최근 학문 연구를 모은 편집된 많은 서적을 인용했다. 여기서 일부 서적을 강조한다.

빌라노바 대학교의 존 두디와 아이오나 대학의 킴 파펜로스는 렉싱턴 북스에서 2005년부터 발행하는 '아우구스티누스와의 대화: 전통과 쇄신 시리즈'의 편집자들이다. 현대 학자들이 수집한 논문 모음집의 목적은 아우구스티누스의 사상을 히포 주교의 범주와 언어와 통찰력에서 도움을 받을지 모르는 다양한 연구 분야의 특정한 주제에 포함하려는 것이다. 그 주제들은 역사, 교양 교육, 정치, 세계 종교, 문학, 정치를 포함하고 있다.[419] 앞으로의 주제는 심리학, 과학, 묵시록, 평화와 정의, 환경이나 생태 환경 등도 포함하고 있다.

학자들의 폭넓은 다양성으로 모든 논문 모음집과 마찬가지로, 평론은 일반적으로 호의적이지만 섞여 있다. 기고한 저자들과 다른 학문 분야에 걸쳐 있는 일부 저자는 아우구스티누스에 관한 연구의 전문 지식 수준이 다르다. 일부 투고자는 교부학자들보다 학문 분야로서의 내용과 방법 영역에 아우구스티누스를 관련시키는데, 이를 교부학 전문가들이 특별히 비판하도록 할지 모른다. 하지만 전반적으로, 이 시리즈는 다양한 주제들의 현대적 연구와 해석을 위하여 아우구스티누스를 관련시키고 아우구스티누스 사상의 풍부함을 발견하기 위하여 여러 분야의 사상가들을 광범위하게 초대한다. 이 논문들은 현대 학문의 관점에서 아우구스티누스 사상을 비판한다. 또한 아우구스티누스 사상이 현대 학문 분야의 전제와 추정을 비판하도록 한다. 우리는 이 시리즈가 미래에도 잘 이어지길 바라고 아마도 이는 이슬람과 비교 신학과 같은 주제를 포함할 수 있는 소중한 시리즈일 것이다.

다른 중요한 주제의 2차 자료 모음집에는 《아우구스티누스의 케임브리지 동반자 The Cambridge Companion to Augustine》[420]가 있다. 이 저서는 철학의 '케임브리지 동반자 시리즈'의 일부이다. 세인트루이스 대학교의 엘리노어 스텀프와 그의 스승이며 코넬 대학교에서 중세 철학을 강의한 노먼 크레츠만(1928~1998)이 편집자이다. 그들은 서구 철학 역사에 미친 아우구스티누스의 영향력을 추적하기 위하여 다른 철학자와 신학자 16명의 사상을 수집한다. 새로운 '케임브리지 동반자 시리즈'가 준비되고 있다.

여기서 다룬 주제들은 이성, 죄와 악, 예정론, 성경 해석, 하느님의 본성, 시간과 창조, 영혼, 자유 의지, 기억, 인식, 회의론, 지식과 조명, 언어 철학, 윤리학, 정치 철학, 중세 시대와 그 이후에 미친 아우구스티누스의 지속적인 영향력을 포함하고 있다. 이 모음집은 아우구스티누스주의와 서구 사상의 역사에서 아우구스티누스주의의 위치에 관한 현대 철학적인 최고의 논쟁을 일부 제시한다.

더 최근에 마크 베시는 '블랙웰 고대 세계 시리즈'의 《아우구스티누스의 동반자*A Companion to Augustine*》[421]를 편집했다. 이 책은 주요 아우구스티누스 학자들이 저술한 논문 35편의 귀중한 수집 자료를 싣고 있다. 또한 그 분야의 여러 영역으로의 연구를 위하여 도움이 되도록 방대한 참고 문헌도 포함하고 있다.

**입문서**

아우구스티누스의 생애와 사상을 학생들이나 연구 그룹에 소개하려고 하는 교사나 사목자를 위하여, 좋은 자료가 있다. 여기서는 몇 가지 입문서만 언급한다.

제임스 웨첼이 저술한 《아우구스티누스: 갈팡질팡하는 이들을 위한 입문서*Augustine: A Guide for the Perplexed*》는 빌라노바 대학교 교수의 학문과 가르침으로 저술되었다.[422] '갈팡질팡하는 이들을 위한 연속 안내서 시리즈' 일부로서, 아우구스티누스에 관한 명확하고 간결하고 이해하기 쉬운 안내서이다. 웨첼은 아우구스티누스의 생애와 사상에 걸친 일반적인 주제를 다루며, 이 책의 각 장에서 추가로 독서할 목록을 제시해 준다. 일부 사람들은 이 책을 읽기 위한 독서력이 학부 학생들의 견지를 훨씬 넘어선다고 주장했다. 반면에, 학부 연구의 일부 과제는 여생을 위한 참고 문헌을 축적하는 것이다.

웨첼 자신의 학문은 의지와 은총과 예정론에 관하여 전개했다. 이 주제들은 그의 책에서 충분히 다루고 있다.[423] 웨첼은 아우구스티누스의 철학 읽기에 도움을 주면서, 키케로풍과 신플라톤주의 철학의 고대 로마 후기라는 시간과 맥락에서 아우구스티누스를 자리매김한다. 이 연구 작업은 귀중하며 연속 시리즈에 적절하기도 하다. 하지만 아우구스티누스의 사상을 이끌어 내는, 아우구스티누스의 신앙생활과 그리스도 교회의 봉사에 관해서는 웨첼의 책에서 덜 주목을 받는다. 독자, 특히 학부 학생은 아우구스티누스의 신앙과 이성의 결합의 신앙 차원을 경시할지도 모른다.

메리 T. 클라크가 저술한 《히포의 주교 아우구스티누스Augustine of Hippo》도 연속 시리즈에 속하는데, 저명한 그리스도교 사상가 시리즈의 책이다.[424] 40년 동안 아우구스티누스를 연구한 클라크는 자료에 대한 철학적이고 신학적인 전문적인 지식과 수도회 수녀로서 신앙생활에서 나온 자신의 책이 한층 더 깊은 웨첼의 철학적 접근 방식에 좋은 동반자가 되도록 했다. 클라크는 특유의 솔직함과 명확성으로 아우구스티누스의 삶에 두루 걸쳐 있는 중요한 신학적, 철학적, 실존적인 주제를 이끌어 낸다.

아우구스티누스의 주요 저서의 연대기적 목록과 더불어, 아우구스티누스의 생애 연대기와 로마 제국의 역사적 사건은 아우구스티누스의 맥락을 이해하는 뛰어난 감각과 그가 저술한 문학 작품의 폭넓은 범위를 독자에게 제시한다. 클라크의 참고 문헌은 충실하지만 웨첼의 최근 문헌 검토를 알지 못하는 가운데 약간 시대에 뒤떨어진다.

아우구스티누스 사상 전통에 관한 다른 입문서는 성 아우구스티누스 수도회 토마스 마틴의 저서인 《우리의 불안한 마음: 아우구스티누스 사상의 전통Our Restless Heart: The Augustinian Tradition》[425]이 있다. 이 입문서는 오르비스 출판사의 '그리스도교 영성 전통 시리즈' 일부이며 그리스도교 신학과 영성의 역사에 관한 아우구스티누스의 영향력에 집중한다. 마틴은 아우구스티누스 자신의 신앙 여정과 영성적 유산의 특징으로 '불안한 마음'이라는 주제를 제시한다. 아우구스티누스의 신앙 여정과 영성적 유산은 가톨릭과 개신교에 영향을 모두 미치며 아우구스티누스의 고백적인 글쓰기, 수도원 전통, 교회 쇄신으로 발전했다. 마틴의 책은 아우구스티누스 자신의 삶을 다루지만 아우구스티누스가 그리스도교 역사에 미친 영향력에 더 집중한다.

란셀은 "아우구스티누스 사상에 관한 참고 문헌이 풍부하고, 심지어 넘쳐 난다."[426]라고 썼다. 바라건대 이 마지막 장과 이 책 전체가 풍부하고 넘쳐 나는 충족감으로 느껴지길 바란다. 여러 나라와 대륙에서 아우구스티누스에 관한 연구를 하는 새로운 세대의 남녀 학자가 히포의 주교와 그의 시대에 관한 그들의 지식이 깊어지면서, 우리는 많은 사람들에게 한없는 관심을 끌어낸 고대 후기의 이 인물에 관한 생애와 저서를 연구하기 위하여 새로운 전망, 통찰력, 자료를 기대할 수 있다. 란셀은 아우구스티누스에 관한 자신의 연구를 성찰하면서 이렇게 충고한다. "엄연한 종교적 선택과는 별개로, 우리가 아우구스티누스의 삶에서 무엇을 배울 수 있는지 우리 자신에게 스스로 물어보자. 하지만 그 질문에는 대답이 있었다. 아우구스티누스는 그 자신의 시대에 사람이 되는 명예에 대단히 엄격한 기준을 세웠으므로, 어쩌면 우리 자신에게 영감을 줄 자격이 있을 것이다."[427]

## 나가는 말

"그들은 히포의 아우구스티누스에 관하여 무엇을 말하는가?"라는 질문에 답하려는 어떤 시도도 진행 중인 연구 과제이다. 아우구스티누스에 관하여 매년 계속해서 저술되고 있는 많은 책, 학술 논문, 백과사전, 웹 페이지가 있다. 그래서 포시디오 성인이 아우구스티누스의 저서 범위에 관하여 주장하는데, 그것은 2차 자료에 유사하게 적용될 수 있다. "학술 서적들이 매우 많이 출판되어서 학생들이 읽을 에너지가 거의 없고 이 책 모두를 거의 알고 있지도 못할 것이다."

우리가 이 책에서 살펴본 연구와 저서는 북아프리카와 초기 아프리카 그리스도교에서 활동한 아우구스티누스의 생애와 사상에 관한 최고의 현대 학문 일부를 제시해 준다. 2030년, 우리는 아우구스티누스의 사후 1,600년을 기념할 것이다. 그 기념에 이르기까지 다가오는 10년은 학회, 토론, 책, 논문, 전자 자료에 더 많은 영감을 줄 것이다. 전자 자료는 확실히 아우구스티누스의 사상을, 우리의 세계를 둘러싸는 정보와 데이터베이스의 전자 "클라우드" 속에서 반향하는 존재로 확보하게 된다. 아우구스티누스가 오늘날 우리 가운데서 글을 쓰고 강론한다면, 의심의 여지없이 그 "클라우드", 곧 은총을 주는 선뿐만 아니라 죄로 이끄는 악으로서 역할을 하는 클라우드의 가능성, 우리의 지구촌의 도덕적 의무, 문화와 종교의 만남, 하느님의 선하신 창조의 지속 가능성에 관한 중요한 문제에 관하여 계속 말할지도 모른다.

아우구스티누스 사상의 여러 측면은 세계 종교들이 점점 더 대화하도록 하는 데 중요하게 기여한다. 그리스도의 신비를 깨닫게 하는 아우구스티누스의 통찰력, 성경의 복잡함을 이해하는 정교함, 하느님 은총의 본성에 관한 확신, 그의 기도 신학은 종파를 초월하는 것이자 비교 신학을 위한 중요한 자료이다. 이 주제에서, 그리스도인은 다른 종교 전통의 사람들과 중요하게 연대하는 데 풍부하게 기여할 수 있는 것들이 많다. 그리고 우리가 이렇게 참여할 수 있기에 아우구스티누스에 관해 지속적으로 연구하는 일은 더욱 중요하다.

아우구스티누스에 관한 문헌은 많다. 이 풍부하고 계속해서 출간하는 문헌의 검토를 통해 독자는 아우구스티누스에 관하여 다음과 같은 내용을 상기할 수 있다. 베르베르 혈통의 이 주교는 아리우스파 반달족이 도시를 포위하고 있을 때 세상을 떠났다. 그리고 그의 그리스도교 후계자들은 아랍 이슬람 세력이 서쪽으로 확장할 때 사라졌다. 그러나 아우구스티누스의 저서들은 온갖 역경에도 불구하고 모든 새로운 세대에서 끊임없이 진리를 탐구하는 이들이 계속해서 상상하고 토론하도록 자극해 왔다. 나는 이 책이 아우구스티누스가 하느님과 인류에 관하여 가진 비전을 더욱더 깊이 이해하는 데 도움이 되었으면 한다. 또한 하느님 은총의 도움으로, 아우구스티누스가 인간의 삶과 사상에 필수적이라고 생각한 문제들에서 각자 자신만의 입장을 갖는 데 도움이 되었으면 한다.

# 주석

1 세르주 란셀의 《성 아우구스티누스 *St. Augustine*》(London:SCM Press, 2002), 531-532를 참조하라.

## 들어가는 말

2 Joseph Ratzinger/Pope Benedict XVI, *Popolo e Casa di Dio in Sant'Agostino* (Milano: Jaca Book SpA, 1978/2005). 또는 *Volk und Haus Gottes in Augustins Lehre von der Kirche* (München: Karl Zink Verlag, 1954); Pope Benedict XVI, *The Fathers* (Huntington, IN: Our Sunday Visitor, 2008)를 참조하라. 이 책들에서는 베네딕토 16세 교황이 자신의 사상으로 아우구스티누스 신학과 견해를 잘 요약해 준다. Joseph Lam C. Quy, OSA, *Theologische and Verwandtschaft: Augustinus von Hippo und Joseph Ratzinger/Papst Benedikt XVI* (Würzburg: Echter, 2009); Rowan Williams, "Good for Nothing?" *Augustinian Studies* 25 (1994): 9-24; Rowan Williams, "Insubstantial Evil", in *Augustine and His Critics*, ed. Rovert Dodaro, OSA, and George Lawless, OSA (New York/London: Routledge, 2000). 베네딕토 16세 교황은 자신의 모든 회칙에서 아우구스티누스를 인용한다. 로완 윌리엄스는 학술지 〈아우구스티누스 사상 연구 *Augustinian Studies*〉의 자문 위원회에서 일했다.

3 성 아우구스티누스 수도회 the Order of St. Augustine(OSA), 성모 승천의 아우구스티누스회 the Augustinians of the Assumption(AA), 맨발의 아우구

스티누스 수도회Order of the Augustinian Recollects(OAR), 여러 예수회 Jesuits(SJ), 도미니코 수도회Dominican Friars(OP), 여러 여성 수도회의 회원은 히포의 주교 아우구스티누스에 관한 연구에 큰 공헌을 했다.

4   Frederick Van Fleteren, ed., *Martin Heidegger's Interpretations of Augustine: Sein und Zeit und Ewigkeit* (Lewiston, ME: The Edwin Mellen Press, 2005); Hannah Arendt, *Love and Saint Augustine*, ed. Joanna Vecchiarelli Scott and Judith Chelius Stark (University of Chicago Press, 1929/1996)를 참조하라.

5   John D. Caputo and Michael J. Scanlon, OSA, eds., *Augustine and Postmodernism: Confession and Circumfession*, Indiana Series in the Philosophy of Religion (Bloomington, IN: Indiana University Press, 2005)을 참조하라. 이 귀중한 논문 시리즈에서는 하이데거, 리오타드, 아렌트, 리쾨르에게 끼친 아우구스티누스의 영향력을 연구한다. 또한 F. J. Thonnard, *"Saint Augustin et les grand courants de la philosophie contemporaine"*, *Revue des études augustiniennes 1* (1955): 68-80를 참조하라. 토나드는 하이데거, 야스퍼스, 키르케고르, 쉘러, 그 외의 사람들에게 끼친 아우구스티누스의 영향력을 언급한다.

6   그 분야를 "아우구스티누스 사상 연구" 또는 "아우구스티누스에 관한 연구"라고 한다. 나는 "아우구스티누스에 관한 연구"라는 용어를 사용할 것이다.

7   "식사 중에 아우구스티누스는 먹고 마시기보다 책을 읽고 대화하기를 더 즐겼다."(*The Life of Saint Augustine* [XXII.6]. Possidius, *The Life of Saint Augustine*, The Augustine Series, trans. Michele Cardinal Pellegrino, ed. John E. Rotelle, OSA (Villanova, PA: Augustinian Press, 1988).

8   아우구스티누스의 저서들에서 인용한 인용문은 New City Press series, *The Works of Saint Augustine: A Translation for the 21st Century*에서 인용된다.

9   "사실, 동료 학자들을 믿고 많은 다양한 연구자들과 계속 의견을 교환하는 일은 가장 오래 지속해 온 유산이며, 이러한 역사적 학문을 연구하는 포스트모던 시대에 기대할 수 있는 일이다." Allan D. Fitxgerald, "Tracing the passage from a doctrinal to an historical approach to the study of Augustine", *Revue des études augustiniennes et patristiques* 50 (2004): 301.

10  Possidius, *Life*.

11  Peter L. Brown, *Augustine of Hippo* (Los Angeles: University of California Press, 1967/2000), vii.

12  Brown, *Augustine of Hippo*, 447.

## 제1장 생애: 아우구스티누스와의 만남

13  Thomas A. Martin, OSA, *Augustine of Hippo: Faithful Servant, Spiritual Leader*, ed. Allan D. fitzgerald, OSA (New York: Prentice Hall, 2011), 13-14.
14  아우구스티누스는 베르길리우스가 저술한 《아이네이스*Aeneas*》에서 여행하고 시련을 겪은 일을 얼마나 좋아했는지 자세하게 기술한다. 하지만 그리스어를 잘 알지 못했으므로 호메로스의 이야기를 읽는 것을 싫어했다(《고백록》 1권 14장 23절).
15  Peter Brown, *Augustine of Hippo* (Los Angeles: Univertity of California Press, 1967/2000), 54.
16  그것이 우리의 현대적 감성에 반하는 것이지만, 젊은 남자가 로마 제국의 사회적, 경제적 계층에서 높은 계층으로 상승했을 때, 사회에서 첩을 더 적합한 배우자로 간주하고 대체하는 것이 일반적인 관행이었다. 아우구스티누스의 아내는 아우구스티누스가 속하는 사회 계층이 아니었으므로 그의 경력에 도움이 되지 않았다. Serge Lancel, *St. Augustine*, trans. Antonia Neville (London: SCM Press, 2002), 271-305.
17  Robert Dodaro, OSA, "Augustine's Secular City", in *Augustine and His Critics-Essays in Honour of Gerald Bonner*, ed. Robert Dodaro OSA, and George Lawless, OSA (London: Routledge, 2000), 248.
18  Lancel, *St. Augustine*, 46.
19  "이 욕망은 광란하는 마니교인에게도 있듯이 색다른 본성은 아닙니다. 이 욕망은 우리의 악함이며, 우리의 악함입니다. 이 욕망은 우리에게서 없어지지 않을 것이며 다른 곳에서도 존재할 것입니다. 하지만 이 욕망은 치유될 것이며, 다른 곳에서도 존재하지 않을 것입니다."(《설교》 151, 3).
20  Brown, *Augustine of Hippo*, 50.
21  종교에 관한 새로운 연구를 위해서는 Nicholas J. Baker-Brian, *Manicheism: An Ancient Faith Rediscovered* (London: T&T Clark, 2011)를 참조하라.
22  아우구스티누스가 살았을 당시에는 이용할 수 있는 예로니모의 불가타 성경 번역본이 없었을 것이다. 예로니모는 382년에서 405년까지 성경 번역을 했다. 372~373년 젊은 아우구스티누스가 성경을 연구하기 위하여 카르타고에서 성경 연구를 시작할 때는 '구 로마Old Roman' 또는 '구 아프리카Old African' 라틴어 번역본이라고 하는 여러 번역본 가운데 한 권을 읽고 있었을 것이다. 그 번역본들은 '매우 부족하고 언제나 투박한 라틴어'로 되어 있었다(Lancel, *St Augustine*, 31).

23  아우구스티누스는 거짓말에 관한 책 두 권을 저술했다. *Lying*(394~395)과 *Against Lying*(420)
24  플라톤의 죽음 후, 아테네의 철학 학파 또는 아카데미아는 회의론의 다양한 형태로 점점 발전했다. 회의론은 진리로서 어떤 가르침을 단언하거나 진리를 알려는 인간의 능력을 인정하지 않는다.
25  아우구스티누스와 마니교 공동체와의 관계를 최근에 흥미 있게 분석한 자료에는 Jason BeDuhn, "What Augustine (May Have) Learned from the Manicheans", *Augustinian Studies* 43:1/2 (2012): 35-48이 있다.
26  아우구스티누스가 그리스도교 사상을 개인적으로 가르치는 일은 암브로시오 성인의 사제들 가운데 하나인 심플리치아노 성인의 경향에 더 가까웠다. 심플리치아노 성인은 나이가 많고 현명한 사람인데 아우구스티누스의 개종에 깊이 영향을 끼쳤다. 《고백록》8권 1장 1절-2장 2절 3항을 참조하라.
27  아마도 마리우스 빅토리누스가 번역한 신플라톤주의의 아버지인 플로티노스가 저술한 《엔네아데스*Enneads*》를 읽었을 것이다(Lancel, *St. Augustine*, 84).
28  아우구스티누스는 신플라톤주의 철학을 심플리아노 성인과 논의했다. 그는 아우구스티누스를 가톨릭 신앙으로 이끌었다(《고백록》8권 2장 3절).
29  아우구스티누스는 《고백록》9권 6장 14절에서 아데오다투스의 죽음을 언급했다. 아우구스티누스는 《교사론*The Teacher*》을 아들에게 헌정했다.
30  "하느님, 당신께서는 우리를 비참한 구불구불한 길에서 구하시어 당신의 길 위에 우리를 세우시나이다. 당신께서는 우리를 위로하시고 우리에게 명령하시나이다. '뛰어라. 내가 너희를 데리고 가고 너희를 이끌 것이며 내가 너희를 고향으로 데리고 갈 것이다.'"(《고백록》6권 16장 26절).
31  Brown, *Augustine of Hippo*, 132-133.
32  주교가 없는 도시에서 아우구스티누스가 얼마나 매력적인 주교 후보자인지 알아야 했지만, 그는 그러한 상황을 피했다. 히포에는 이미 주교가 있었으므로, 아우구스티누스는 그곳에 가는 게 안전하다고 생각했다. 여러 해가 지난 이후, 서품 기념일에 그는 다음과 같이 회상했다. "저는 이 도시에 친구를 만나러 왔습니다. 하느님을 위하여 그 친구를 설득하여 수도원에서 우리와 함께 지낼 수 있다고 생각했습니다. 히포는 충분히 안전한 것처럼 보였습니다. 그곳에는 주교가 있었기 때문입니다. 그럼에도 저는 설득되어 사제가 되었으며, 마침내 주교가 되었습니다."(《설교》355.2). 또한 포시디오 성인의 《아우구스티누스 성인의 삶》4권을 참조하라.
33  Lancel, *St. Augustine*, 150, 174.
34  교회 서적들을 '넘긴 이들'을 배교자라고 불렀다.(트라디토레스*traditores*, 라틴

어로 '그들이 가진 책을 넘겨준 자들'이라는 뜻이다 — 편집자 주).

35 포담에 있는 모린 A. 틸리가 저술한 저서는 최신판으로 도나투스파에 관하여 잘 개관한다. 이와 관련하여 다음 책을 참조하라. Maureen A. Tilley, trans. and ed., *Donatist Martyr Stories: The Church in Conflict in Roman North Africa*, Translated Texts for Historians, vol. 24 (Liverpool: Liverpool University Press, 1997). 또한 Peter Brown, "Religious Dissent in the Later Roman Empire: the Case of North Africa", in *Religion and Society in the Age of St. Augustine* (Eugene, OR: Wipf & Stock, 1972/2007), 237-259를 참조하라. 도나투스파에 관하여 식견과 상세한 내용을 밝혀 주는 오래된 고전 저서에는 W. H. C. Frend, *The Donatist Church: A Movement of Protest in Roman North Africa* (Oxford: Clarendon Press, 1952/1972)라는 책이 있다.

36 Serge Lancel, *St. Augustine*, 167 이하 참조. 또한 C. Lepelley, "Circumcelliones", in *Augustinus-Lexikon I*, ed. Cornelius Mayer, OSA (Basel: Schwabe & Co. AG, 1986-94), 246-252를 참조하라.

37 한번은 아우구스티누스가 아마도 403년 히포로 돌아오는 여정에 있었을 때, 과격주의자들 가운데 한 집단이 숨어 기다리고 있었다고 포시디오는 말한다. 하지만 아우구스티누스는 실수로, 더 먼 길로 돌아가 습격을 피했다(*Life* XII.1-2). 아우구스티누스는 이와 같은 사건을 《신망애에 관한 입문서*Enchiridion on Faith, Hope and Charity*》17에서 언급한다.

38 도나투스파와 가톨릭 교회의 갈등을 사목적이고 실천적인 차원에서 자세히 살펴보려면, Maureen A. Tilley, "Family and Financial Conflict in the Donatist Controversy: Augustine's Pastoral Problem", *Augustinian Studies* 43 (2012): 49-64를 참조하라.

39 교회 회의에서 공표된 결의문에서는 북아프리카 중서부 지역에서 가톨릭 교회와 도나투스파에 속한 주교들이 동등하게 나눠서 참석한 약 600명의 주교가 있었다고 보여 준다.

40 이 책 3장의 도나투스파와의 논쟁을 참조하라.

41 《고백록》10권 29장 40절에서 두 번 그리고 10권 31장 45절에서 다시 인용.

42 란셀은 증인이 아우구스티누스의 친구인 우잘리스의 주교 에보디우스 또는 아우구스티누스와 편지를 주고받은 놀라의 바울리노 성인이었을지도 모른다고 주장한다(Lancel, *St. Augustine*, 326).

43 펠라지오의 저서를 최근에 번역하고 다시 고찰한 것을 보려면, *Pelagius's Commentary on St Paul's Epistle to the Romans*, Oxford Early Christian Studies, trans. Theodore de Bruyn (Oxford: Calrenden Press, 1993/2002)

을 참조하라.
44 이 책 3장의 펠라지오파와의 논쟁을 참조하라.
45 Henry Chadwick, *Augustine of Hippo – A Life* (Oxford: Oxford University Press, 2009), 65-67.
46 포시디오 성인은 아우구스티누스의 사목적 직무를 "노고로 가득 찬 고된 밤낮"(Possidius, *Life*, XXIV.11)이라고 서술한다. 또는 란셀은 그것을 아름답게 다음과 같이 번역한다. "낮에 일하고 밤에는 깨어 있습니다."(Lancel, *St. Augustine*, 214-215).

## 제2장 전기 저서: 주요 저서

47 Thomas Martin, OSA, *Augustine of Hippo – Faithful Servant, Spiritual Leader*, ed. Allan Fitzgerald, OSA (New York: Prentice Hall, 2011), viii. 이에 비해, 저자들은 셰익스피어가 사용한 단어가 884,647개라고 지적한다.
48 아우구스티누스의 신학적 글쓰기 방식을 이해하기 위해 재즈 음악과 같이 매력적인 비유를 사용한 것을 보려면, William Harmless, SJ, "A Love Supreme: Augustine's 'Jazz' of Theology", *Augustinian Studies* 43 (2012): 149-177을 참조하라.
49 Paula Fredriksen, "The *Confessions* as Autobiography", in *A Companion to Augustine*, ed. Mark Vessey (Oxford: Wiley-Blackwell, 2012), 87-98와 Catherine Conybeare, "Reading the *Confessions*", in Vessey, *A Companion to Augustine*, 99-110.
50 Hubertus Drobner, "Studying Augustine: an overview of recent research", *Augustine and His Critics*, ed. Robert Dodaro, OSA, and Goerge Lawless, OSA (London: Routledge, 2000), 20.
51 란셀은 고대 후기에서 드러난 글쓰기의 육체적 노동과 글쓰기의 지적인 구성 과정을 훌륭하게 개관한다(Serge Lancel, *St. Augustine*, trans. Antonia Neville [London: SCM Press, 2002], 213-218). 책 한 권을 출간하는 일도 비싼 비용이 들고 수고로운 일이었다.
52 Drobner, "Studying Augustine", 20.
53 Kim Paffenroth and Robert Kennedy, eds., *A reader's Companion to Augustine's Confessions* (Louisville, KY: Westminster John Knox Press, 2003).

54  Joseph C. Schnaubelt, OSA, and Fredrick Van Fleteren, eds., *Collectanea Augustiniana* (New York: Peter Lang, 1990).
55  John M. Quinn, OSA, *A Companion to the Confessions of St. Augustine* (New York: Peter Lang, 2002)도 있다. 이 책은 철학자가 철저하게 철학적인 입장에서 본문에 관해 광범위한 주해를 하고 있다. 퀸이 참고한 것은 고대 그리스 철학(가령, 아우구스티누스에게 영향을 끼친 신플라톤주의 철학)과 중세의 그리스도교 철학과 신학의 통합이다. 후자는 아우구스티누스의 사상을 통해 발전되었다.
56  Margaret R. Miles, *Desire and Delight: A New Reading of Augustine's Confessions* (New York: Crossroad, 1992; Eugene, OR: Wipf & Stock Publishers, 2006).
57  Miles, *Desire and Delight*, 64.
58  William Mallard, *Language and Love: Introducing Augustine's Religious Thought Through the Confessions Stroy* (Unviersity Park, PA: Pennsylvania State University Press, 1994).
59  예를 들면, Augustine, *Confessions*, trans. Gary Wills (New York: Penguin Classics, 2008). 그리고 Shirwood Hirt, trans., *Love Song: A Fresh Translation of Augustine's Confessions* (New York: Harper and Row,, 1971)를 참조하라.
60  Jaroslav Pelikan, *The Mystery of Continuity: Time and History, Memory and Eternity, in the Thought of St. Augustine* (Charlottesville: Universtity of Virginia Press, 1986). 1장에서 4장은 버지니아 대학교에서 펠리칸이 한 리처드 강의의 내용이다. 나머지 장들은 시부리 웨스턴 신학교에서 펠리칸이 한 헤일 강의의 내용이다.
61  Roland J. Teske, SJ, *Paradoxes of Time in Saint Augustine* (Milwaukee: Marquette University Press, 1996).
62  James J. O'Donnell, *Augustine: Confessions*, 3 vols. (Oxford: Oxford University Press, 1992).
63  Ibid., 1:xxxiii.
64  Ibid., 1:xl.
65  Ibid., 1:li.
66  *Confessions*, trans. Maria Boulding, OSB, *The Works of Saint Augustine: A Translation for the 21st Century* (Hyde Park: New City Press 1997; study ed., 2012).

67  Augustine, *Confessions*, trans. Henry Chadwick (Oxford: Oxford University Press, 1991/2009).
68  Augustine, *Confessions*, trans. R. S. Pine-Coffin (New York: Penguin, 1961).
69  Augustine, *Confessions*, trans. Frank J. Sheed (New York: Hackett, 1993/2006; New York: Sheed and Ward, 1943/1970).
70  예를 들면 교양 있는 이교도인 카르타고의 볼스키족이 있다. Volusian. Chadwick, *Augustine of Hippo: A Life* (Oxford: Clarendon, 2009), 128-129와 Peter Brown, *Augustine of Hippo* (Los Angeles: University of California Press, 1967/2000), 298.
71  이 사람은 411년에 열린 카르타고 공의회에 로마 황제 호노리우스를 대신해서 참석한 마르첼리노 성인과 같은 인물이다. 그는 411년의 카르타고 공의회에서 아프리카의 도나투스파와 가톨릭교 사이에 분열을 판결했다. 아우구스티누스가 크게 애통해 했던 일은 도나투스파가 전하는 말을 듣고 로마 황제가 마르첼리노와 그의 형제를 선동죄로 처형했다는 것이다.
72  아우구스티누스는 로마 철학자이며 역사가인 바로와 플라톤 학파의 사람들과 오랫동안 논쟁하였다.
73  아우구스티누스는 410년경에 한 강론에서 《신국론》의 기본적인 주제를 다음과 같이 표현한다. "사람들이 말하기를, 시대는 악하고, 어지럽다고 합니다. 우리가 선한 삶을 삽시다. 그러면 시대는 선하게 될 것입니다. 우리 자신이 시대입니다. 우리가 어떤 사람이든지, 그것은 시대의 모습이기도 합니다."(《설교》 80.8).
74  마루는 1965년에 빌라노바 대학교에서 아우구스티누스 성인에 관한 강의를 했다. "The Resurrection and Saint Augustine's Theology of Human Value" (Villanova, PA: The Augustinian Institute, Villanova University Press 1966). 또한 마루가 저술한 *Theologe de l'histoire* (Paris: Le Seuil, 1968)가 있다.
75  Dorothy F. Donnelly and Mark A. Sherman, eds., *Augustine's De Civitate Dei: An Annotated Bibliography of Modern Criticism, 1960-1990* (New York: Peter Lang, 1991).
76  Mark Vessey, Karla Pollmann, Allan D. Fitzgerald, OSA, eds., *History, Apocalypse, and the Secular Imagination: New Essays on Augustine's City of God* (Bowling Green State University, Philosophy Documentation Center, 1999).
77  드롭너는 《신국론》에 대한 최근 연구의 다른 몇 가지 개요에 대해서 언급했다. Drobner, "Studying Augustine", 21-22.

78  Peter L. Brown, *Augustine of Hippo: A Biography* (Los Angeles: Unversity of California Press, 1967/2000).
79  Peter Brown, *Religion and Society in the Age of Saint Augustine* (London: Faber and Faber, 1972; Eugene, OR: Wipf & Stock Publishers, 2007).
80  또한 Peter Brown, *Power and Persuasion in Late Antiquity: Towards a Christian Empire* (Madison, WI: University of Wisconsin Press, 1992)를 참조하라. 브라운은 콘스탄티누스 황제 이후 2세기 동안 황제의 역사, 사회 계층의 복잡함, 제국 정치를 살펴보기 위하여 관점을 넓힌다.
81  Robert A. Markus, *Saeculum: History and Society in the Theology of St. Augustine* (Cambridge: Cambridge University Press, 1970/1988). 1988년 판은 새로운 서론이 있는 개정판이다.
82  Robert A. Markus, *The End of Ancient Christianity* (Cambridge: Cambridge University Press, 1991); *Sacred and Secular: Studies on Augustine and Latin Christianity* (Aldershot: Variorum, 1994).
83  또한 John M. Rist, *Augustine: Ancient Thought Baptized* (Cambridge: Cambridge University Press, 1996)를 참조하라.
84  Robert Dodaro, OSA, *Christ and the Just Society in the Thought of Augustine* (Cambridge: Cambridge University Press, 2008). 또한 Dodaro, "Eloquent Lies, Just Wars and the Politics of Persuasio: Reading Augustine's *City of God* in a 'Postmodern' World", Augustinian Studies 25 (1994): 77-137을 참조하라.
85  Dodaro, *Christ and the Just Society*, 1.
86  6장의 '통합적인 구조를 향한 방법론: 친교로의 전환'을 참조하라.
87  Gerard O'Daly, *Augustine's City of God: A Reader's Guide* (Oxford; Oxford University Press, 1999/2004).
88  Ibid., v.
89  James Wetzel, ed., *Augustine's City of God: A Critical Guide*, Cambridge Critical Guides (Cambridge: Cambridge University Press, 2012).
90  Dorothy F. Donnelly, ed., *The City of God: A Collection of Critical Essays* (New York: Peter Lang, 1995).
91  Augustine, *The City of God*, The Works of Saint Augustine II/6, trans. William Badcock, ed. Boniface Ramsey (Hyde Park: New City Press, 2013).
92  Arabella Milbank, *Marginalia*, Journal of the Medieval Reading Group

at the University of Cambridge, 16:2011-12. www.marginalia.co.uk/journal/13Cambridge/.
93  Augustine, *City of God*, trans. Marcus dods, et al. (New York: Hendrickson, 2009).
94  Augustine, *City of God*, trans. Henry Bettenson (New York: Penguin, 1972/1984/2003)
95  Augustine, *City of God against the pagans*, ed. and trans. R. W. Dyson (Cambridge: Cambridge University Press, 1998).
96  그리고 Goerge Lawless, "Augustine of Hippo: an Annotaated Reading List", *Listening: Journal of Religion and Culture* 26 (Fall) 1991: 176-78을 참조하라.
97  "현재 나는《삼위일체론》책에도 관심을 기울이고 싶지 않습니다. 오랫동안《삼위일체론》를 저술하고 있지만, 여전히 완성하지 못했습니다. 이 책은 많은 일을 포함하고 있고 오직 소수의 사람만이 이 책을 이해할 수 있기 때문입니다. 따라서, 이 책의 계획은 우리가 더 많은 사람에게 유익한 일을 하도록 우리에게 끈질기게 요구하는 것입니다."(《편지》169.1.1).
98  Mary T. Clark, "De Trinitate" in *The Cambridge Companion to Augustine*, ed. Eleonore Stump and Norman Kretzmann (Cambridge: Cambridge University Press, 2001), 91-102.
99  아우구스티누스가 삼위일체의 가톨릭 교회 신앙의 관점에서 성경 말씀을 검토한 것과 관련해서 보려면, Jaroslav Pelikan, "*Canonica regula*: The Trinitarian Hermeneutics of Augustine", in *Collectanea Augustiniana: Augustine: "Second Founder of the Faith"*, ed. Joseph C. Schnaubelt, OSA. 그리고 Frederick Van Fleteren (New York: Peter Lang, 1990), 329-343을 참조하라.
100  *Cambridge companion to Augustine*, 99.
101  John Cavadini, "The Structure and Intention of Augustine's De Trinitate", *Augustinian Studies* 23 (1992): 103-123
102  카바디니의 논문에서는 아우구스티누스가《삼위일체론》본문의 호교론적인 입장을 해명하면서, 새로운 차원으로 아우구스티누스의 삼위일체 신학에 드러난 신플라톤주의 경향에 관한 논쟁으로 이동한다. 또한 Lewis O. Ayres, *Augustine and the Trinity* (Cambridge: Cambridge University Press, 2010)를 참조하라. 에어레스는 아우구스티누스의 삼위일체 신학에서 신플라톤주의 주제를 과장하는 데에 반대하여 논쟁한다. 카바디니는 에어레스의 논쟁을 강조한다. 또한 Lewis Ayres, "Where Does the Trinity Appear: Apologetics

and 'Philosophical' Readings of the De Trinitate", *Augustinian Studies* 43 (2012): 109-26 그리고 John Cavadini, "Trinity and Apologetics in the Theology of St. Augustine", *Modern Theology* 29 (2013): 48-82를 참조하라. 다른 중요한 연구에는 Michel Barnes, "Re-Reading Augustine's Theology of the Trinity", in *The Trinity: An Interdisciplinary Symposium on the Trinity*, ed. Stephen T. Davies, Daniel Kendall, and Gerard Collins (New York: Oxford University Press, 1999), 145-176이 있다.

103  6장에서 "통합적인 구조를 향한 방법론: 친교로의 전환"을 참조하라.

104  사제가 강론하는 것은 그 당시 로마 제국의 서쪽 지역에서는 독특한 일이었다. Brown, *Augustine of Hippo*, 140 그리고 Possidius, *The Life of Saint Augustine*, V.3을 참조하라. 나이 든 주교가 여전히 교구장 주교였지만 발레리오의 승계 계획에는 아우구스티누스가 강론하는 것도 포함되었다. 특히 그리스인 발레리오가 강한 라틴어 억양으로 말하고 있었으므로 이전의 황제 수사학 교사가 교회를 위하여 자신의 수사학 기술을 사용하도록 두지 않았겠는가?

105  "아테네가 예루살렘과 무슨 상관이 있는가?" 또는 "아카데미아가 교회와 무슨 상관이 있는가?"라고 테르툴리아누스는 외친다. Tertullian, *De praescriptione* VII.9, *Tertulliani Opera*, Corpus Christianorum Series Latina I (Turnhout, Belgium: Brepols, 1954). 하지만 사실, 이 수사학적 질문에 테르툴리아누스가 한 반어적이며 추정에 입각한 답변이 "아무것도 아니다."였다. 그가 이 수사학적 질문을 나타내는 데 아테네에 의존한다는 것에 주목하라.

106  Pamela Bright, *The Book of Rules of Tyconius: Its Purpose and Inner Logic* (South Bend, IN: University of Notre Dame Press, 2009)을 참조하라. 아우구스티누스는 티코니우스의 성경 해석학을 존경했다. 티코니우스는 자신의 성경 해석 방법 때문에 도나투스파 동료들과 문제가 생겼다.

107  Chadwick, *Augustine of Hippo*, 86페이지에서는 키케로가 정의한 대로 아우구스티누스는 수사학의 목적을 중요도에 따라 다시 배열한다고 언급한다. 수사학이 교육하고, 남을 즐겁게 하고, 감동이나 영감을 주는 데 사용된다고 키케로는 가르쳤다. 아우구스티누스는 그리스도교 수사학의 목적을 재정의한다. 그는 다른 사람을 즐겁게 하는 일이 이야기를 듣는 이들에게 더 즐겁고 흥미롭게 하는 것이라면, 교육하고, 감동이나 영감을 주고, 남을 즐겁게 하는 게 수사학 목적이라고 한다.

108  《그리스도교 교양*Teaching Christianity*》은 구텐베르크가 인쇄기를 발명한 20년 후인 1463-1465년에 처음으로 인쇄되었다. Hubertus Drobner, "Studying Augustine: An Overview of Recent Research" in *Augustine and His*

Critics – Essays in Honour of Gerald Bonner, ed. Robert Dodaro, OSA, and George Lawless, OSA (London: Routledge, 2000), 248을 참조하라. 또한 Chadwick, Augustine of Hippo, 82; and Richard Leo Enos, The Rhetoric of Saint Augustine of Hippo: De Doctrina Christiana and the Search for a Distinctily Christian Rhetoric (Waco, TX: Baylor University Press, 2008), 318을 참조하라. 1470년에 《고백록》을 첫 인쇄하였고, 1467년에는 《신국론》을 인쇄하였다. 아우구스티누스 모음집의 첫 인쇄판은 1506년에 스위스의 바젤에서 출판되었다. 《그리스도교 교양》의 가장 오래된 원문은 아우구스티누스 시대인 5세기 아우구스티누스의 서재로 거슬러 올라간다. 그 원본은 상트페테르부르크에 보관되어 있다.

109 *Saint Augustine: On Christian Teaching*, trans. R. P. H. Green, Oxford World's Calssics (Oxford: Oxford University Press, 1997, 1999, 2008).

110 *Teaching Christianity*, trans. Edmund Hill, OP, *Works of Saint Augustine: A Translation for the 21st Century* (Hyde Park: New City Press, 1996).

111 Roland Teske's remarks on both Green's and Hill's translations in his review in *Journal of Early Christian Studies* 5.3 (1997): 460-462를 참조하라.

112 Duane W. H. Arnold and Pamela Bright, eds., *De doctrina christiana: A Classic of Western Culture*, Christianity and Judaism in Antiquity, 9 (Notre Dame: University of Notre Dame Press, 1995).

113 Edward D. English, ed., *Reading and Wisdom: The De Doctrina Christiana in the Middle Ages* (Notre Dame: University of Notre Dame Press, 1994).

114 아우구스티누스는 계속해서 말한다. "저는 제 자신의 말을 했으며, 당신의 말씀을 담고 있었습니다! 제가 제 자신과 대화하고 당신 앞에서 제 자신의 말을 할 때 제가 한 이 말들은 제 마음에 친밀한 표현이었습니다."(《고백록》 9권 4장 8절). 《고백록》에서 아우구스티누스 자신의 증언은 아우구스티누스 사상과 영성 생활을 이해하는 데 매우 중요한 부분으로 그의 《시편 주해》를 추천한다.

115 뉴시티 출판사 시리즈는 《시편 주해》 6권을 포함한다.

116 《시편 주해》에 드러낸 대로 아우구스티누스 영성과 그리스도론의 영향력 있는 개관을 살펴보려면, Jean-Louis Chretien's introduction to the French translation of *Ennarationes in Psalmos/Les Commentaires Des Psaumes*, in *Oeuvres de saint augustin*, ed. M. Dulaey (Paris: L'Institut d'Études Augustiniennes, 2009), i-iii을 참조하라. 《시편 주해》의 문맥과 기법을 보충하는 설명을 보려면 Augustine, *Expositions of the Psalms*, The Works

of Saint Augustine III/15, trans를 참조하라. Maria Boulding, OSB, ed. John Rotelle, OSA (Hyde Park: New City Press, 2000). 베네딕도회 은수자인 볼딩은 이 시리즈를 위하여 《고백록》도 번역했다. 볼딩은 자신의 정열적인 영성 생활을 통하여 아우구스티누스 저서를 깊이 있게 이해하기 위하여 고전을 배경으로 보충한다.

117 《고백록》 그 자체는 "시편 심화"로 묘사된다. 마이클 피드로비치가 주해한 《시편 주해》, 13페이지를 참조하라.

118 Michael Fiedrowicz, *Psalmus Vox Totius Christi: Studien zu Augustins "Ennarrationes in Psalmos"* (Freiburg: Herder, 1997).

119 Augustine, *Expositions of the Psalms*, 13-66. 마이클 피드로비치는 아우구스티누스의 가장 중요한 세 작품이 《고백록》, 《신국론》, 《시편 주해》라는 매우 흥미롭고 대담한 주장을 한다.

120 시편을 일정하게 언급하지 않는 아우구스티누스의 저서들에는 꽤 많은 철학적 소논문들이 있다. 예를 들면, *Answer to the Academics*, *Soliloquies*, *The Magnitude of the Soul*, *Free Will*, *The Nature and Origin of the Human Soul*, and *The Teacher* 등이 있다.

121 아우구스티누스가 한 강론의 내용, 형태, 물리적 상황을 분석한 것을 보려면, Augustine, *Sermons*, The Works of Saint Augustine III/1, trans. Edmund Hill, OP, ed. John E. Rotelle, OSA (Hyde Park: New City Press, 1990), 13-137에서 추기경 미셸 펠레그리노가 쓴 서론을 참조하라. 그리고 *Saint Augustine: Essential Sermons*, The Works of Saint Augustine, Trans. Edmund Hill, OP, ed. Daniel E. Doyle, OSA, and Boniface Ramsey (Hyde Park: New City Press, 2007), 9-22, 또한 Brown, *Augustine of Hippo*, 240-255에서 성 아우구스티누스 수도회의 다니엘 E. 도일이 쓴 서론을 참조하라.

122 카사고 브리안자에 있는 아우구스티누스 역사문화협회는 아우구스티누스 성인과 고대 카시치아쿰이 카사고라는 주장과 관련한 고고학 설명에 관한 연구를 지지하고 출판한다. http://www.assiciaco.it를 참조하라.

123 《카시치아쿰의 대화편》에 관한 꼼꼼하고 통찰력 있는 주해를 보려면, Catherine Conybeare, *The Irrational Augustine* (Oxford: Oxford University Press, 2006) Part Two: Women Doing Philosophy, 61-138을 참조하라. 코니베어의 통찰력 있고 세밀한 본문 분석은 그녀가 저술한 모든 책을 여러 번 읽을 가치가 있게 만든다.

124 심지어 여기에서 아우구스티누스는 자신의 그리스도교 신앙 생활을 시작하면서, 신앙과 이성의 통합을 주장한다.

125 Conybeare, *The Irrational Augustine*, 27-35.
126 코니베어는 이러한 요소가 과거에 한 대화 분석을 간과하도록 했다고 주장한다.
127 다음과 같은 아우구스티누스 자신의 언어에 주목하라. "우리가 성경에서 하느님 말씀을 더 많이 사용하고 인용할수록, 우리의 글을 자랑삼아 여지는 더 적을 것입니다."(《고백록》 9권 4장 8절).
128 Pierre courcelle, *Recherches sur les Confessions de saint Augustin* (Paris: E. DeBoccard, 1950/1968).
129 예를 들면 6장에서 살펴본 존 오미라의 저서를 참조하라.
130 프랑스어로 쓰인 《교사*The Teacher*》를 보려면, Goulven Maldec, "Analyse du 'De Magistro,'" *Revue des études augustiniennes* 21(1975): 63-71을 참조하라.

### 제3장 후기 저서: 신학 논쟁, 강론과 편지, 개정본

131 아우구스티누스가 마니교, 도나투스파, 펠라지오파와 논쟁한 고전 연구 조사를 보려면, Gerald Bonner, *St. Augustine of Hippo: Life and Controversies* (Norwich, England: The Canterbury Press, 1986; London: SMC Press, Ltd, 1963)를 참조하라.
132 에클라눔의 율리아누스는 아우구스티누스가 저술한 《율리아누스에게 한 대답에서 마무리하지 못한 것*Unfinished Work in Answer to Julian*》에서 특히 5권을 인용하여 자신이 지은 《플로루스에게*To Florus*》에서 그를 비난한다. 아우구스티누스가 반反마니교 사상과 저서를 탁월하게 개관하고 요약한 것을 보려면, Roland Teske's introductions and notes in *The Manichean Debate*, ed. Boniface Ramsey, *The Works of Saint Augustine: A Translation for the 21st Century* I/19 (Hyde Park: New City Press, 2006)와 *Answer To Faustus a Manichean*, ed. Boniface Ramsey, The Works of Saint Augustine: A Translation for the 21st Century I/20 (Hyde Park: New City Press, 2007)을 참조하라. 또한 Michael Fiedrowicz's introductions and notes on *On Genesis: Refutation against the Manichees*, ed. John E. Rotelle, OSA, *The Works of Saint Augustine: A translation for the 21 st Century* I/13 (Hyde Park: New City Press, 2002)과 *On Christian Belief*, ed. Boniface Ramsey, *The Works of Saint Augustine: A Translation for the 21st Century* I/8 (Hyde Park: New City Press, 2005)을 참조하라.

133 아우구스티누스와 마니교 사상을 더 많이 개관한 것을 보려면, Kevin J. Coyle, "Saint Augustine's Manichean Legacy", *Augustinian Studies* 34 (2003): 1-22와 Johannes Van Oort, Otto Wermelinger, and Gregor Wurst, eds., *Augustine and Manichaeism in the Latin West: Proceedings of the Fribourg-Utrecht International Symposium of the International Association for Mission Studies, Nag Hammadi and Manichean Studies* (Leiden: Brill, 2001)를 참조하라.

134 아우구스티누스가 밀라노에 어떻게 머물렀고, 암브로시오의 영향력으로 비유적이거나 영성적으로 성경을 읽는 방법이 그에게 어떻게 소개했는지를 보려면 1장에서 '로마, 밀라노, 개종'을 참조하라.

135 Michael Fiedrowicz's introductions and notes on *On Genesis: Refutation against the Manichees*, 29, n. 15를 참조하라.

136 《개정본*Revisions*》 1권 15장 16절에서, 아우구스티누스는 《두 가지 영혼*The Two Souls*》에서 의지와 죄의 정의에 관하여 상세히 설명하고 해설한다. 펠라기오파 저술가인 에클라눔의 율리아누스는 이 정의를 인용하여 아우구스티누스를 반대하는 데에 사용했다.

137 제이슨 베던은 아우구스티누스가 자신의 사상에서 마니교도임을 드러내는 것을 멈추지 않았다고 주장한다. 제이슨의 논쟁에 근거가 되는 자료를 보려면, Augustine's Manichean Dilemma, *Vol. 1: conversion and Apostasy, 373-388 CE* (Philadelphia: University of Pennsylvania Press, 2009)와 Augustine's Manichean Dilemma, Vol. 2: *Making a Catholic Self, 388-401 CE* (Philadelphia: University of Pennsylvania Press, 2013)를 참조하라.

138 Nicholas J. Baker-Brian, *Manichaeism: An Ancient Faith Rediscovered* (London: T&T Clark, 2011)과 Samuel Live, *Manichaeism in the Later Roman Empire and Medieval China* (Manchester: University of Manchester, 1983; 2nd ed. Tubigen: Mohr, 1992)를 참조하라.

139 반反도나투스파 저서들의 번역본들을 살펴보려면 2014년에 출간된 뉴시티 출판사 시리즈, volume I/21을 참조하라.

140 막시미안주의자들은 393년에 도나투스파와 관계를 끊은 이단이며 그 후에 카르타고의 도나투스파 주교인 프리미안이 주도한 주요 도나투스파가 그들을 박해했다. 프리미안은 화해로 막시미안주의자들에게 재세례를 요구하지 않았다.

141 이 주제에 관하여, 또한 "요한 복음서 5장 6절에 관한 강론*Homilies on the Gospel of John 5:6*"을 참조하라. 이 강론에서 아우구스티누스는 "여러분이 아시다시피, 세례는 세례를 거행하는 데 권한이 없는 사람이 세례를 거행하는 게

아니라 권한이 있는 사람이 세례를 거행하는 특징을 지닙니다."라고 말한다. 아우구스티누스가 주장한 세례성사 신학은 밀레비스의 주교 옵타투스의 사상에서 유래했다. Alexander Evers, *Church, Cities, and People: A Study of the Plebs in the Church and Cities of Roman Africal in Late Antiquity* (Leuven: Peeters, 2010), the chapter on Optatus를 참조하라.

142 *Letter* 105. 5. 16.
143 도나투스파 문제와 카르타고 공의회에 관한 빼어난 연구 조사를 보려면, Jane E. Merdinger, *Rome and the African Church in the Time of Augustine* (New Haven: Yale University Press, 1997)을 참조하라.
144 아우구스티누스가 사목적 관점에서 도나투스파의 문제를 설명하는 가장 중요한 편지들은 *Letters* 43-44, 76, 87-88, 100, 105, 108, 129, 133-134가 있다.
145 아우구스티누스의 목적에 관한 다른 관점을 보려면, Brent Shaw, *Sacred Violence: African Christians and Sectarian Hatred in the Age of Augustine* (Cambridge: Cambridge University Press, 2011)을 참조하라.
146 Serge Lancel, *St. Augustine*, trans. Antonia Neville (London: SCM Press, 2002), 271-305. 경제력에 관한 자세한 연구를 보려면, Leslie Dossey, *Peasant and Empire in Christian North Africa* (Berkeley: University of California Press 2010)를 참조하라.
147 로마 제국의 북아프리카와 도나투스파 논쟁에 관한 가장 권위 있는 전문가인 란셀은 도나투스 사상에 대해 다음과 같이 끝맺는다. "아우구스티누스는 아우구스티누스주의의 아버지도 아니며 박해자에 대한 책임도 없다."(*St. Augustine*, 304). 또한 Peter Brown's "St, Augstine's Attitude to Religious Coercion" in his *Religion and Societ in the Age of Saint Augustine* (Eugene, OR: Wipf and Stock, 2007), 237-59를 참조하라.
148 도나투스파의 사회, 정치, 경제 측면을 다룬 고전적이면서도 오래된 언급에는 W. H. C. Frend, The *Donatist Church: A Movement of Protest In Roman North Africa* (Oxford: Oxford University Press, 1951/2003)가 있다. 더 최근 연구에는 Mark A. Handley, "Disputing the end of African Christianity", in A. N. Merrills, ed., *Vandals, Romans, and Berbers: New Perspective on Late Antque North Africa* (Aldershot: Ashgate, 2004), 291-310이 있다.
149 Frend, *The Donatist Church*, 2.
150 도나투스파에 관한 새로운 연구는 계속되고 있다. 예를 들면, *The Uniquely African Controversy: Studies on Donatist Christianiy*, Matthew Alan Gaumer, Anthony Dupont, and Mathihs Lamberigts, eds. (Leuven:

Peeters, forthcoming)이 있다.
151 반反펠라지오주의 저서를 포함하는 뉴시티 출판사 전집 (I/23과 I/24)은 예수회 소속인 롤랜드 테스케가 번역했다. 그의 서론과 주석에는 중요한 설명과 주해를 포함하고 있다.
152 Carol Harrison, *Re-thinking Augustine's Early Works: An Argument for Continuity* (Oxford: Oxford University Pressm 2005). 해리슨은 수년에 걸쳐 아우구스티누스의 은총 신학이 계속 발전하고 있다고 강조한다.
153 아우구스티누스의 말, 즉 "로마가 말하면 일은 끝난다Roma locuta est; causa finita est"라는 말은 여러 해에 걸쳐 아우구스티누스와 관련이 있는 경우로 알려졌다. 5세기, 북아프리카 주교단과 로마 주교단의 관계는 복잡한 관계였다. Merdinger, *Rome and the African Church in the Time of Augustine*, chapters 7-9; Frend, *The Donatis Church*, 297을 참조하라.
154 제2차 오랑주 공의회(529)에서는 예정설에 관한 아우구스티누스 사상을 받아들이지 않았지만, 아우구스티누스가 주장한 은총 신학은 인정했다. 이 책의 4장 "제2차 오랑주 공의회와 아를의 체사리오 성인"을 참조하라.
155 펠라지오 사상을 다른 데에서 보려면, Brinley Roderick Rees, *Pelagius: Life and Letters* (Rochester, NY:Boydell, 2004)와 Mathijs Lamberigts, "Pelagius and PElagians", in *The Oxford Handbook of Early Christian Studies*, ed. Susan Ashbrook Harvey and David G. Hunter (Oxford: Oxford University Press, 2008), 258-79를 참조하라.
156 *Pelagius's Commentary on St Paul's Epistle to the Romans*, trans. Theodore de Bruyn, Oxford Early Christian Studies (Oxford: Clarenden Press, 1993/2003).
157 수도자 존 캐시안(360~435)과 리즈의 파우스토(405~490)는 준準펠라지오주의 입장과 가장 관련이 있다. A. M. C. Casiday, *Tradition and Theology in St. John Cassian*, Oxford Early Christian Study Series (Oxford: Oxford University Press, 2007)를 참조하라.
158 체사리오가 철저히 연구한 것을 보려면, William Klingshirn, *Caesarius of Arles: Life Testament, Letters* (Livepool: Liverpool University Press, 1994)를 참조하라.
159 *Sermons* 117, 126, 135, 129-40, 83, 229N, 341, 그리고 330을 참조하라.
160 *Homilies on the Gospel of John* 18, 20, 26; *Expositions of the Psalms* 52. 6을 참조하라.
161 아우구스티누스는 또한 아폴리나리우스주의Apollonarianism(그리스도는 인

성, 즉 인간의 마음이나 생각이 없었다고 주장하는 이단)와 같은 다른 그리스도론 이단들에 대응했다. 아우구스티누스가 428년 또는 429년에 저술한 《이단들 Heresies》에서는 신약 시대부터 88가지의 다른 형태를 띤 그리스도교 이단에 관한 광범위한 목록을 제시하고 있다.

162　Peter Brown, *Augustine of Hippo: A Biography* (Los Angeles, University of California Press, 1967/2000), 444.

163　미셸 펠레그리노 추기경은 아우구스티누스가 자신의 강론을 준비하고, 강론하고, 그 내용을 보관한 방식을 알려 주고 있다. Augustine, *Sermons, The Works of Saint Augustine* III/1, trans. Edmund Hill, ed. John Rotelle, OSA (Hyde Park: New City Press, 1990)를 참조하라. 강론의 특성에 관한 내용을 더 보려면, Augustine, *Essential Sermons, The Works of Saint Augustine*, trans. Edmund Hill, OP, ed. Daniel E. Doyle, OSA, and Boniface Ramsey (Hyde Park: New City Press, 2007)를 참조하라.

164　11권에서는 연대기가 아니라 일반적 주제 분야로 강론을 언급한다. 구약 성경, 신약 성경, 성인들, 전례 시기, 다양한 주제에 관한 강론과 27개 강론들은 1990년에 프랑수아 돌보가 새롭게 발견했다.

165　Augustine, Sermons, *The Works of Saint Augustine* III/1, trans. Edmund Hill, OP, ed. John E. Rotelle, OSA (Hyde Park: New City Press, 1990), 164 (translator's note).

166　힐은 강론하고 가르친 방법에 관한 《그리스도교 교육에 관하여*On Christian Instruction*》에서 아우구스티누스의 논평을 인용한다.

167　아우구스티누스 시대에 회중은 강론을 포함해서 전례 거행 내내 서 있었다. 반면에 주교는 주교좌에 앉아 강론했다.

168　이 날짜를 기준으로, 《요한 복음서에 관한 강론》 1~40은 the New City Press translation series (vol. III/12)에서 번역했다. 《요한 1서에 관한 강론》 10개도 모두 번역했다(vol. III/14). 설교Sermons와 강론Homilies이라는 두 가지 제목은 같은 의미이다. 뉴시티 출판사 편집자들은 라틴어 sermones(설교)에 가까운 영어 sermons(설교)를 사용하기로 결정했다. 그 제목은 필사본 전통에서 사용된 제목이다. 강론Homilies은 아우구스티누스가 요한 복음서를 논평하기 위하여 사용한 필사본 전통에서 발견된 소논문을 번역할 때 사용되었다.

169　D. J. Milweski, "Augustine's 124 Tractates on the Gospel of John: *the Status Quaestionis* and the State of Neglect", *Augustinian Studies* 33/1 (2002): 61-77.

170　François Dolbeau, *Vingt-six sermons au people* (Paris: Études

augustiniennes, 1996).
171  Isabella Schiller, Dorothea Weber, and Clemens Weidmann, *Zeitschrift für Klassische Philologie und Patristik und Lateinische Tradition*, Wiener Studien, vol. 121(2008); *Sermones Erfurt* 1,5, and 6; vol. 122 (2009): *Sermones Erfurt* 2, 3, and 4. 이 편지들은 the New City Press translation series에서 영어로 아직 번역되지 않았다.
172  Jennifer Ebbeler, *Disciplining Christians: Correction and Community in Augustine's Letters*, Oxford Studies in Late Antiquity (Oxford: Oxford University Press, 2012).
173  Catherine Conybeare, "Spaces Between Letters: Augustine's Correspondence with Women", in *Voices in Dialogue: Reading Womaen in the Middle Agges*, ed. Linda Olsen and Kathryn Kerby-Fulton (South Bend, IN: University of Nortre Dame Press, 2005), 57-72.
174  Mark Vessey, "Reponse to Catherine Conybeare : Women of Letters?" in *Voices in Dialogue: Reading Women in the Middle Ages*, 73-96.
175  Joanne McWilliam, "Augustin's Letters to Women", in *Feminist Interpretations of Augustine*, ed. Judith Chelius Startk, Re-reading the Canon Series (University Park, PA: Penn State University Press, 2007), 189-202. 맥윌리엄은 《편지*letters*》 92, 99, 124-26, 130, 147, 150, 188, 208, 210-11, 263에 관한 간략한 논평을 언급한다.
176  E. Ann Matter, "De cura feminarum: Augustine the Bishop, North African Women, and the Development of a Theology of Female Nature", *Feminist Interpretations of Augustine*, 203-214.
177  Brown, *Augustine of Hippo*, 446.
178  Ibid.
179  Ibid.
180  Ibid., 470.
181  Ibid., 492.
182  The Works of Saint Augustine: A Translation for the 21st Century는 Retractationes as Revisions로 번역한다.
183  아우구스티누스가 《개정본*Revisions*》을 저술하고 있을 때, 자신의 강론이나 편지를 절대 검토하지 않았다. 아우구스티누스는 자신의 책을 검토하자마자, 펠라지오 논쟁에서 벌인 싸움과 에클라눔의 율리아누스가 한 가장 최근 공격에 대응하는 데 눈을 돌렸다. 그래서 강론들은 아우구스티누스의 나머지 저서들만

큼 쉽게 연대순으로 기록되지 않는다. A. M. La Bonnardière, "Recherches de chronologie augustiniennes", *Revue des études augustiniennes* 10 (1965): 165-77을 참조하라.

184 북아프리카의 정치와 사회와 종교의 역사에 관한 권위자 못지않게, 란셀은 히포에 있는 아우구스티누스 도서관의 운명을 분석한다. "5세기 후반 이탈리아에서 발견된 아우구스티누스의 저서들을 모두 알게 된 것이 이들 저서의 사본으로 명백해진 게 (증거는 없으나 가능성으로) 아니라고 주장할 수 있는 증거는 부족하다. 이들 저서의 사본은 아우구스티누스 주교가 죽기 전에 해외로 일부만 전해지게 되었다. 하지만 기적적이지는 않더라도 특별한 상태로 보존되도록, 5세기 중반에 로마 교황 도서관의 소장품으로 사본이 전부 포괄적으로 로마에 운송되었기 때문이다."(Lancel, *Saint Augustine*, 476).

185 아우구스티누스 유해遺骸의 운명에 관한 이론을 보려면, Harold S. Stone, "Cult of Augustine's Body", in *Augustine Through the Ages, An Encyclopedia*, ed. Allan D. Fitzgerald, OSA (Grand Rapids, MI: Wm. B. Eerdmans, 1999), 256-59를 참조하라. 반달족과 아랍인들이 침략한 후 북아프리카 교회와 아우구스티누스 수도원 제자들의 상황에 관한 면밀한 연구를 보려면, Luis Marin de San Martin, OSA, *The Augustinians: Origins and Spirituality*, trans. Brian Lowery, OSA (Rome: Curia Generale Agostiniana 2013), 43-73을 참조하라.

186 Kenneth B. Steinhauser, "Manuscripts", in Augustine *Through the Ages, An Encyclopedia*, ed. Allan D. Fitzgerald, OSA (Grand Rapids, MI: Wm. B. Eerdmans, 1999), 525-33.

### 제4장 전기 유산: 중세 시대와 르네상스 시대

187 알프레드 노스 화이트헤드는 모든 철학은 "플라톤에 관한 각주 한 장에 불과하다."라고 썼다. Whitehead, *Process and Reality*, (New York: Free Press, 1987), 39를 참조하라. 마이클 스캔런은 모든 신학은 '아우구스티누스에 관한 긴 주석'이라고 주장했다. Michael J. Scanlon, OSA, "The Augustinian Tradition: A Retrieval", *Augustinian Studies* 20 (1989): 62를 참조하라.

188 Scanlon, "The Augustinian Tradition: A Retrieval" 61.

189 Willemien Otten and Karla Pollmann, eds., *Oxford Guide to the Historical Reception of Augustine* (New York: Oxford University Press, USA, 2013). 폴만의 일반적인 개론에는 "The Proteanism of Authority: The reception of

Augustine from his death to the present", in OGHRA, 1:3-14가 있다.
190 이것은 아우구스티누스가 자신의 생애 마지막에 자신이 저술한 모든 책을 신중하게 검토하는 《개정본Revisions》을 어떻게 저술할 수 있는지 설명한다. 포시디오가 아우구스티누스 책에 붙인 색인이 히포의 수도원 도서관에 보관된 아우구스티누스 저서 목록이었을 것이다. Erika Hermanowicz, *Possidius of Calma: A Study of the North African Episcopate in the Age of Augustine* (Oxford: Oxford University Press, 2008), 56-65를 참조하라.
191 때로 원문을 필사하고 배포하는 과정은 아우구스티누스가 《삼위일체론》 본문을 다 끝마치기 전에 이 책의 필사본이 배포된 것처럼, 아우구스티누스가 어떻게 할 수 없었다(《편지Letter》 174).
192 Serge Lancel, *St. Augustine*, trans. Antonia Neville (London: SCM Press, 2002), 476. 반달족과 아랍인의 침략 후에 북아프리카의 교회 상황에 관한 새롭고 철저한 연구를 보려면, Luis Marin de San Martin, OSA, trans. Brian Lowery, OSA, *The Augustinians : Origin and Spirituality* (Roma: Curia Generale Agostiniana, 2013)를 참조하라.
193 M. F. W. Stone, "Augustine and medieval philosophy", in *The Cambridge Companion to Augustine*, ed. Eleonore Stump and Norman Kretzmann (Cambridge: Cambridge University Press, 2001), 255-256.
194 P. F. Gehl, "An Augustinian Catechism in Fourteenth Century Tuscany: Proper's Epigrammatica", *Augustinian Studies* 19 (1985): 93-110. 아우구스티누스의 《명문집Sententiae》과 거리가 먼 《격언Epigrammatica》은 프로스페르 성인이 편집한 아우구스티누스 사상의 발췌집이다.
195 Kenneth B. Steinhauser, "Manuscripts", in *Augustine Through the Ages, An Encyclopedia*, ed. 필사본 전통을 개관한 것을 보려면, Allan D. Fitzgerald, OSA (Grand Rapids, MI: Wm. B. Eerdmans, 1999), 523-533을 참조하라.
196 Migne's *Patrologia Latina* edition of Augustine's writings is readily available at www.augustinus.it. 이 웹사이트 기획은 토렌티노의 이탈리아 성 아우구스티누스 수도회에서 했다.
197 《편지Letter》 225장은 프로스페르 성인이 428년이나 429년에 아우구스티누스에게 썼다. 대략 같은 시기에 힐라리오라고 불리는 한 평신도는 또한 갈리아 지방의 수도원에서 나타나는 펠라지오 사상에 대한 동조에 관하여 아우구스티누스에게 썼다. 아우구스티누스에게 쓴 그들의 편지에서, 두 사람은 예정설에 관한 아우구스티누스의 사상에서 제기된 논쟁에 관하여 언급한다. 이 편지들은 아우구스티누스가 마지막 책 두 권인 《성인들의 예정설*The Predestination of the*

*Saints*》과 《인내의 선물*The Gift of Perseverance*》을 저술하게 하는 동기가 되었을 가능성이 높다.

198 '준準펠라지오'라는 명칭은 16세기 후반에 일어난 종교 개혁과 반反종교 개혁의 신학과 논쟁 가운데에서 리에즈의 존 캐시안과 파우스토가 주장한 사상에 처음으로 적용되었다. 오늘날 학자들은 그 명칭을 신중하게 사용한다. 캐시안과 파우스토는 이를 펠라지오 신학으로 여기는 것을 절대 지지하지 않는다. R. A. Markus, "The Legacy of Pelagius: Orthodoxy, Heresy, and Conciliation", in *The Makiing of Orthodoxy: Essays in Honour of Henry Chadwick*, ed. R. D. Williams (Cambridge: Cambridge University Press, 1989), 214-234를 참조하라.

199 이 힐라리오라는 사람은 아우구스티누스에게 편지를 쓴 같은 이름의 평신도와는 다른 인물이다.

200 R. W. Mathison, "For Specialists Only: the Reception of Augustine and His Theology in Fifth Century Gaul", in *Collecteana Augustinina*, Vol. 2: Augustine, Presbyter Factus Sum, ed. J. Lienhard, E. C. Muller, and R. J. Teske (New York: Peter Lang, 1993)을 참조하라. 프로스페르 성인은 나중에 대大레오 교황의 비서가 되었으며, 보편적 구원을 위한 하느님의 뜻이라는 주제에 관하여 계속 저술하고 강론했다.

201 이것은 오랑주에서 열린 제2차 공의회였다. 제1차 오랑주 공의회(441)에서는 교회의 규율과 갈리아 지방에서 교회를 지지하는 문제를 다루었다. 이 문제를 다루면서, 공의회에서는 레린스의 수도원의 평판과 영향력을 뒷받침했다.

202 이 영벌의 단죄는 공의회의 25조항 목록 뒤에, 요약이나 결론 문장에 제시된다.

203 아우구스티누스가 은총 신학을 처음으로 세세히 설명한 《심플리치아노에게 한 답변*Response to Simplician*》을 저술한 이후, 바로 《고백록》이 저술되었다는 사실은 주목할 만하다. 《고백록》은 아우구스티누스가 분에 넘치는 하느님 은총의 경험에 관한 아우구스티누스의 개인 사례를 연구한 책이다.

204 Gerald Bonner, *Augustine of Hippo: Life and Controversies* (London: SCM Press, 1963; Norwich: Canterbury press,1986), 392. 또한 보너가 예정설을 좀 더 호의적으로 해석한 것을 보려면, Gerald Bonner, "Augutine and pelagianism", *Augustinian Studies* 24 (1993): 24-47을 참조하라.

205 James Wetzel, "Snares of Truth: Augustine on free will and predestinatio", in *Augustine and His Critics: Essays in Honour of Gerald Bonner*, ed. Robert Dodaro, OSA와 George Lawless, OSA (London: Routledge, 2000), 123-141, esp. 125. 또한 Wetzel, "Predestination, Pelagianism, and

Foreknowledge", in Eleonore Stump and Norman Kretzmann, eds. *The Cambridge Companion to Augutine* (Cambridge: Cambridge University Press, 2001), 49-58. 그리고 Wetzel, *Augustine and the Limits of Virtue* (Cambridge: Cambridge University Press, 1992). 또한 Eleonore Stump, "Augustine on free will", in *The Cambridge Companion* 127-147을 참조하라.

206 W. E. Klingshirn, *Caesarius of Arles: The Making of a Christian Community in Late Antique Gaul* (Cambridge: Cambridge University Press, 1994).

207 포시디오 성인은 《아우구스티누스 성인의 삶》에서 아우구스티누스 자신이 허락한 그의 묘비명에 관하여 우리에게 말해 준다. "여행자여, 당신은 죽은 시인이 어떻게 살아가고 있는지 아는가? 당신이 그 시를 읽을 때, 나는 말하고, 당신의 목소리는 내 목소리이다."(《아우구스티누스 성인의 삶》, 31.8; 아우구스티누스의 목소리는 그의 강론 중 상당히 많은 부분을 인용하는 아를의 주교인 체사리오의 강론 본문을 통하여 다른 많은 성직자에게 계속 전해지고 있다.

208 Norman Kretzmann, "Faith Seeks, Understanding Finds: Augustine's Charter for Christian Philosophy", in *Christian Philosophy*, ed. T. P. Flint (South Bend: University of Notre Dame Press, 1990), 1-36.

209 안셀모 성인은 자신이 저술한 《프로슬로기온*Proslogion*》에서 다음과 같이 서술한다. "저는 마음으로 믿고 사랑한 당신의 진실을 어느 정도 이해하고 싶습니다. 제가 믿을 수 있고, 제가 이해하기 위해서 믿는 것을 이해하려고 하지 않기 때문입니다. 이것은 또한 제가 믿지 않으면, 저는 이해할 수 없는 것을 믿기 때문입니다."(1장). 안셀모가 신학의 정의로서 이해를 추구하는 신앙fides quaerens intellectum이라는 구절을 주장하지 않은 데 주목하라. 왜냐하면 그는 그 말을 제시하지 않았기 때문이다. 그 말은 안셀모가 공부하는 중에 신앙에서 일어났던 일을 이해하여 서술한 것이다. 안셀모가 서술한 '이해를 추구하는 신앙'은 또한 아우구스티누스가 요한의 첫째 서간 29장 6절(요한 7,14-18 참조)에 관한 강론에서 신앙과 이해 사이에 드러난 관계에 관하여 언급한 것을 반영한 것이다.

210 Stone, "Augutine and medieval philosophy", 254-255.

211 중세 시대에 아우구스티누스 사상의 수용과 평가를 이해하려면, Willemien Otten, "Between Praise and Appraisal: Medieval Guidelines for the Assessment of Augustine's Intellectual Legacy", *Augustinian Studies* 43 (2012): 201-218을 참조하라.

212 처음 새로운 대학교들은 1088년에 볼로냐에 있었다. 파리에 있는 대학교는 1119년에 다양한 수도원 학교를 합병한다. Walter Ruegg, "Forward. The

University as a European Institution", in *A History of the University in Europe: Volume 1, Universities in the Middle Ages*, gen. ed. Walter Ruegg and ed. Hilde De Ridder-Symoens (Cambridge: Cambridge University Press, 1992/2003), xix-xxi.
213 롬바르드의《명문집*Sententiae*》네 권은 하느님, 인류, 그리스도, 성사와 종말론을 다뤘다. 이 부문 자체는 아우구스티누스 저서의 주요한 주제에 영향을 받아 당시의 대학교에서 이루어지는 신학 연구를 위한 커리큘럼에 영향을 미쳤다.
214 서구는 논리에 관한 아리스토텔레스의 저서와 보에티우스가 언급한 논리와 아리스토텔레스의 범주를 잘 알고 있었다. 아우구스티누스는 카르타고에 있었을 때 아리스토텔레스의 범주를 공부했다(《고백록》 4권 16장 28절). 하지만 이것은 아리스토텔레스의 모든 전집을 깨닫는 데는 한계가 있었다.
215 Richard Rubenstein, *Aristotle's Children: How Christians, Muslims, and Jews Rediscovered Ancient Wisdom and Illuminated the Middle Ages* (New York: Houghton-Mifflin-Harcourt, 2003). 루벤스타인은 대중적이며 이해하기 쉬운 형태로 저술한다. 그의 참고 문헌은 역사에서 이 기간에 일어난 사건에 관한 귀중한 자료를 제시한다.
216 성 토마스의 사상에 관한 매우 이해하기 쉬운 입문서를 보려면, Francis Selman, *Aquinas 101: A Basic Introduction to the Thought of Saint Thomas Aquina*, Christian Classics-Notre Dame, Indiana (South Bend, IN: Ave Maria Press, 2007)를 참조하라.
217 이 대화와 논쟁은 여전히 계속된다. 5장의 '제2차 바티칸 공의회'에서 토마스의 가르침에 관한 부분과 '아우구스티누스 사상'과 '토마스 사상'의 해석을 참조하라.
218 성 아우구스티누스 수도회에 관한 새롭고 신뢰할 만한 자료를 보려면, Luis Marin de San Martin, OSA, trans. Bran Lowery, OSA, *The Augustinians: Origin and Spirituality* (Roma: Curia Generale Agostiniana, 2013)를 참조하라. 성 아우구스티누스 수도회의 규칙 역사를 보려면, George Lawless, OSA, *Augustine of Hippo and His Monastic Rule* (New York: Oxford University Press USA, 1990)과 Adolar Zumkeller, OSA, *Augustine's Rule: A Commentary* (Villanova, PA: Augustinian Press, 1987)와 Sr. Agatha Mary, SBP and Gerald Bonner, trans., Gerald oner, ed., *The Monastic Rules of Augustine: A Commentary*, The Augustine Series (Hyde Park. NY: New City Press, 2004)를 참조하라. 중세 초기에 주교에게 속해 있으며 주교좌 성당의 전례를 거행하는 사제들과 부제들은 그들의 공동체 생활을 위하여 아우구스티누스 성인의 규칙을 따랐다. 아우구스티누스 참사 수도회로 알려진

이 수도회는 12세기에 설립되었으며 탁발 수도회인 성 아우구스티누스 은수사회보다 먼저 설립되었다.

219 주의주의Voluntarism는 매우 넓은 철학적 개념이다. 이 개념은 여러 세기를 걸치면서 많은 사상가의 사상을 특징짓는 데 사용되고 있다. 하지만 원래 주의주의는 의지와 지성에 관한 아우구스티누스와 토마스 사이에서 달리 강조하는 개념이다.

220 성 아우구스티누스 수도회의 회원들인 중세 아우구스티누스 학자들의 가장 완전한 인명록과 묘사를 보려면, Adolar Zumkeller, OSA, and John E. Rotelle, OSA, ed., *Theology and History of the Augustinian Order in the Middle Ages*, The Augustinian Series (Villanova, PA: Augustinian Peess, 1996)를 참조하라.

221 Stone, "Augutine and medieval philosophy", 256-257. 스톤은 보나벤투라 성인이 아리스토텔레스뿐만 아니라 아비센나와 아베로에스의 책들도 잘 알고 있었다고 말한다.

222 "Introduction" to Giles of Rome, in *Theorems on Existence and Essence*, *Medieval Philosophical Texts in Translation*, 7, trans. M. V. Murray (Milwaukee: Marquette University Press, 1973).

223 M. Wilks, *The Problem of Sovereignty in the Later Middle Ages* (Cambridge: Cambridge University Press, 1964).

224 Adolar Zumkeller, OSA, "*Die Augustinerschule des Mittelalters: Vertreter und philosophische-theologische Lehre*", *Analecta Augutiniania* (1964) 27: 167-262. 또한 Zumkeller and Rotelle, ed., *Theology and History of the Augustinian Order in the Middle Ages*를 보라.

225 아우구스티누스 학파의 신학은 일반적으로 '의지의 탁월함, 은총의 탁월함, 사랑의 탁월함'을 옹호한다. 의지와 비非지성은 하느님을 이해하기 위하여 기본적으로 타고난 인간 욕구였다. 게다가 아우구스티누스 학파의 신학자들은 '이론적 지식speculative Knowledge'과는 거리가 먼 지식으로, 즉 '정서적 지식scientia/notita affectiva'으로 신학을 규정했다. In E. L. Saak, "Scholaticism, Late", in *Augustine Through the Ages, An Encyclopedia*, ed. Allan D. Fitzgerald, OSA (Grand Rapids MI: Eerdmans, 1999), 754-759.

226 Stone, "Augustine and medieval philosophy", 261.

227 성 아우구스티누스 수도회는 탁발 운동의 일부분으로 1244년에 설립되었다. 하지만 수도회 개혁은 그 이후 세기에 일어났다. 따라서 아우구스티누스 학파의 수도회는 더 엄격하게 규칙을 준수하면서 수도원이라고 불렸다. 수도회 형제들은

수도자라고 불렸으며, 더욱 활동적인 탁발 수도회와는 구별되었다. 에르푸르트의 아우구스티누스 학파 수도원은 엄격한 준수를 따르는 독일 연방에 속한 수도회였다.

228 Damasus Trapp, "Adnotationes", Augustinianum 5 (1965): 150. 나는 도움이 되는 인용구를 인용하기 위하여 Stone, "Augustine and medieval philosophy", 263을 참조했다.

229 아우구스티누스가 초기 르네상스에 끼친 영향력을 알 수 있는 자료로는 P. O. Kristeller, "Augustine and the Early Renaissance", in *Studies in Renaissance Thought and Letters* (Rome: Edizioni di Storia e Letteratura, 1956)가 있다. 또한 William Bouwsan, "Two Faces of Humanism: Stoicism and Augustinianism in Renaissance Thought", in *A Usable Past: Essays in European Cultural History* (Berkeley: University of California Press, 1990), 45를 참조하라.

230 Carol Everhart Quillen, *Rereading the Renaissance: Petrach, Augutine, and the Language of Humanism, Recentiores*: Later Latin Texts and Context (Ann Arbor, MI: University of Michigan Press, 1998)를 참조하라.

231 Carol Everhart Quillen, "Plundering the Egyptians: Petrarch and Augustine's De Doctrina Chistiana", in Reading and Wisdom: The 'De doctrina dhristiana' of Augustine in the Middle Ages, ed. Edward D. English (South Bend, IN: University of Notre Dame Press, 1995), 153-171.

232 Kristeller, "Augustine and the Early Renaissance", 369ff.

233 H. Lawrence Bond, "Mystical Theology", in *Introducing Nicholas of Cusa: A Guide to a Renaissance Man*, ed. Christopher M. Bellitto, Thomas M. Izbicki, and Gerald Christianson (Mahwah, NJ: Paulist Press, 2004), 218-219. 또한 니콜라우스와 같은 르네상스 인본주의자가 기꺼이 동의한다고 생각하는 자아the self에 관한 아우구스티누스의 철학적 영성적 개념을 설득력 있게 연구한 것을 보려면, Philip Cary. *Augustine's Invention of the Inner Self: the Legacy of a Christian Platonist* (Oxford: Oxford University Press, 2000)를 참조하라.

234 John Monfasani, "Humanism", in *Augustine Through the Ages: An Encyclopedia*, ed Alla D. Fitzgerald, OSA (Grand Rapids, MI: Wm. B. Eerdmans, 1999), 714-15. 《설교》 52를 보면, "우리는 하느님에 관하여 뭐라고 말합니까? 말하고자 하는 바를 당신이 완전히 이해할 수 있다면, 그것은 하느님이 아니십니다. 여러분이 그 말을 이해할 수 있다면, 여러분은 하느님이 아닌 다

른 것을 이해한 것입니다."(52.16)라는 구절이 있다.
235 John Monfasani, "Humanism", 715. 몬파사이에 따르면 에라스무스는 아우구스티누스가 강하게 주장한 반反펠라지오 신학과 인간 의지의 나약함에 관한 강조에 이의를 제기했다고 언급한다. 문학적 관점에서 에라스무스는 고대 그리스도교의 위대한 언어학자인 예로니모를 선호했다.
236 Carol Quille, "Renaissance to the Enlightenment", in *Augustine Through the Ages: An Encyclopedia*, ed. Allan D. Fitzgerald, OSA (Grand Rapids, MI: Wm, B. Eerdmans, 1999), 718.

## 제5장 후기 유산: 종교 개혁에서 오늘날까지

237 우리는 도미니코 수도회 소속이며 피렌체의 지롤라모 사보나롤라가 종교 개혁을 요구했다고 생각한다. 사보나롤라는 시민들에게 예술, 귀금속, 다른 귀중한 가공품이라는 르네상스의 "허영심"을 그가 도시 주변에 불을 밝힌 평범한 모닥불로 가져오라고 시민들에게 촉구했다. 사보나롤라 자신도 결국 이 "허영심"과 같은 격렬한 운명을 겪었다.
238 D.C. Steinmetz, Misericordia Dei: *THe Theology of Johannes von Staupitz in Its Late Medieval Setting* (Leiden: Brill, 1968)을 참조하라.
239 《노예 의지에 관하여*De Servo Arvitrio*》에서, 루터는 예정설에 관한 자신의 가르침을 상세히 설명한다. 그는 이 설명에서 아우구스티누스의 방법을 채택하면서, 우리가 신적인 예지력이나 결정으로 구원되는 것이 아니라, 오로지 그리스도의 은총으로만 구원된다고 강조한다.
240 J. Fitzer, "The Augustinian Roots of Calvin's Eucharistic Theology", *Augustinian Studies* 7 (1976):69-98, esp. 69-72. 또한 A. N. S. Lane, "Calvin's Use of the Fathers and the Medievals", *Calvin Theological Journal* 16 (1981): 149-205.
241 이 이중 예정설이나 영벌에 관한 가르침은 우리가 4장에서 살펴보았듯이, 제2차 오랑주 공의회에서 명백히 거부되었다.
242 이 주제에 관한 다른 두 가지 아우구스티누스 사상의 본문을 보려면, *The Nature and Origin of the Human Soul* (4.16.11)과 *Homilies on the Gospel of John* (48.4)을 참조하라.
243 Vittorino Grossi, OSA, "*La giustificatione secondo Girolamo Seripando nel Contesto dei dibattiti tridentini*", *Analecta Augustiniana* 41 (1978):

5-24; "Làuctoritas di Agostino nella dottrina del 'peccatum originis' da Cartagine (418) a Trento (1546)", *Augustinianum* 31 (1991): 329-360.
244 Vittorino Grossi, "Trent, Council of", *Augustine Through the Ages: An Encyclopedia*, ed. Allan D. Fitzgerald, OSA (Grand Rapids, MI: Wm. B. Eerdmas, 1999), 843-845.
245 Council of Trent, "Decree on Justification", chap. 1 in *Decrees of the Ecumenical Councils*, ed. Norman P. Tanner, SJ (Georgetown: Georgetown University Press, 1990), 671.
246 Council of Trent, "Decree on Justification", chaps. 7 and 9, 673-674.
247 트리엔트 공의회가 아우구스티누스로부터 이 특정한 문구를 인용하지 않지만, 삼위일체에 관한 아우구스티누스의 말은 트리엔트 공의회의 의미를 담는다. "제가 당신을 기억하고, 알고, 사랑하도록 해 주십시오. 당신께서 저를 완전히 바로잡아 주실 때까지 제 안에 이 선물을 늘려 주십시오."(《삼위일체론*The Trinity*》 14권 17장 23절).
248 Council of Trent, "Decree on Justification", chap. 7, 673.
249 Ibid., chap. 12, 676.
250 "필립 샤프는 한때 다음과 같이 심사숙고했다. 아우구스티누스가 16세기에 살았다면 '그는 개혁가들과 어느 정도까지만 동행했을 것이다.' 하지만 결국, 아우구스티누스는 가시적인 교회의 일치에 관심이 있었으므로, 우리는 개신교 신학에서 채택하지 않은 철학적, 신비적, 사색적 주제를 첨부할 수 있을 것이다. 아우구스티누스는 '로마 교회와 함께 복음주의 학파의 지도자가 되었을 것이다.'" 이 내용은 Richard A. Muller, "Reformation, Augustinianism in the", in Fitzgerald, *Augustine Through the ages*, 707에서 인용한 것으로, 원래 Philip Schaff, *History of the Christian Church*, vol. 8, *Modern Christianity: the Swiss Reformation*, 3rd ed. (Grand Rapids, MI: Wm. B. Eerdmans Publishing 1910/1979), 541에 나오는 말이다.
251 Gareth B. MAtthews, "Post-medieval Augustinianism", in *The Cambridge Companion to Augustine*, ed. Eleonore Stump and Norman Kretzmann (Cambridge: Cambridge University Press, 2001), 267-279.
252 데카르트가 아우구스티누스 사상을 언급한 것을 보려면, Stephen Menn, *Descrates and Augustine* (Cambridge: Cambridge Iniversity Press, 1998), 13-208을 참조하라.
253 데카르트 사상에 대하여 심리학과 신경학에서 이루어진 광범위한 비판을 보려면, Antonio Dimasio, *Descartes' Error* (New York: Putman, 1994/2005)를

참조하라.
254 파스칼은 수학과 과학에 관한 저서들뿐만 아니라 내면의 삶에 안락함을 탁월하게 반영한다. 그런 점에서 파스칼이 시도한 모든 지성적 계획은 신플라톤주의 철학과 아우구스티누스 사상을 통합하는 주체성과 아리스토텔레스 학설과 토미즘을 통합하는 과학적인 객관성을 결합하는 것이다.
255 M. Lamberigts and L. Kenis, eds. Làugustinisme a làncienne Faulte de theologie de Louvain, BETL 111 (Louvain: University of Louvain, 1994); Mathijs Lamberigts, "Jasenius", in Fitzgerald, Augustine Through the Ages, 459-460.
256 Giovanni Morreto, "Schleiermacher und Augustinus", in Internationaler Schleiermacher Kongress (Berlin: W. de Gruyter, 1984), 365-380.
257 Jules Ruy Chaix, "Maurice Blondel et saint Augustin", Revue des ètudesaugustiniennes 11:55-84; Aime Forest, "Làugustinisme de Maurice Blondel", Sciences ecclesiastiques, 14(1962), 175-192; Michael Scanlon, OSA, "Karl Rahner: A Neo-Augustinian Thomist", The Thomist 43 (1979), 178-185.
258 Michael Scanlon, "The Augustinian Tradition: A Retrieval", Augustinian Studies 20 (1989): 61-92. 또한 Fredercik Van Fletere, ed., Martin Heidegger's Interpretations of Augustine: Sein und Zeit und Ewigkeit (Lewiston, ME: THe Edwin Mellen Press, 2005). 또한 숀 맥그래스는 아우구스티누스가 하이데거에게 끼친 영향력을 "Alternative Confessions, Conflicting Faiths: A Review of The Influence of Augustine on Heidegger", American Catholic Philosohical Quarterly, 82, #2, (2008), 317-335에서 고찰한다. 이 책에서 맥그래스는 Craig de Paulo. ed., The Influence of Augustine on Heidegger (Lewiston, NY: Edwin Mellen Press, 2006)에서 유용한 검토를 언급한다.
259 그 주제에 관한 간결하고 설득력 있는 개관을 보려면, Michael Scanlon, OSA, "Theology, Modern", in Fitzgerald, Augustine Through the Ages, 825-826을 참조하라.
260 Scanlon, "The Augustinian Tradition: A Retrieval", and "Theology, Modern"을 참조하라.
261 Jean Guitton, The Modernity of St. Augustine (Baltimore: Helicon Press, 1959), 81; Scanlon, "The Augustinian Tradition: a Retrieval", 82에서 인용했다.
262 Scanlon, "The Augustinian Tradition: a Retrieval", 72에서 "하지만 결코 비관

적인 예정설이 선행적 은총 개념에 필수적인 것은 아니라"고 한다. 여기서 스캔런의 의견은 웨첼의 의견과는 다르다. 웨첼은 예정설이 은총에 관한 아우구스티누스 사상 이해에서 필수적이라고 생각한다.

263  Karl Rahner, *Foundations of Christian Faith* (New Your: Seabury Press, 1978), 116-137.
264  Scanlon, "The Augustinian Tradition: a Retrieval", 80-86.
265  가령 《편지》 10권 2장 3절에서 아우구스티누스는 그가 마을을 떠났을 때 히포에 있는 고향으로 돌아온 그의 사람들이 해적에게 노예로 잡힌 여성들과 어린이들을 어떻게 구했는지 서술한다. 아우구스티누스는 그들이 한 일에 갈채를 보내고 히포로 돌아와 이 위기에서 생존한 이들을 만난다. 아우구스티누스가 주장한 윤리적 가르침을 잘 요약한 것을 보려면, Donald X, Burt, OSA, *Friendship and Society: An Introduction to Augustine's Practical Philosophy* (Grand Rapids, MI: Wm. B. Eerdmans, 1999)를 참조하라. 또한 Secretariat for Justice and Peace, Curia Generalizia Agostiniana, "Augustine as 'Father of Christian Political Activism'", (Rome: Pubblicazioni Agostiniane 2004)을 참조하라. 성 아우구스티누스 수도회의 출판물에서는 오늘날 정의와 평화의 그리스도교 신학, 즉 역사의 구원을 위하여, 아우구스티누스 사상의 다양한 측면으로 밝혀낼 수 있는 이론을 상세히 설명한다.
266  John J. Hugo, "St. Augustine at Vatican II", *The Homiletic and Pastoral Review 67* (1966): 765-772; Mariano martin Ortega, "The Augustinian Charism and Vatican II" in *Augustinian Spirituality and the Charism of the Agustinians* (Villanova, PA: Augustinian Press, 1995), 140-153.
267  Joseph Ratzinger, Popolo e Casa di Dio in Sant'Agostino (Milano; Jaca Book SpA, 1978/2005); 또한, *Volk und Haus Gottes in Augustins Lehre von der Kirche* (München: Karl Zink Verlag, 1954).
268  Massimo Faggioli, *Vatican II: The Battle for Meaning* (Mahwah, NJ: Paulist Press, 2012), 66-90.
269  자신을 변호하면서, 파기올리는 이 통합을 언급하고 있지만, 다만 간략히 언급한다. Faggioli, *Vatican II: The Battle for Meaning*, 89-90을 참조하라.
270  Faggioli, *Vatican II: the Battle for Meaning*, 75에서는 Ormond Rush, *Still Interpreting Vatican II: Some Hermeneutical Principles* (Mahwah NJ: Paulist Press, 2004), 16을 인용한다.
271  오늘날 철학자들의 저서들 가운데 아우구스티누스 사상에 관한 주제를 개관한 것을 보려면, Francois-Joseph Thonnard, "Saint Augustine et les

grands courants de la pilosophie comtemporaine", *Revues des études augustiniennes* 1 (1955): 68-80을 참조하라.
272 "사람들이 어떤 이름으로 대상을 불렀을 때, 그리고 그 대상을 가리키는 단어를 말하는 동안 나는 그 사람들이 그 대상을 가리키길 원할 때 그 발음을 사용한 것을 지켜보고 기억했습니다. 그 사람들의 지향은 분명했습니다. 그 사람들은 몸짓, 즉 자연스러운 언어를 사용했기 때문입니다. 이러한 자연스러운 몸짓 언어는 모든 인종에게 흔합니다. 가령 얼굴 표현이나 눈의 시선이나 몸의 다른 부분에서 나타난 움직임이나 목소리의 톤은 사람들이 바라고 계속 유지하길 원하거나, 거부하고 완전히 외면한 대상을 향한 어떤 특정한 태도를 나타낸 것입니다. 이런 식으로 나는 그 단어들이 다른 문장으로 적절한 장소에서 사용되었을 때, 그 단어들을 관찰하고 자주 그 단어들을 들으면서 점차 단어 모음집을 만들었습니다. 나는 그 단어들이 어떤 것을 의미하는지 이해하게 되었습니다. 내 입으로 그 단어들을 말하도록 훈련함으로써 나는 같은 언어를 사용해서 내 바람을 밝혔습니다."《고백록》1권 8장 13절).
273 Ludewig Wittgenstein, *Philosophical Investigations*, trans. GEM Anscombe, ed. P.M.S. Hacker, Joachim Schulte; Hacker, Schulte (Oxford: Blackwell, 1951, 1958,, 2001, 2009), 5, §1.
274 비트겐슈타인이 아우구스티누스를 이해한 것을 발표하고 비평한 것을 보려면, Patrick Bearsley, "Augustine and Wittgenstein on Language", *Philosophy* 58 (1983): 229-236을 참조하라
275 데리다는 자신의 삶과 아우구스티누스의 삶 사이에 나타난 유사한 점을 언급하면서, 그들의 어머니가 그들의 삶에서 영향를 미친 중요한 역할을 말하고 있다. Jacques Derrida, "Composing Circumfession", in *Augustine and Postmodernism: Confession and Circumfession*, ed. John D. Caputo and Michael J. Scanlon, OSA, Indiana Series in the Philosophy of Religion (Bloomington, IN: Indiana University Press, 2005), 19-27.
276 오늘날 이러한 논의를 개관하는 것을 보려면, Caputo and Scanlon, *Augustine and Postmodernism*을 참조하라.
277 Jacques Derrida and trans. Geoffrey Bennington, Jacques Derrida, *Religion and Postmodernism Series*, ed. Mark C. Taylor (Chicago: University of Chicago Press, 1999).
278 Jean-François Lyotard, *The Confession of St. Augustine*, trans, Richard Beardsworth, Cultural Memory in the Present (Standford, CA: Stanford University Press, 2000.

279 Martin Heidegger, *The Phenomenology of Religious Life*, trans. Jennifer Anna Gosetti-Ferencei and Matthias Fritsch (Bloomington, IN: Indiana University Press, 1995/2004); Theodore Kisiel, *The Genesis of Heidegger's Being and Time* (Berkeley: University of California Press, 1995), 192-219.
280 Hannah Arendt, *Love and Saint Augustine*, ed. Joanna Vechiarelli Scott and Judith Chelius Stark (Chicago: University of Chicago Press, 1996). 또한 Peter Burnell, "Is the Augustinian Heaven Inhuman? The Arguments of Martin Heidegger and Hannah Arendt", *Augustinian Studies* 30:2 (1999): 283-292를 참조하라.
281 Paul Ricoeur, *Time and Narrative*, vol. 1, trans., Kathleen McLughlin and David Pelauer Chicago: University of Chicago Press, 1982/1990); vol. 2 (1985); vol. 3, trans. Kathleen Blamey and David Pelauer (1988/1990).
282 아우구스티누스와 20세기 수사학 연구에 관한 개관을 보려면, Kenneth Burke, *The Rhetoric of Religion: Stidies in Logology* (Los Angeles: University of California Press, 1961/1970)를 참조하라.
283 Scanlon, "The Augustinian Tradition: A Retrieval", 89-92를 참조하라.

## 제6장 최근 연구 방향

284 Laura Holt, "Augustine in Review", *The Heythrop Journal* 46 (2005): 199-207; "A Survey of Recent Work on Augustine", The *Heythrop Hournal* 49 (2007): 292-308; "What Are They For? Reading Recent Books on Augustine", *The Heythrop Jounral* 54 (2013): 101-119.
285 Hubertus R. Drobner, "Studying Augustine: An Overview of Recent Research", in *Augustine and His Critics*, ed. Robert Dodaro, OSA, and George Lawless, OSA (London: Routledge, 2000), 18-34.
286 Allan D. Fitzgerald, OSA, "Tracing the Passage from a Doctricnal to an Historical Approach to the Study of Augustine", *Revue des études augustiniennes et patristiques*, 50 (2004): 295-310.
287 예를 들면, Girolamo Seripando, OSA, (1493-1563), an influential theologian at the Council of Trent, 5장을 참조하라.
288 성경 연구의 증가에 관한 신중한 연구를 보려면, Michael C. Legaspi, *The*

*Death of Scripture and the Rise of Biblical Studies*, Oxford Studies in Historical Theology (Oxford: Oxford University Press, 2010).

289 아우구스티누스의 주해에 관한 새로운 연구를 보려면, Michael Cameron, *Christ Meets Me Everywhere: Augustine's Early Figurative Exegesis*, Oxford Studies in Historical Theology (Oxford: Oxford University Press, 2012)를 참조하라. 아우구스티누스는 성경 말씀의 의미를 찾으면서, 성경을 기도하는 마음으로 연구하도록 장려했다. 《고백록》의 11권, 12권 13권에서, 창세기 첫 장에 관한 포괄적인 주해가 있는데, 아우구스티누스는 성경 말씀에 나타난 여러 의미의 가능성과 중요성을 언급한다. 이 의미에는 인간 저자, 독자, 신적 저자가 있다. 독자는 이러한 모든 의미에 개방되고 성경 말씀의 저자들(인간과 신)에게 주의를 기울여 의미를 찾아야 한다(《고백록》 12권 18장 27절-32장 43절). 《그리스도교 교양》에서 보면, 아우구스티누스는, 인문학에서는 성경 저자들이 서술한 자연 세계와 사회적 환경을 연구해서 성경을 더 깊이 이해하도록 해야 한다고 주장한다. 아우구스티누스의 주해가 현대 성경 주해와 같지 않으나, 성경 말씀에 나타난 다양한 의미의 단계를 감지한 민감성을 보여 준 아우구스티누스가 현대 주석의 방법론적인 선구자라고 할 수 있다.

290 Fitzgerald, "Tracing the Passage", 297.

291 교부학의 방법론 발달을 검토한 것을 보려면, Charles Kannengiesser, "Fifty Years of Patristics", *Theological Studies* 50/4 (1989): 644-656을 참조하라.

292 Peter Brown, *Augustine of Hippo*, 484, 488, 496, 502-503을 참조하라.

293 카메론이 지적하듯이, 아우구스티누스는 자신의 삶에서 일어난 사건의 의미를 해석하려고 성경 말씀을 사용하고 독자들이 그들 자신의 경험 의미를 발견하도록 이 성경 말씀을 유사하게 사용하도록 권유한다. Cameron, *Christ Meets Me Everywhere*, 15-16을 참조하라.

294 가다머는 "역사책을 읽는 독자가 자신의 편견을 깨달아서 이 책이 모든 면에서 있는 그대로 드러나도록 해야 한다고 한다. 그래서 이 책이 독자 자신이 갖은 선입견을 상대로 이 책 자체의 진실을 주장할 수 있다고 한다." Jean Grondin, *Intorduction to Philosophical Hermeneutics* trans. Joel Weinsheimer, Yale Studies in Hermeneutics (New Haven, CT: Yale University Press, 1996)에서 알 수 있듯이, Hans-Georg Gadamer, *Wahrheit und Methode. Grundzuge einer philosophischen Hermeneutick* (Tübingen, 1960, 1986) Gesammelte Werke, Volume 1, 269에서도 알 수 있다. Joel Weinsheimer, *Yale Studies in Hermeneutics* (New Haven, CT: Yale University Press, 1996). 철학적 해석학의 역사에서 아우구스티누스의 중요한 위치에 관해서

Grondin, 32-38을 참조하라.
295 Robert Dodaro, OSA, "Augustine's Secular City", in Dodaro and Lawless, *Augustine and His Critics*, 231-259. William Connolly, *The Augustinian Imperative: A Reflection on the Politics of Morality* (Newbury Park, CA: Sage Publications, 1993).
296 Dodaro, "Augustine's Secular City", 250.
297 George Lawless OSA, "Augustine of Hippo: An Annotated Reading List", *Listening: Journal of Religion and Culture* 26 (FAll 1991): 173-188.
298 Ibid., 176.
299 Ibid.
300 로버트 마르쿠스는 아우구스티누스 연구에서 점점 늘어나는 다른 학문 분야와 관련이 있는 특성과 일반적으로 연구하는 교부학 연구에 관하여 언급했다. 그는 여러 학문에서 연구하는 아우구스티누스 학자들이 "교차하고 공통 부문이 있는 관심에 중점을 둔다고 서술했다. 이 관심은 또한 이러한 모든 학문이 하나로 통합되고 심지어 합체될 수 있는 것이라고 서술했다."(Robert A. Markus, "Evolving Disciplinary Contexts for the Study of Augustine, 1950-2000: Some Personal Reflections", *Augustinian Studies* 32/1 [2002]: 189-200). 하지만 로레스는 이 통합과 합체가, 특히 아우구스티누스에 관한 신학 연구 영역에서 갈 길이라고 주장하고 있다.
301 Hubertus R. Drobner, "Studying Augustine: An Overview of Recent Research", in *Augustine and His Critics*, 30.
302 Pierre Marie Hombert, *Gloria gratiae. Se glorifier en Dieu, principe et fin de la theologie augustinienne de la grace, Collection des études augustiniennes* (Paris: Institut d'Études augustiniennes, 1996), 488.
303 *Sermon* 189.3,4 preached on Christmas around 410-412.
304 동방 교회에서는 받아들이지 않았던, 성령이 성부와 성자로부터 비롯된다는 (*filioque*) 서방 교회의 주장이 아우구스티누스의 《삼위일체론The Trinity》 4권 5장 29절 세 위격의 동등함을 주장하는 내용에서 발견되는 것은 주목할 만한 점이다. "부언하면, 성령이 성자에게서도 비롯되지 않는다고 말할 수도 없다. 같은 영이 성부와 성자의 영이라고 불리는 것은 무의미하지 않다." 《삼위일체론》 5권 15장에서 아우구스티누스는 이러한 이중 발현이라는 사상을 한층 더 발전시킨다.
305 Hubertus R. Drobner, "Studying Augustine", 29.
306 Ibid.
307 Michael Cameron, *Christ Meets Me Everywhere*, 12.

308 Goulven Madec, "Christus scientia et sapientia nostra: Le principe de coherence de la doctrine augustinienne", *Recherches Augustiniennes* 10 (1975): 77-85.
309 아우구스티누스의 사상에서 앞으로 나올 그리스도의 역할에 관한 피츠제럴드의 저술을 참조하라. *Cambridge Companion to Augustine, 2nd ed.*, ed. David Vincent Meconi and Eleonore Stump (Cambridge: Cambridge University Press, 2014).
310 Basil Studer, OSB, *The Grace of Christ and the Grace of God in Augustine of Hippo: Christocentrism of Theocentrism?*, trans. Michael O'Connel (New York: Michael Glazier, 1997).
311 Goulven Madec, AA, "Christus" in Augustinus-Lexikon, vol. 1, ed. Cornelius P. Mayer, OSA, and Erich Feldmann (Basel: Schwabe, 1987), cc. 845-908.
312 Volumes III/15에서 III/20.
313 《고백록》 9권 8장에서, 아우구스티누스는 개종 이후와 카시치아쿰에서 세례 전 피정에 관하여 서술하면서 다음과 같이 말한다. "제가 이 시편들로 당신께 얼마나 크게 외치기 시작하였나이까! 얼마나 저는 당신을 향한 사랑으로 시편들로 타올라 온 세상에 시편들을 암송하기 위하여 불태웠고, 인간의 자만심을 없애는 치료제로서 불타오를 수 있었나이까!"
314 우리는 아우구스티누스의 성경 해석학에 관한 현대 연구를 간략하게 살펴볼 것이다.
315 그리스도인들은 히브리어 성경을 재해석하여 그리스도교가 '옛 계약'을 '새 계약'으로 대체한 것으로 보았다. C. C. Peckhold, "Theo-Semiotics and Augustine's Hermeneutical Jew, 또는 What's a Little Superseeionism Among Friends?", *Augustinian Studies* 37/1 (2006): 27-42를 참조하라. 유대교 신앙과 공동체와의 아우구스티누스의 관계를 광범위하게 탐구하여 분석한 것을 보려면, Paula Fredrikson, *Augustine and the Jews: A Christian Defense of Jews and Judaism* (New Haven: Yale University Press, 2008/2010)을 참조하라. 또한 Sabrina Inowlocki, Pillip Cary, and Elena Procario-Foley in *Augustinian Studies* 40:2 (2009): 279-299. Sabrina Inowlocki, Phillip Cary, and Elena Procario-Foley in *Augustinian Studies* 40:2 (2009): 279-299에서 프레디릭슨의 책을 논평한 것을 참조하라.
316 Tarcisius Van Bavel, OSA, *Christians in the World* (New York: Catholic Book Publishing Company, 1980), chap, 7: "Pauline and Patristic Teaching

on the Body of Christ"를 참조하라. 또한 Hubertus Drobner, "Psalm 21 in Augustine's *Sermones ad populum: Catechese on Christus totus and rules of interpretation*", Augustinian Studies 37/2 (2006): 145-169를 참조하라.

317 Romans 12; Corinthians 10,12.
318 반 바벨은 아우구스티누스가 다른 교부 저자보다 더욱더 그리스도 몸에 관하여 바오로 사도의 비유를 발전시킨다고 주장하는데, 이러한 그리스도 몸, 전체라는 그리스도 신학이 아우구스티누스 뒤를 이어 수준이 떨어진다고 말한다. Van Bavel, *Christians in the World*, 80-81.
319 Pierre Marie Hombert, "Gloria gratiae", 488.
320 *On Genesis Against the Manicheans* (388-390), *Unfinished Literal Commentary on Genesis* (393-394), *The Literal Meaning of Genesis* (401-415), *Observations on the Heptateuch* (419), *Questions on the Heptateuch* (419), *Notes on Job* (399), *Unfinished Commentary on the Letter to the Romans* (394-395), *Exposition on Certain Questions in the Letter to the Romans* (394), *Expostions on the Letter to the Galatians* (394-395), *Questions on the Gospels* (399-400), *Agreement among of the Evangelists* (399-400), *The Sermon on the Mount* (393-396), *Homilies on the Gospel of John* (406-421), *Homiles on the First Epistle of John* (406-407), *The Mirror of Scripture* (427).
321 《고백록》의 이 세 가지 책에서, 아우구스티누스는 창세기의 첫 17단어에 관하여 8천 단어로 서술한다!《고백록》의 책들은 창세기 1장에 관한 실제 '주해'보다 창조에 관한 성경을 통하여 아우구스티누스의 경험을 토대로 해서 한층 더 잘 이해하고 읽을 수 있다.
322 란셀은 어쩌면 아우구스티누스가 사전을 가지고 그리스어로 성경을 상당히 읽었으리라고 말한다. 하지만 아우구스티누스의 그리스어를 읽고 말하는 능력은, 특히 라틴 문학과 수사학에 대한 그의 전문적 지식을 고려하면 한계가 있었다. Lancel, *St. Augustine*, 16을 참조하라.
323 Droner, "Studying Augustine", 24.
324 Anne-Marie La Bonnardière, *Saint Augustin et la Bible*, Bible de tous les temps (Paris: Beauchense, 1986). 또한 아우구스티누스의 성경 사용에 관한 앤 마리의 수려하고 광범위하게 편찬한 책을 보려면, 그녀가 저술한 *Biblia Augustiniana*, 7 fascicles (Paris: Études augustiniennes, 1960-75)를 참조하라. La Bonnardière's work is continued by James W. Wiles, *A Scripture*

*Index to the Work of St. Augustine in English Translation* (Lanham, MD: University Press of America, 1995).

325 Drobner, "Studying Augustine", 24. 고전 라틴어 성경Vetus Latina에 더하여, 여기에 아우구스티누스 자신이《그리스도교 교양》2권 11장 16절에서 서술한 것처럼 구체적인 라틴어 본문들에 끝없이 다양한 변화가 있었다. 그리고 라 보나디에의 업적이 얼마나 큰지 알 수 있다.

326 《그리스도교 교양》1권 11-21장. 이미 언급했듯이 마이클 카메론은 아우구스티누스가 성경을 읽고 해석하는 데 있어서 그리스도 중심성을 강조한다. 그는《어디서나 나를 만나러 오시는 그리스도Christ Meets Me Everywhere》라는 저서에서 아우구스티누스의 주해와 그의 주해에서 그리스도의 역할을 연구하면서, 386년에서 400년까지 그의 개종 이후에 연구한 성경에 관하여 저술한다.

327 《삼위일체론》2권 1장 2절을 참조하라.《삼위일체론》의 첫 일곱 권에서, 아우구스티누스는 성경 구절을 가톨릭 교회의 삼위일체 가르침을 논하는 데 인용한다. 아우구스티누스는 규범적인 교리를 통하여 성경 독자가 성부, 성자, 성령의 위격상 동등함으로 가톨릭 교회 신앙의 관점에서 어떻게 성경 말씀을 해석하고 한층 더 깊이 이해해야 하는지를 말하고 있다. Jaroslav Pelikan, "Canonica Regula: The Trnitarian Hermeneutics of Augustine" in *Collectanea Augustiniana* ed. Joseph C. Schnaubelt, OSA, and Frederick Van Fleteren (New York:Peter Lang, 1990), 329-43을 참조하라.

328 아우구스티누스는 티코니우스의 규칙을 제시하면서《그리스도교 교양》3권에서 티코니우스의 규칙을 어느 정도 비평한다. 아우구스티누스는《시편 주해》에서 티코니우스의 규칙을 전적으로 사용한다.

329 Pamela Bright, *The Book of Rules of Tyconius: Its Purpose and Inner Logic* (Notre Dame, In: University of Notre Dame Press, 1989/2009).

330 Kenneth B. Steinhauser, *The Apocalypse Commentary of Tyconius: A History of Its Reception and Influence*, European University Studies, series xxiii, Theology, vol. 301 (Frankfurt: Peter Lang, 1987).

331 《그리스도교 교양》3권 5장 9절. 또한 아우구스티누스의《창세기의 문자 그대로의 의미》12권 1장 1절-2장 5절을 참조하라. 아우구스티누스는 창세기에 관한 여러 책에서 성경 말씀의 문자적 또는 역사적 의미의 이해 과정을 고찰한다. 이와 동시에 우화적 또는 비유적, 상징적, 숨은 해석이 드러나도록 한다.

332 David Dawson, "Sign Theory, Allegorical Reading, and The Motions of the Soul in *De Doctrina Christiana*", in *De Doctrina Christiana: A Classic of Western Culture*, ed. Dane W. H. Arnold and Pamela Bright (South Bend,

IN, University of Notre Dame Press, 1995), 123-141. 이 책은 아우구스티누스 학자들을 주도하는 여러 학자가 저술한 논문들을 포함한다. 이 학자들에는 Van Fleteren, Bright, Markus, Teske, Babcock, Cavadini, Patout Burns 등이 있다.
333 John Rist, *Augustine: Ancient Thought Baptized* (Cambridege: Cambridge University Press, 1995), 23-40.
334 Robert Markus, *Signs and Meanings: Word and Text in Ancient Christianity* (Liverpool: Liverpool University Press, 1996).
335 Brian Stock, *Augustine the Reader: Meditation, Self-Knowledge, and he Ethics of Interpretation* (Cambridge, MA:Belknap Press of Harvard University Press, 1996.)
336 "하지만 제가 당신을 사랑할 때 무엇을 사랑하고 있습니까? 몸의 아름다움도 아니고 덧없는 은총도 아닙니다. 지금 제 눈에 다정하게 비추는 공정한 빛도 아니고 그 모든 아름다운 조화 속에서 아름다운 노래도 아닙니다. 꽃들이나 기름이나 향신료에서 나는 달콤한 향기도 아니고 만나나 꿀도 아닙니다. 저를 육욕적인 수락으로 끌어당기는 팔다리도 아닙니다. 저는 저의 하느님을 사랑할 때 이 모든 것 중 어떤 것도 사랑하지 않습니다. 그리고 여전히 저는 저의 하느님을 사랑할 때, 어떤 빛, 어떤 목소리, 어떤 향기, 어떤 음식, 어떤 포옹을 사랑합니다. 저의 가장 깊은 '자기self'를 위하여 빛, 목소리, 향기, 음식, 포옹을 사랑합니다. 저의 가장 깊은 자기에서 어느 곳에도 한정되지 않는 무언가가 내 마음에 비치고, 시간이 지나면서 획득하지 않은 무언가가 저를 위하여 노래하고, 숨을 쉬지 않는 무언가가 제게 그 향기를 풍기게 하고, 굶주려서 먹어도 사라지지 않은 맛이 있고, 신물이 나도 저를 떼어놓을 수 없는 합일에 갇혀 있습니다. 이것이 제가 저의 하느님을 사랑할 때 사랑하는 것입니다."(《고백록》10권 6장 8절).
337 Tarcisius Van Bavel, "The Double Face of Love in Augustine", *Augustinian Studies* 17 (1986): 169-181. 또한 W. Schoedel's critique of Van Bavel's article, "Augustine on Love: A Response", 183-185를 참조하라.
338 Raymond Canning, *The Unity of Love for God Neighbour in St. Augustine* (Heverlee-Leuven: Augustinian Historical Institute, 1993).
339 캐닝은 마태오 복음서 25장 40절을 다음과 같이 읽은 것을 회상한다. "그러면 임금이 대답할 것이다. '내가 진실로 너희에게 말한다. 너희가 내 형제들인 이 가장 작은 이들 가운데 한 사람에게 해 준 것이 바로 나에게 해 준 것이다.'" 캐닝은 아우구스티누스가 마태오 복음서 25장 40절과 45절을 사용한 것에 관하여 주해한다. "마태오 25장 40절과 45절과 관련해서 90번 이상 명시적이고 암묵적으로 참고하며, 76번이나 강론에서 사용된다.《시편 주해》에서 이 구절들이 대부분 사

용된다. 아우구스티누스가 명시적으로 40절과 45절을 사용하는 것은 로마의 함락으로 피난민이 북아프리카로 몰려들고 있는 410년에서 413년 동안 히포와 카르타고에서 그가 강론할 때 가장 집중되어 있다. 그러나 40절과 45절 또는 직접 관련이 있는 절들은 모든 단계에서 그의 저서들에서 나타난다."(Canning, The Unity of Love, 342).

340 Teaching Christianity I.3.3, 4.4, 22.20, 31.34, 32.35.

341 O. O'Donovan, "Usus and Fruitio in Augustine, De Doctrina Christiana I", Journal of Theological Studies, new Series, 33/2 (1982); 361-397; W. R. O'Connor, "The uti/frui Distinction in Augustine's Éthics", Augustinian Studies 14 (1983): 169-181.

342 Drobner, "Studying Augusine", 25. 또한 Rowan Willias, "Language, Reality and Desire in Augustine's De Doctrina", Literature and Theology 3/2(19889): 138-50을 참조하라. 그리고 Luc Verheijen, "Le premier livre du De Doctrina Christiana d'Augustin: Un traite de 'telicologie' biblique", in Augustiniana Traiectina, ed. J. den Boeft and J. van Oort (Paris: Études Augustiniennes, 1987), 169-187을 참조하라.

343 Tarcisius Van Bavel, "Fruitio, delectatio and voluptas in Augustine", Augustinus 38 (1993): 499-510을 참조하라. '향유하는 것frui/사용하는 것uti'을 구별하는 것은 스토아학파와 신플라톤주의 철학 사상에서 기원한다.

344 Van Bavel's book The Longing of the Heart : Augustine's Docrine on Prayer (Leuven: Peeters, 2009)는 사후 출판물이다. 이 책은 반 바벨이 아우구스티누스에 관하여 평생 기쁘게 연구하고 저술한 경험을 독자에게 보여 준다.

345 J. Patout Burns, The Development of Augustine's Doctrine of Operative Grace (Paris: Études augustiniennes, 1980).

346 Agostino Trapé, OSA, Agostino: Introduzione alla Dottrina della Grazia I: Natura e grazia (Roma: Citta Nuova, 1987); Vol. II: Grazia e liberta (Roma: Citta Nuova, 1990). 그리고 Rebecca Harden Weaver, Divine Grace and Human Agency: A Study of the Semi-Pelagian Controversy (Washington, DC: The Catholic University of Aerica Press, 1996).

347 Basil Studer, OSB, "Sacramentum et exemplum chez saint Augustin", Recherches augustiniennes 10 (1975): 87-141; Joanne McWilliam, "The Christology of the Pelagian Controversy", Studia Patristica: Papers presented at the Tenth International Conference on Patristic Studies in Oxford 1979, vol. 17:3, ed. E. Livingstone (Leuven: Peeters, 1982), 1221-

1244; Robert Dodaro, OSA, "*Sacramentum Christi*: Augustine on the Christology of Pelagius", *Studia Patristica*: Papers presented at the Eleventh International Conference on Patristic Studies in Oxford 1991, vol. 27, ed. E. Livingston (Leuven: Peeters, 1993), 274-280.
348 Dodaro, "Scacramentum Christi", 488.
349 이 주제에 관한 최근 책을 보려면, James Wetzel, *Augustine and the Limits of Virtue* (Cambridge: Cambridge University Press, 2008)과 "Predestination, Pelagianism, and Foreknowledge", in *The Cambridge Companion to Augustine*, ed. Eleonore Stump and Norman Kreutzmann (Cambridge: Cambridge University Press, 2001), 49-58을 참조하라.
350 Elaine Pagels, *Adam, Eve, and the Serpent* (New York: Random House, 1998); Rosemary Radford Reuther, *Sexism and God Talk: Toward a Feminist Theology* (Boston: Beacon Press, 1983).
351 Peter Brown, *The Body and Society: Men, Women, and Sexual Renunciation in Early Christianity: Twentieth Anniversary Edition with a New Introduction* (New York: Columbia University Press, 2008), xxiv.
352 다른 역사 연구를 보려면, *Women in Late Antiquity-Pagan and Christian Lifestyles* by Gillian Clark (Oxford: Clarendon Press, 1993)을 참조하라.
353 Judith Chelius Stark, ed. *Feminist Interpretations of Augustine*, Re-reading the Canon Series (University Park, PA: Penn State University Press, 2007). 이 전집의 공헌자들에는 Rosemary Radford Reuther, Anne-Marie Bowery, Felicia McDuffie, Virginia Burrus, Catherine Keller, Rebecca Moore, Margaret Miles, Joanne McWilliam, Ann E. Matter, Julius Chelius Startk, Julie B. Miller, Penelope Deutscher, Ann Conrad Lammers가 포함되어 있다.
354 Kari Elizabeth Borresen, ed., *The Image of God: Gender Models In Judaeo-Christian Tradition* (Minneapoli: Augsburg Fortress Publishers, 1995). 공헌자들에는 Borresen 그 자신과 (the introduction and two essays), Phyllis A. Bird, Anders Hultgard, Lone Fatum, Giulia Sfameni Gasparro, Kari Vogt, Jane Dempsey Douglass, Rosemary Radford Reuther가 포함되어 있다.
355 The Trinity XII.7.10 for and example of Augustine's exegesis of Genesis 1:27. 성경 말씀, 문맥, 해석학에 관한 광범위한 연구를 보려면, Willemien Otten, "Views on Women in Early Christianity: Incarnational Hermeneutics on

Tertullian and Augustinem" in *Hermeneutics, Scriptural Politics, and Human Rights: Between Text and Context*, ed. Bas de Gaay Fortman, Kurt Martens, M. A. Mohammed Salih (New York: Palgrave Macmillan, 2009)을 참조하라.

356 Kari Elizabeth Borresen, "God's Image: Is Woman Excluded. Medieval Interpretation of Gen 1,27 and I Cor 11,7", in Borresen, *The Image of God*, 210-235. 또한 Borresen, "In Defence of Augustine: How Feminine Is *Homo*?" in *Collecteana Augustiniana*, ed. B Bruning, M. Lamberigts, J. VanHoutem (Leuven: Augustinian Historical Institute, 1990), 411-28; Borresen, "Paritsic Feminism: The Case of Augustine", *Augustinian Studies* 25 (1994): 139-52; and Borresen, *Subordination and Equivalence: The Nature and Rold of Woman in Augustine and Thomas Aquinas*, trans. Charles Talbot (Washington, DC: University Press of America, 1981)을 참조하라.

357 사회적 수준에서 아우구스티누스는 원죄의 결과로 그리고 천국에서 존재하지 않는 어떤 것이자 사회에서 여성이 남성에게 복종하는 것으로 생각했다. *The Literal Meaning of Genesis* IX.6.10; *City of God* XXII.17-18; *Expositions of the Psalms* 188.2를 참조하라. 또한 Larissa Carina Seelbach, "Augustine on Concubinage and Women's Dignity" *Studia Patristica* XLIII (2007), 245-249를 참조하라.

358 Borresen, *The Image of God*, 267-291에서 Resemery Radford Reuther, "*Imago Dei*: Christian Tradition and Feminist Hermeneutics"를 참조하라. Margaret Miles, *Desire and Delight: a New Reading of Augustine's Confessions* (New York: CITY Crossroad, 1992; Eugene, OR: Wipf&Stock Publishers, 2006)에서는 《고백록》에서 페미니스트가 한 비평을 제시한다. 또한 Margaret Miles, *Carnal Knowing: Female Nakedness and Religious Meaning in the Christian West* (Boston:Beacon Press, 1989)를 참조하라. 여성에 관한 아우구스티누스의 저서들을 광범위하고 면밀히 연구한 저서에는 Kim Power's *Veiled Desire: Augustine's Writings on Women* (London: Darton, Longman and Todd, 1995)이 있다.

359 Augustine, *Marriage and Virginity, The Works of Saint Augustine, A Translations for the 21st Century*, I/9, trans. David Hunter, ed. John E. Rotelle, OSA (Hyde Park: New York Press, 2005). 이 전집에는 다음과 같은 아우구스티누스의 번역본들이 있다. The Excellence of Marriage, Holy

Virginity, *The Excellence of Widowhood, Adulterous Marriages, and Continence*. 또한 David Hunter, *Marriage in the Early Church* (Eugene, OR: Wipf and Stock, 2001)를 참조하라.

360 David Hunter, "Augustinian Pessimism': A New Look at Augustine's Teaching on Sex, Marrage, and Celibacy", *Augustinian Studies* 25 (1994); 153-177. 또한 "Augustine on the Body", in *A Companion to Augustine*, ed. Mark Vessey, Blackwell Companions to the Ancient World (Oxford: Blackwell Publishing, 2012), 355-364를 참조하라.

361 Tarcisius Van Bavel, "Augustine's View on Women", *Augustiniana* 39 (1989):5-53.

## 제7장 아우구스티누스와의 재만남: 아우구스티누스에 대한 새로운 연구

362 Henry Chadwick, *Augustine of Hippo: A Life* (Oxford: Oxford University Press, 2009), 1.

363 Frances Young, "The Confessions of St. Augustine: What Is the Genre of This Work?" *Augustinian Studies* 30:1 (1999); 1-16을 참조하라.

364 Peter Brown and Geoffrey Barraclough, *The World of Late Antiquity AD 150-750* (New York: W. W Norton 1989)을 참조하라.

365 Possidius, The Life of Saint Augustine, The Augustine Series, trans. Michele Cardinal Pellegrino, ed. John E. Rotelle, OSA (Villanova, PA: Augustinian Press: 1988). 펠레그리노의 분석을 보려면, the Introduction, 22-27을 참조하라.

366 Erika Hermanowicz, *Possidius of Calama: A Study of the North African Episcopate in the Age of Augustine* (Oxford: Oxford University Press, 2008). 또한 Jane E. Merdinger, *Rome and the African Church in the Time of Augustine* (New Haven, CT: Yale University Press, 1997)을 참조하라.

367 역사 방법에서, 티뉴몽은 세자레 카르디날 바로니우스(1538~1607)의 저서를 이어받는다. 세자레는 자료 출처로 시작하는 것에 기반을 두고 처음으로 현대적이고 광범위한 《교회 역사 분석*Annals of Ecclesiastical History*》을 저술했다.

368 Louis-Sebastien Le Nain de Tillemont, *The Life of Augustine, Part One:*

*Childhood to Episcopal Consecration, a Translation of Memoris pour servir a l'histoire eccelesiatique des six permeirs siecles*, vol. XIII, trans. Frederick Van Fleteren and George Berthold (New York: Peter Lang, 2010); and *The Life of Augustine, Part Two: The Donatist Controversy, A Translation of Memoirs pour servir a l'histoire ecclesiatique des six permeirs siecles*, vol. XIII, trans. Frederick Van Fleteren (New York: Peter Lang, 2012). 반 플레테렌은 도움이 되는 서문을 포함하고 광범위한 주석을 덧붙인다.

369 John J. O'Meara, *The Young Augustine: The Growth of St. Augustine's Mind Up to His Conversion* (London: Longman, 1954; New York: Alba House, 1965/2001). 2001년 판에는 최근 참고 문헌이 포함되어 있다.

370 Pierr Courcelle, *Recherches sur les Confessions de Saint Augustin* (Paris: E. De Boccard, 1950/1968). 이 책은 여러 세기 동안 처음으로 《고백록》을 광범위하게 분석한 책이었다.

371 아우구스티누스는 죽기 바로 직전까지 병상에서 플로티노스가 저술한 《엔네아데스》를 읽었다고 한다. Peter L. Brown, *Augustine of Hippo: A Biography* (Los Angeles: University of California Press, 1967/2000), 430.

372 《고백록》에서 아우구스티누스가 신플라톤주의자 책들과 성경을 대조해서 한 설명이 있는데, 바오로 사도가 나중에 체포된 것을 기억하는 것이 아우구스티누스에게 영향을 미친 것 같다는 주장은 의미 없다고 할 수는 없다. 아우구스티누스가 다음과 같이 서술했기 때문이다. '따라서(itaque) 저는 주로 사도 바오로가 쓴 훌륭한 글에 가장 열렬히 사로잡혀(arripui) 있었습니다.'"(《고백록》 7장 27절). O'Meara, *The Young Augustine*, 193. 아우구스티누스는 플라톤주의자의 책에 "사로잡혀 있다"라는 말을 결코 하지 않는다.

373 프레데릭 반 플레테렌의 오메라 추모를 보려면, "In Memory of John J. O'Meara 1915-2003", *Augustinian Studies* 35:1 (2004) 2-42. 이 논문에서는 오메라가 저술한 책들의 참고 문헌을 온전히 포함한다. 오메라를 기리기 위한 기념 논문집도 있다. *From Augustine to Eriugena: Essays on Neoplatonism and Christianity in Honor of John O'Meara*, ed. F. X. Martin, OSA, and J. A. Richmond (Washington, DC: Catholic university of America Press, 1991). 예수회 롤랑 테스케는 아우구스티누스 사상에서 신플라톤주의의 역할에 관하여 광범위하게 서술했다. 롤랑은 아우구스티누스에게 영향을 끼친 플로티노스에 관하여 집중한다. 다음과 같은 롤랑의 두 논문 모음집을 참조하라. *Augustine of Hippo: Philosopher, Exegete, and Theologian* (Milwaukee:

Marquette University Press, 2009)와 *To Know God and the Soul: Essays on the Thought of St, Augustine* (Washington, DC: The Catholic University of America Press, 2008). 예수회 로버트 J. 오코넬은 코셀의 방법을 선호한다. 로버트가 저술한 다음 책을 참조하라. *The Origin of the Soul in St. Augustine's Later Works* (New York: Fordham University Press, 1987); and *St. Augustine's Confessions: The Odyssey of the Soul* (New York: Fordham University Press, 1989). 이 논쟁을 잘 간파하고 있는 다른 자료를 보려면, Philip Carey, "Saint Augustine and the Fall of the Soul: Beyound O'Connell and His Critics", *Augustinian Studies* 37/2 (2006): 292-295를 참조하라.

374 Frederic van der Meer's *Augustine the Bishop* (London :Sheed and Ward, 1961)에 실린 오메라의 참고 문헌은 초판 7년 후에 나왔다. 이 책은 아우구스티누스의 서품식에서 그의 삶에 관한 이야기를 시작한다. 반 더 메이르의 책은 히포 교회의 지도자로 아우구스티누스와 함께 히포 교회의 신앙심, 강론, 미사에 주로 집중한다. 북아프리카 사회와 종교의 역사 관해서는 20세기 후반 연구의 도움을 받지 못했다. 반 더 메이르는 또한 아우구스티누스 시대와 문화에서 그의 사상과 직무의 독특함을 분석하지 않고, 중세의 후기 스콜라 신학을 위한 토대로 아우구스티누스의 가르침을 평가한다. 이 책은 흥미롭고 날짜가 매겨져 있다. 아우구스티누스의 수도원 생활과 주교 직무에 관하여 한층 더 최근에 이해를 도와주는 자료는 Luc Verheijen, OSA, *Saint Augustine: Monk, Priest, Bishop* (Villanova, PA; Augustinian Historical Institute, Villanova University Press, 1978)이 있다.

375 Peter Brown, *Augustine of Hippo: A Biography* (Los Angeles, University of California Press, 1967/2000).

376 헨리 채드윅은 브라운의 저서를 '신학 없는 전기'라고 비판한다. Henry Chadwick, *Augustine of Hippo: A Life*, 120을 참조하라. 브라운은 이에 동의한다. Brown, *Augustine of Hippo*, 495를 보라.

377 3장 참조.

378 Brown, *Augustine of Hippo*, 488.

379 Gerald Bonner, *St. Augustine of Hippo: Life and Controversies* (Norwich, England: The Canterbury Press, 1986; London: SMC Press, Ltd. 1963).

380 러셀의 빌라노바 대학교에서 강의한 1970 Saint Augustine Lecture는 "Augustine and Pelagius in the Light of Modern Reserch" (Villanova, PA: Augustinian Institute, Villanova University Press, 1972)라는 제목을 붙였다. 또한,

"Rufinus of Syria and African Pelagianism", *Augustinian Studies* 1 (1970): 31-47; "Pelagianism and Augustine, Part I", *Augustinian Studies* 23 (1992):33-51; "Pelagianism and Augustine, Part II", *Augustinian Studies* 24 (1993): 27-47을 참조하라.
381 또한 아메리카 가톨릭대학교는 아우구스티누스를 연구한 보너의 방법을 인정하고 1991년에서 1994년까지 보너를 석좌 교수로 칭했다.
382 또한 Gerald Bonner, *Freedom and Necessity: St. Augustine's Teaching on Divine Power and Human Freedom* (Washington, DC: The Catholic University of America Press, 2007); Gerald Bonner and Boniface Ramsey, eds., *Monasitc Rules of St. Augustine* (New York: New City Press, 2004)을 참조하라. 로버트 도다로를 기리기 위한 기념 논문집에서 보너의 저서에서 선택한 전기가 있다. Robert Dodaro, OSA, and George Lawless, OSA, eds., *Augustine and His Critics* (London: Routledge. 2000).
383 2장에서 "고백록"을 참조하라.
384 Henry Chadwick, *Augustine: A Very Short Intorduction* (Oxford: Oxford University Press, 1986/2001).
385 채드윅은 아우구스티누스의 회개에서 신플라톤주의 또는 그리스도교와 관련하여 코슬레와 오메라의 반대 관점을 통합한다. "아우구스티누스가 유일하신 분 또는 절대자 그리고 사랑, 힘, 정의, 용서로 드러난 성경의 하느님 개념에 관한 플로티노스의 부정적이며 비인격적인 언어를 통합한 것은 중대하다."(Chadwick, *Augustine of Hippo*, 33).
386 Henry Chadwick, Augustine of Hippo: A Life (Oxford: Oxford University Press, 2009).
387 Ibid., ix.
388 Ibid., 65ff.
389 Ibid., 57.
390 "신앙을 추구하고 이해하는 것"이라는 신학의 정의는 캔터베리의 안셀모 성인 덕분이다. 하지만 안셀모 성인의 명확한 어구에 영감을 준 것은 아우구스티누스의 《설교》 43.9이다. "믿기 위하여 이해하라. 이해하기 위하여 믿어라." 아우구스티누스가 사려 깊고 지식 있는 믿음에 부여한 중요성은 분명하다. "믿는 바로 그 행동은 동의하며 생각하는 것 외에는 아무것도 아니다. 결국, 많은 사람이 믿지 않으려고 생각하므로, 생각하는 모든 사람은 믿지 않는다. 하지만 믿는 모든 사람은 생각하고 믿을 때 믿는 사람은 생각하고, 생각하면서 믿는다. 생각하지 않고서는 전혀 믿음이 없기 때문이다."(*On The Predestination of the Saints* 2.5).

391 Miles Hollingworth, *St. Augustine of Hippo, An Intellectual Biography* (Oxford: Oxfrod University Press, 2013); *The Pilgrim City: St. Augustine of Hippo and his Innovation in Political Thought* (London: T&T Clark International, 2010).
392 Serge Lancel, *Saint Augustin* (Paris: Librairie Artheme Fayard, 1999).
393 Serge Lancel, *St Augustine*, trans. Antonia Neville (London: SCM Press, 2002).
394 란셀이 저술한 전기의 프랑스판을 논평한 것을 보려면, Eugene TeSelle, *Augustinian Studies* 31/2 (2000): 267-276을 참조하라.
395 Goulven Madec, *Portrait de saint Augustin* (Paris: Desclee de Brouwer, 2008).
396 Thomas F. Martin, OSA, *Augustine of Hippo: Faithful Servant, Spiritual Leader*, ed. Allan D. Fitzgerald, OSA (New York: Prentice Hall, 2011).
397 George Lawless, OSA, *Augustine of Hippo and his Monastic Rule* (Oxford: Clarendon Press, 1987); *The Monastic Rules of Augustine: A Commentary*, ed. Gerald Bonner trans. Sr. Agatha Mary, SBP, and Gerald Bonner, *The Augustine Series* (Hyde Park, NY: New City Press, 2004); Adolar Zumkeller, OSA, *Augustine's Rule: A commentary* (Villanova, PA: The Augustinian Historical Institute, Augustinian Press, 1987).
398 이 주제를 연구한 것을 보려면, Philip Cary, *Augustine's Invention of the Inner Self* (Oxford: Oxford University Press, 2013)를 참조하라.
399 James O'Donnell, *Augustine: A New Biography* (New York: Harper, 2006).
400 Frederick Van Fleteren in Augustinian Studies 36:2 (2005): 447-452.
401 Garry Wills, *Saint Augustine: A Life* (New York: Penguin Books, 2005).
402 George Lawless, OSA, in *Augustinian Studies* 31:2 (2000): 243-253.
403 Formerly Revue des études augustiniennes (1955-2002). See www.patristique.org.
404 Fromerly *The Second Century*.
405 조나단 P. 예이츠는 2013년에 편집자의 역할을 고려했다. Michael Cameron's tribute to Fitzgerald in *Augustinian Studies* 43 (2012): 3-4를 참조하라.
406 *Augustine Through the Ages: An Encyclopedia*, Allan Fitzgerald, OSA, ed. (Grand Rapids, MI: Wm. B. Eerdmans, 1999/2009).
407 Willemien Otten and Karla Pollmann, eds., *Oxford Guide to the Historical*

Reception of Augustine (New York: Oxford University Press, USA, 2013). Pollmann's general introduction " The Proteanism of Authority: The reception of Augustine from his death to the present", in OGHRA, 1:3-14를 참조하라.

408 William Harmless, SJ, *Augustine in His Own Words* (Wsahington, DC: The Catholic University of America Press, 2010).

409 William Harmless, SJ, *Desert Christians: An Introduction ot the Literature of Early Monasticism* (Oxford: Oxford University Press, 2004); *Augustine and the Catechumenate* (Collegeville, MN: Liturgical Press, 1995); 또한, 윌리엄의 탁월한 연구에는 Mystics (Oxford: Oxfrod University Press, 2007)가 있다.

410 Mary T. Clark, RCSJ, *Augustine of Hippo: Selected Writings*, Classics of Western Spirituality (Mahwah, NJ: Paulist Press,1984).

411 Vernon J. Bourke, The Essential Augustine (Indianapolis: Hackett Publishing, 1964/1974).

412 Joseph T.Kelley, *Saint Augustine of Hippo: Selections from Confessions and Other Essential Writings* (Rutland, VT: SkyLight Publications, 2010).

413 예수회 롤랑 테스케가 서술한 서문과 주해와 함께, Augustine, *Selected Writings on Grace and Pelagianism*, trans. Roland Teske, SJ, ed. John E. Rotelle, OSA (Hyde Park: New City Press, 2011)가 있다. 이 전집에는 *Miscellany of Questions in Response to Simplicaian, The Punishment and Forgiveness of Sins and the Baptism of Little Ones, The Spirit and the Letter, Nature and Grace, The Predestination of the Satints, The Gift of Perseverance*가 포함되어 있다.

414 예수회 롤랑 테스케가 서술한 주해와 서문과 함께, Augustine, *Trilogy on Faith and Happiness*, trans. Roland Teske, SJ, ed. Boniface Ramsey (Hyde Park: New City Press, 2010)이 있다. 이 전집에는 *The Happy Life, The Adventage of Believing, Faith in the Unseen*이 포함되어 있다.

415 *The Monastic Rules of Augustine: A commentary*, ed. Gerald Bonner (Hyde Park: New City Press, 2004).

416 성 아우구스티누스 수도회의 다니엘 도일이 서술한 서문과 함께, Augustine, *Essential Sermons*, trans. Edmund Hill, OP, ed. Daniel E. Doyle, OSA, and Boniface Ramsey (Hype Park: New City Press, 2007)가 있다. 이 전집에는 뉴시티 출판사 시리즈에서 11권으로 출판된 550편 이상의 강론 가운데서 아우구

스티누스의 주요 강론을 한 곳에 모았다.
417 성 아우구스티누스 수도회의 존 E. 로텔이 전달한 것과 함께, Augustine, *Prayers from the Confessions*, trans. Maria Boulding, OSB, ed. John E. Rotelle, OSA (Hyde Park: New City Press 2003)가 있다.
418 E. M. Atkins and Robert Dodaro, OSA, eds., *Augustine: Political Writings* (Cambridge: Cambridge University Press, 2001); J. H. S. Burleigh, ed., *Augustine: Early Writings* (Philadelphia: Westminster Press, 1953); John Burnabym ed., *Augustine:Later Writings* (Philadelphia: Westminster Press, 1966).
419 John Doody, Kevin L. Hughes, and Kim Paffenroth, eds. *Augustine and Politics* (Lanham, MD: Lexington Books, 2005); Rebert P. Kennedy, Kim Paffenroth, and John Doody, eds., *Augustine and Literature* (Lanham, MD: Lexington Books, 2005); Christopher T. Daly John Doody, and Kim Paffenroth, eds., *Augustine and History* (Lanham, MD: Lexington Books, 2007) Kim Paffenroth and Kevin L. Hughes, eds., *Augustine and Liveral Education* (Lanham, MD: Lexington Books, 2008); Brian Brown, John A. Doody, and Kim Paffenroth, eds., *Augustine and World Religions* (Lanham, MD: Lexington Books, 2008); Phillip Cary, John Doody, and Kim Paffenroth, *Augustine and Philosophy* (Lanham, MD: Lexington Books, 2010).
420 Eleonore Stump and Norman Kretzmann, eds., *The Cambridge to Augustine* (Cambridge University Press, 2001).
421 Mark Vessey, ed., *A Companion to Augustine* (Oxford: Blackwell Publishing, 2012).
422 James Wetzel, *Augustine: A Guice for the Perplexed* (New York: Continuum, 2010).
423 James Wetzel, "Predestination, Pelagianism, and foreknowledge", *The Cambridge Companion to Augustine*, ed. Eleonore Stump and Norman Kretzmann (Cambridge: Cambridge University Press, 2001), 49-58; "The Force of Memory: Reflections on the Interrupted Self", *Augustinian Studies* 38/1 (2007): 147-59; "Will and Interiority in Augustine: Travels in an Unlikely Palce", *Augustinian Studies* 33/2 (2002): 139-160.
424 Mary T. Clark, RCSJ, *Augustine* (New York: Continuum, 1994/2000 /2005).

425 Thomas F. Martin, OSA, *Our Restless Heart: The Augustinian Tradition* (New York: Orbis, 2003).
426 Lancel, St. Augustine, 537.
427 Lancel, *Saint Augustin*, xiii.

## 참고 문헌

Arendt, Hannah. *Love and Saint Augustine*, Edited by Joanna Vecchiarelli Scott and Judith Chelius Stark, Chicago: University of Chicago Press, 1929/1966.

Arnold, Duane W. H., and Pamela Bright, eds. *De Doctrina Christiana: A Classic of Western Culture. Vol. 9, Christianity and Judaism in Antiquity*, South Bend, IN: University of Notre Dame Press, 1995.

Atkins, E. M., and Robert Dodaro, OSA, eds. *Augustine: Political Writings*, Cambridge: Cambridge University Press, 2001.

Augustine, *City of God*, Translated by Henry Bettensen. 3rd ed., New York: Penguin, 2003.

_____, *City of God*, Translated by Markus Dods, New York: Hendrickson, 2009.

_____, *The City of God Against the Pagans*, Translated by R. W. Dyson, Cambridge: Cambridge University Press, 1998.

_____, *Confessions*, Translated by R. S. Pine-Coffin, New York: Penguin, 1961.

_____, *Confessions*, Translated by Frank J. Sheed, 2nd ed. New York: Sheed and Ward, 1970.

_____, *Confessions*, Translated by Frank J. Sheed, 2nd ed. Hackett, 2006.

_____, *Confessions*, Translated by Gary Wills, New York: Penguin Classics, 2008.

_____, *Confessions*, Translated by Henry Chadwick, 2nd ed. Oxford: Oxford University Press, 2009.

_____, *Confessions (Study Edition)*, Translated by Maria Boulding, OSB. 2nd ed. Hyde Park, NY: New City Press, 2012.

_____, *Confessions, The Works of Saint Augustine: A Translation for the 21st Century*, Translated by Maria Boulding, OSB. 1st ed. Hyde Park, NY: New City Press, 1997.

_____, *Ennarationes in Psalmos/Les Commentaires Des Psaumes*, Vol. 1-111 Oeuvres De Saint Augustin, Edited by M. Dulaey, Paris: Institut d'études augustiniennes, 2009.

_____, *Expositions of the Psalms, The Works of Saint Augustine: A Translation for the 21st Century*, Translated by Maria Boulding, OSB, edited by John E. Rotelle, OSA, Introduction by Michael Fiedrowicz, Vol. III/15, Hyde Park: New City Press, 2000.

_____, *Love Song: A Fresh Translation of Augustine's Confessions*, Translated by Shirwood Hirt, New York: Harper and Row, 1971.

_____, *The Monastic Rules of Augustine, The Augustine Series*, Edited by Boniface Ramsey, Translated by Sister Agatha Mary and Gerald Bonner, edited by Gerald Bonner, Hyde Park: New City Press, 2004.

_____, *On Christian Teaching, Oxford World's Classic*, Translated by R. P. H. Green, 3rd ed. Oxford: Oxford University Press, 2008.

_____, *Saint Augustine: Essential Sermons*, Translated by Edmund Hill, OP, edited by Daniel E. Doyle, Boniface Ramsey, Hyde Park: New City Press, 2007.

Ayres, Lewis O. *Augustine and the Trinity*, Cambridge: Cambridge University Press, 2010.

_____, "Where does the Trinity Appear?' Augustine's Apologetics and 'Philosophical' Readings of the *De Trinitate*", Augustinian Studies 43, no. 1/2 (2012): 109-26.

Baker-Brian, Nicholas, *Manicheism: An Ancient Faith Rediscovered*, London: T&T Clark, 2011.

Barnes, Michael, "Re-Reading Augustine's Theology of the Trinity", In *The Trinity: An Interdisciplinary Symposium on the Trinity*, Edited by Stephen T. Davies, Daniel Kendall, and Gerard O'Collins, 145-76, New York: Oxford University Press, 1999.

Bearsley, Patrick, "Augustine and Wittgenstein on Language", *Philosophy* 58 (1983): 229-36.

Beduhn, Jason, *Augustine's Manichean Dilemma, Vol. 2: Making a Catholic Self, 388-401 CE*, Vol. 2. Philadelphia: University of Pennsylvania Press, 2013.

_____ , *Augustine's Manichean Dilemma, Vol. 1: Conversion and Apostasy, 373-388 CE*, Vol. 1. Philadelphia: University of Pennsylvania Press, 2009.

_____ , "What Augustine (may have) Learned from the Manicheans", *Augustinian Studies* 43, no. 1/2 (2012): 35-48.

Bond, Lawrence H., "Mystical Theology?" In *Introducing Nicholas of Cusa: A Guide to a Renaissance Man*, edited by Christopher Bellitto, Thomas M. Izbicki, and Gerald Christianson, 205-31, Mahwah, NJ: Paulist Press, 2004.

Bonner, Gerald, "Augustine and Pelagianism, Part II", *Augustinian Studies* 24 (1993): 27-47.

_____ , *Augustine and Pelagius in the Light of Modern Research*, Villanova, PA: Augustinian Institute: Villanova University Press, 1972.

_____ , *Freedom and Necessity: St. Augustine's Teaching on Divine Power and Human Freedom*, Washington, DC: The Catholic University of America Press, 2007.

_____ , "Pelagianism and Augustine, Part 1", *Augustinian Studies* 23 (1992): 33-51.

_____ , "Rufinus of Syria and African Pelagianism", *Augustinian Studies* 1 (1970): 31-47.

_____ , *St. Augustine of Hippo: Life and Controversies*, 2nd ed. Norwich, UK: The Canterbury Press, 1986.

Borresen, Kari Elizabeth, "God's Image: Is Woman Excluded? Medieval Interpretation of Gen 1,27 and I Cor 11,7," In *The Image of God: Gender Models in Judaeo-Christian Tradition*, edited by Kari Elizabeth Borresen, 210-35, Minneapolis: Augsburg Fortress Publishers, 1995.

_____ , *The Image of God: Gender Models in Judaeo-Christian Tradition*, Minneapolis: Augsburg Fortress Publishers, 1995.

_____ , "In Defence of Augustine: How Feminine is 'Homo'?" In *Collectanea Augustiniana*, edited by B. Bruning, M. Lamberigts, and J. van Houtem, 410-28, Leuven: Augustinian Historical Institute, 1990.

_____ , "Patristic Feminism: The Case of Augustine", *Augustinian Studies* 25 (1994): 139-52.

_____ , *Subordination and Equivalence: The Nature and Role of Women in*

*Augustine and Thomas Aquinas*, Translated by Charles Talbot, Washington, DC: The Catholic University of America Press, 1981.

Bourke, Vernon J., *The Essential Augustine*, Indianapolis: Hackett Publishing, 1974.

Bright, Pamela, *The Book of Rules of Tyconius: Its Purpose and Inner Logic*, South Bend, IN: University of Notre Dame Press, 2009.

Brown, Brian, John Doody, and Kim Paffenroth, eds. *Augustine and World Religions*, Augustine in Conversation: Tradition and Innovation, Lanham, MD: Lexington Books, 2008.

Brown, Peter, *Augustine of Hippo*, Los Angeles: University of California Press, 1967/2000.

_____ , *The Body and Society: Men, Women, and Sexual Renunciation in Early Christianity: Twentieth Anniversary Edition with a New Introduction*, New York: Columbia University Press, 2008.

_____ , *Power and Persuasion in Late Antiquity: Towards a Christian Empire*, Madison, WI: University of Wisconsin Press, 1992.

_____ , *Religion and Society in the Age of Saint Augustine*, 2nd ed. Wipf & Stock Publishers, 2007.

Brown, Peter, and Geoffrey Barraclough, *The World of Late Antiquity AD 150-750*, New York: W. W. Norton, 1989.

Burke, Kenneth, *The Rhetoric of Religion: Studies in Logology*, Los Angeles: University of California Press, 1961/1970.

Burleigh, J. H. S., ed. *Augustine: Early Writings*, Philadelphia: Westminster Press, 1953.

Burnaby, John, ed. *Augustine: Later Writings*, Philadelphia: Westminster Press, 1955.

Burnell, Peter, "Is the Augustinian Heaven Inhuman? The Arguments of Martin Heidegger and Hannah Arendt", *Augustinian Studies* 30, no. 2 (1999): 283-92.

Burns, J. Patout, *The Development of Augustine Doctrine of Operative Grace*, Paris: Études Augustiniennes, 1980.

Burt, Donald X. OSA., *Augustine's World: An Introduction to His Speculative Philosophy*, Lanham, MD: University Press of America, 1996.

_____ , *Friendship and Society: An Introduction to Augustine's Practical Philosophy*, Grand Rapids, MI: Wm. B. Eerdmans Publishing, 1999.

Cameron, Michael, *Christ Meets Me Everywhere: Augustine's Early Figurative Exegesis*, Oxford Studies in Historical Theology, Oxford: Oxford University Press, 2012.

_____, "An Encomium for Allan D. Fitzgerald, OSA, Editor of *Augustinian Studies*", Augustinian Studies 43 (2012): 3-4.

Canning, Raymond, *The Unity of Love for God and Neighbour in St. Augustine*, Heverlee-Leuven: Augustinian Historical Institute, 1993.

Caputo, John D., and Michael Scanlon, OSA, eds., *Augustine and Postmodernism: Confession and Circumcession*, Indiana Series in the Philosophy of Religion, Bloomington, IN: Indiana University Press, 2005.

Cary, Phillip, *Augustine's Invention of the Inner Self*, Oxford: Oxford University Press, 2003.

_____, "Book Review: Augustine and the Jews", *Augustinian Studies* 40, no. 2 (2009).

_____, "Saint Augustine and the Fall of the Soul: Beyond O'Connell and His Critics", *Augustinian Studies* 37, no. 2 (2006): 292-95.

Cary, Phillip, John Doody, and Kim Paffenroth, eds., *Augustine and Philosophy*, Augustine in Conversation: Tradition and Innovation, Lanham, MD: Lexington Books, 2010.

Casiday, A. M. C. *Tradition and Theology in St. John Cassian*, Oxford Early Christian Studies, Oxford: Oxford University Press, 2007.

Cavadini, John, "The Structure and Intention of Augustine's *De Trinitate*", *Augustinian Studies* 23 (1992): 103-23.

_____, "Trinity and Apologetics in the Theology of St. Augustine", *Modern Theology* 29 (2013): 48-82.

Chadwick, Henry, *Augustine of Hippo: A Life*, Oxford: Oxford University Press, 2009.

_____, *Augustine: A Very Short Introduction*, Oxford: Oxford University Press, 1986/2001.

Clark, Gillian, *Women in Late Antiquity: Pagan and Christian Lifestyles*, Oxford: Clarendon Press, 1993.

Clark, Mary T. RCSJ., *Augustine*, 3rd ed. New York: Continuum, 2005,

_____, *Augustine of Hippo: Selected Writings*, Classics of Western Spirituality, Mahwah, NJ: Paulist Press, 1984.

_____, "*De Trinitate*", In *The Cambridge Companion to Augustine*, edited by Eleonore Stump and Norman Kretzmann, 91-102, Cambridge: Cambridge University Press, 2001.

Connolly, William, *The Augustinian Imperative: A Reflection on the Politics of Morality*, Newbury Park, CA: Sage Publications, 1993.

Conybeare, Catherine, *The Irrational Augustine*, Hyde Park: New City Press, 2006.

_____, "Reading the *Confessions*", In *A Companion to Augustine*, edited by Mark Vessey, 99-110, Oxford: Wiley-Blackwell, 2012.

_____, "Spaces between Letters: Augustine's Correspondence with Women", In *Voices in Dialogue: Reading Women in the Middle Ages*, edited by Linda Olsen and Kathryn Kerby-Fulton, 57-72, South Bend, IN: University of Notre Dame Press 2005.

Courcelle, Pierre, *Recherches Sur Les Confessions De Saint Augustin*, Paris: E. DeBoccard, 1950/1968.

Coyle, Kevin J., "Saint Augustine's Manichean Legacy", *Augustinian Studies* 34 (2003): 1-22.

Daly, Christopher T., John Doody, and Kim Paffenroth, eds., *Augustine and History*, Augustine in Conversation: Tradition and Innovation, Lanham, MD: Lexington Books, 2007.

Dawson, David, "Sign Theory, Allegorical Readings, and the Motions of the Soul in *De Doctrina Christiana*", In *De Doctrina Christiana: A Classic of Western Culture*, edited by Duane W. H. Arnold and Pamela Bright, 123-41, South Bend, IN: University of Notre Dame Press, 1995.

De Paulo, Craig, ed., *The Influence of Augustine on Heidegger*, Lewiston, ME: Edwin Mellen Press, 2006.

Derrida, Jacques, "Composing Circumfession", In *Augustine and Postmodernism: Confession and Circumfession*, edited by John D. Caputo and Michael Scanlon, OSA, 19-27, Bloomington, IN: Indiana University Press, 2005.

Derrida, Jacques, and Geoffrey Bennington, *Jacques Derrida, Religion and Postmodernism*, edited by Mark C. Taylor, Translated by Geoffrey Bennington, Chicago: University of Chicago Press, 1999.

Dimasio, Antonio, *Descartes' Error*, 2nd ed., New York: Putman, 2005.

Dodaro, Robert, OSA, "Augustine's Secular City", In *Augustine and His Critics*, edited by Robert Dodaro, OSA, and George Lawless, OSA, London:

Routledge, 2000.
_____, *Christ and the Just Society in the Thought of Augustine*, Cambridge: Cambridge University Press, 2008.
_____, "Eloquent Lies, Just Wars and the Politics of Persuasion: Reading Augustine's City of God in a "Postmodern" World", *Augustinian Studies* 25 (1994): 77-137.
_____, "*Sacramentum Christi*: Augustine on the Christology of Pelagius", In *Studia Patristica: Paper Presented at the Eleventh International Conference on Patristic Studies in Oxford 1991*, edited by E. Livingstone, Vol. 27, 274-80, Leuven: Peters, 1993.
Dodaro, Robert, OSA, and George Lawless, OSA, *Augustine and His Critics: Essays in Honour of Gerald Bonner*, London: Routledge, 2000.
Dolbeau, Francois, *Vingt-Six Sermons Au Peuple*, Paris: Études augustiniennes, 1996.
Donnelly, Dorothy F., ed., *The City of God: A Collection of Critical Essays*, New York: Peter Lang, 1995.
Donnelly, Dorothy F., and Mark A. Sherman, eds., Augustine's De Civitate Dei: *An Annotated Bibliography of Modern Criticism, 1960-1990*, New York: Peter Lang, 1991.
Doody, John, Kevin L. Hughes, and Kim Paffenroth, eds., *Augustine and Politics*, Augustine in Conversation: Tradition and Innovation, Lanham, MD: Lexington Books, 2005.
Dossey, Leslie, *Peasant and Empire in Christian North Africa*, Berkeley: University of California Press, 2010.
Drobner, Hubertus, "Psalm 21 in Augustine's *Semones ad Populem*: Catecheses on *Christus Totus* and Rules of Interpretation", *Augustinian Studies* 37, no. 2 (2006).
_____, "Studying Augustine: An Overview of Recent Research", In *Augustine and His Critics: Essays in Honour of Gerald Bonner*, edited by Robert Dodaro, OSA, and George Lawless, OSA, 18-34, London: Routledge, 2000.
Ebbeler, Jennifer, *Disciplining Christians: Correction and Community in Augustine's Letters*, Oxford Studies in Late Antiquity, Oxford: Oxford University Press, 2012.
Enos, Richard Leo, *The Rhetoric of Saint Augustine of Hippo: De Doctrina Christiana and the Search for a Distinctly Christian Rhetoric*, Waco, TX:

Baylor University Press, 2008.

Evers, Alexander, *Church, Cities, and People: A Study of the Plebs in the Church and Cities of Roman Africa in Late Antiquity*, Interdisciplinary Studies in Ancient Culture and Religion, Vol. 11, Leuven: Peeters, 2010.

Faggioli, Massimo, *Vatican II: The Battle for Meaning*, Mahwah, NJ: Paulist Press, 2012.

Fiedrowicz, Michael, *Psalmus Vox Totius Christi: Studien Zu Augustins "Ennarrationes in Psalmos"*, Freiburg: Herder, 1997.

Fitzer, Joseph, "The Augustinian Roots of Calvin's Eucharistic Theology?" *Augustinian Studies* 7 (1976): 69-98.

Fitzgerald, Allan, OSA, ed., *Augustine through the Ages: An Encyclopedia*, Wm. B. Eerdmans Publishing, 1999.

_____ , "Tracing the Passage from a Doctrinal to an Historical Approach to the Study of Augustine", *Revue des études augustiniennes et patristiques* 50 (2004): 295-310.

Forest, Aimé, *"L'augustinisme de Maurice Blondell?"* Sciences écclesiastiques 14 (1962): 175-93.

Fredriksen, Paula, *Augustine and the Jews: A Christian Defense of Jews and Judaism*, 2nd ed. New Haven, CT: Yale University Press, 2010.

_____ , "*The Confessions* as Autobiography", In *A Companion to Augustine*, edited by Mark Vessey, 87-98, Oxford: Wiley-Blackwell, 2012.

Frend, W. H. C. *The Donatist Church: A Movement of Protest in Roman North Africa*, 2nd ed., Oxford: Oxford University Press, 2003.

Gadamer, Hans-Georg, *Wahrheit und Methode, Grundzuge einer Philosophischen Hermeneutick*, Gesammelte Werke, 2nd ed., Vol. 1, Tübigen: J. C. B. Mohr, 1986.

Gaume, Matthew Alan, Anthony Dupont, and Mathijs Lamberigts, eds., *The Uniquely African Controversy: Studies on Donatist Christianity*, Late Antique History and Religion, Vol. 7, Leuven: Peeters, forthcoming.

Gehl, P. F., "An Augustinian Catechism in Fourteenth Century Tuscany: Prosper's Epigrammatica", *Augustinian Studies* 19 (1985): 93-100.

Grondin, Jean, *Introduction to Philosophical Hermeneutics*, Yale Studies in Hermeneutics, Translated by Joel Weinsheimer, New Haven, CT: Yale University Press, 1996.

Grossi, Vittorino, OSA., "*L'Auctoritas di Agostino nella Dottrina del 'Peccatum*

Originis' da Cartagine(418) a Trento(1546)", *Augustinianum* 31 (1991): 329-60.

_____, "La Giustificatione secondo Girolamo Serpando nel Contesto dei Dibattiti Tridentini", *Analecta Augustiniana* 41 (1978): 5-24.

_____, "Trent, Council of", In *Augustine through the Ages, an Encyclopedia*, edited by Allan Fitzgerald, OSA, 843-45, Grand Rapids, MI: Wm. B. Eerdmans Publishing, 1999.

Guitton, Jean, *The Modernity of St. Augustine*, Baltimore: Helicon Press, 1959.

Handley, Mark A. "Disputing the End of African Christianity", In *Vandals, Romans and Berbers: New Perspectives on Late Antique North Africa*, edited by A. H. Merrills, Aldershot, UK: Ashgate, 2004.

Harmless, William, SJ., *Augustine and the Catechumenate*, Collegeville, MN: Liturgical Press, 1995.

_____, *Augustine in His Own Words*, Washington DC: The Catholic University of America Press, 2010.

_____, *Desert Christians: An Introduction to the Literature of Early Monasticism*, Oxford: Oxford University Press, 2004.

_____, "A Love Supreme: Augustine's 'Jazz' of Theology", *Augustinian Studies* 43, no. 1/2 (2012): 149-77.

_____, *Mystics*, Oxford: Oxford University Press, 2007.

Harrison, Carol, *Rethinking Augustine's Early Works: An Argument for Continuity*, Oxford: Oxford University Press, 2005.

Heidegger, Martin, *The Phenomenology of Religious Life*, Translated by Jennifer Anna Gosetti-Ferencei and Matthias Fritsch, 2nd ed., Bloomington, IN: Indiana University Press, 2004.

Hermanowicz, Erika, *Possidius of Calma: A Study of the North African Episcopate in the Age of Augustine*, Oxford: Oxford University Press, 2008.

Hollingworth, Miles, *The Pilgrim City: St. Augustine of Hippo and His Innovation in Political Thought*, London: T&T Clark International, 2010.

_____, *St. Augustine of Hippo: An Intellectual Biography*, Oxford: Oxford University Press, 2013.

Holt, Laura, "Augustine in Review", *The Heythrop Journal* 46 (2005): 199-207.

_____, "A Survey of Recent Works on Augustine", *The Heythrop Journal* 49 (2007): 292-308.

_____, "What Are They For? Reading Recent Books on Augustine", *The*

*Heythrop Journal* 54 (2013): 101-19.
Hombert, Pierre Marie, *Gloria Gratiae, Se Glorifier En Dieu, Principe Et Fin De La Theologie Augustinienne De La Grace*, Collection des études augustiniennes, Paris: Institut des études augustiniennes, 1996.
Hugo, John J., "St. Augustine at Vatican II", *The Homiletic and Pastoral Review* 67 (1966): 765-72.
Hunter, David, "Augustine on the Body", In *A Companion to Augustine*, edited by Mark Vessey, 353-64, Oxford: Blackwell Publishing, 2013.
_____, "Augustinian Pessimism: A New Look at Augustine's Teaching on Sex, Marriage, and Celibacy", *Augustinian Studies* 25 (1994): 153-77.
Inowlocki, Sabrina, "Book Review: Augustine and the Jews", *Augustinian Studies* 40, no. 2 (2009).
Inowlocki, Sabrina, Phillip Cary, and Elena Procario-Foley, "Book Review: Augustine and the Jews", *Augustinian Studies* 40, no. 2 (2009): 279-94.
Kannengiesser, Charles, "Fifty Years of Patristics", *Theological Studies* 50, no. 4 (1989): 633-56.
Kelley, Joseph T., *Saint Augustine of Hippo: Selections from Confessions*, Rutland, VT: SkyLight Publications, 2010.
Kennedy, Robert, Kim Paffenroth, and John Doody, eds., *Augustine and Literature*, Augustine in Conversation: Tradition and Innovation, Lanham, MD: Lexington Books, 2005.
Kisiel, Theodore, *The Genesis of Heidegger's Being and Time*, Berkeley, CA: University of California Press, 1995.
Klingshirn, W. E., *Caesarius of Arles: Life, Testament, Letters*, Liverpool: Liverpool University Press, 1994.
_____, *Caesarius of Arles: The Making of a Christian Community in Late Antique Gaul*, Cambridge: Cambridge University Press, 1994, Kretzmann, Norman, "Faith Seeks, Understanding Finds: Augustine's Charter for Christian Philosophy", In *Christian Philosophy*, edited by T. P. Flint, 1-36, South Bend, IN: University of Notre Dame Press, 1990.
Kriseller, P. O., *Studies in Renaissance Thought and Letters*, Rome: Edizioni di Storia e Letteratura, 1956.
La Bonnardière, Anne-Marie, *Biblia Augustiniana*, Vol. 1-7, Paris: Institut des études augustiniennes, 1960-74.
_____, "Recherches de chronologie augustinienne", *Revue des études*

augustiniennes 10 (1965): 165-77.

_____, Saint Augustin et la Bible, Bible de Tous Les Temps, Paris: Beauchense.

Lamberigts, Mathijs, "Jansenius", In Augustine through the Ages, an Encyclopedia, edited by Allan Fitzgerald, OSA, 459-60, Grand Rapids, MI: Wm. B. Eerdmans Publishing, 1999.

_____, "Pelagius and Pelagians", In Oxford Handbook of Early Christian Studies, edited by Susan Ashbrook Harvey and David G. Hunter, 258-79, Oxford: Oxford University Press, 2008.

Lamberigts, M., and L. Kenis, eds., L'augustinisme a l'ancienne faculte de theologie de Louvain, Betl, Vol. 111, Louvain: University of Louvain, 1986.

Lancel, Serge, St. Augustin, Paris: Librairie Artheme Fayard, 1999.

_____, St. Augustine [Saint Agustin], Translated by Antonia Neville, London: SCM Press, 2002.

Lane, A. N. S. "Calvin's Use of the Fathers and the Medievals", Calvin Theological Journal 16 (1981): 149-205.

Lawless, George, OSA., Augustine and His Monastic Rule, New York: Oxford University Press, 1990.

_____, "Augustine of Hippo: An Annotated Reading List", Listening: Journal of Religion and Culture 26 (Fall 1991): 173-88.

_____, "Book Review of Gary Wills' Confessions of Saint Augustine", Augustinian Studies 31, no. 2 (2000): 243-53.

Legaspi, Michael C., The Death of Scripture and the Rise of Biblical Studies, Oxford Studies in Historical Theology, Oxford: Oxford University Press, 2010.

Lepelley, Claude, "Circumcelliones", In Augustinus-Lexikon, edited by Cornelius Mayer, OSA., Vol. I, 246-52, 1986-94.

Liev, Samuel, Manichaeism in the Later Roman Empire and Medieval China, 2nd ed. Tübigen: Mohr, 1992.

Louis-Sebastien, Le Nain de Tillemont, The Life of Augustine, Part One: Childhood to Episcopal Consecration [Memoirs pour servir a l'histoire ecclesiastique des six permeirs siecles, Volume XIII], Translated by Frederick Van Fleteren and George Berthold, Vol. 1, New York: Peter Lang, 2010.

_____, The Life of Augustine, Part Two: The Donatist Controversy [Memoirs *pour servir a l'histoire ecclesiastique des six permeirs siecles, Volume XIII]*, Translated by Frederick Van Fleteren, Vol. 2, New York: Peter Lang, 2012.

Lyotard, Jean-Francois, *The Confession of St. Augustine*, Cultural Memory in the Present, Translated by Richard Beardsworth, Stanford, CA: Stanford University Press, 2000.

Madec, Goulven, "Analyse du 'De Magistro", *Revue des études augustiniennes* 21 (1975): 63-71.

_____, "Christus", In *Augustinus-Lexikon*, edited by Mayer Cornelius, OSA, and Erich Feldmann, Vol. 1, 845-908, Basel: Schwabe, 1987.

_____, *"Christus Scientia et Sapientia Nostra: le principe de coherence de la doctrine augustinienne"*, Recherches augustiniennes 10 (1975): 77-85.

_____, *Portrait de Saint Augustine*, Paris: Desclee de Brouwer, 2008.

Mallard, William, *Language and Love: Introducing Augustine's Religious Thought through the Confessions*, Translated by William Mallard, University Park, PA: Pennsylvania State University Press, 1994.

Marin de San Martin, Luis, OSA., *The Augustinians: Origin and Spirituality*, Translated by Brian Lowery, OSA., Roma: Curia Generale Agostiniana, 2013.

Markus, Robert A., *The End of Ancient Christianity*, Cambridge: Cambridge University Press, 1991.

_____, "Evolving Disciplinary Contexts for the Study of Augustine, 1950-2000: Some Personal Reflections", *Augustinian Studies* 32, no. 2 (2001): 189-00.

_____, "The Legacy of Pelagius: Orthodoxy, Heresy, and Conciliation", In *The Making of Orthodoxy: Essays in Honour of Henry Chadwick*, edited by Rowan Williams, 214-34, Cambridge: Cambridge University Press, 1989.

_____, *Sacred and Secular: Studies on Augustine and Latin Christianity*, Aldershot: Variorum, 1994.

_____, *Saeculum: History and Society in the Theology of St. Augustine*, Cambridge: Cambridge University Press, 1970/1988.

_____, *Signs and Meanings: Word and Text in Ancient Christianity*, Liverpool: Liverpool University Press, 1996.

Marrou, Henri, *The Resurrection and Saint Augustine's Theology of Human Value*, Villanova, PA: The Augustinian Institute-Villanova University Press, 1965.

Martin, F. X., OSA., and J. A. Richmond, eds., *From Augustine to Eriugena: Essays on Neoplatonism and Christianity in Honor of John O'Meara*, Washington, DC: The Catholic University of America Press, 1991.

Martin, Thomas, OSA., *Augustine of Hippo: Faithful Servant, Spiritual Leader*, Library of World Biography Series, edited by Allan Fitzgerald, OSA., New York: Prentice Hall, 2011.

_____ , *Our Restless Hearts: The Augustinian Tradition*, New York: Orbis, 2003.

Mathison, R. W., "For Specialists Only: The Reception of Augustine and His Theology in Fifth Century Gaul", In *Collecteana Augustiniana: Augustine, Presbyter Factus Sum*, edited by J. T. Lienhard, E. C. Muller, and Roland Teske, SJ., Vol. 2, 29-41, New York: Peter Lang, 1993.

Matter, E. Ann, "*De Cura Feminarum*: Augustine the Bishop, North African Women, and the Development of a Theology of Female Nature", In *Feminist Interpretations of Augustine*, edited by Judith Chelius Stark, 203-14, University Park, PA: Penn State University Press, 2007.

Matthews, Gareth B., "Post-Medieval Agustinianism", In *The Cambridge Companion to Augustine*, edited by Eleonore Stump and Norman Kretzmann, 267-79, Cambridge: Cambridge University Press, 2001.

McGrath, Sean J., "Alternative Confessions, Conflicting Faiths: A Review of the Influence of Augustine on Heidegger", *American Catholic Philosophical Quarterly* 82, no. 2 (2008): 317-35.

McWilliam, Joanne, "Augustine's Letters to Women", In *Feminist Interpretations of Augustine*, edited by Judith Chelius Stark, 289-02, University Park, PA: Penn State University Press, 2007.

_____ , "The Christology of the Pelagian Controversy", Chap. 3, In *Studia Patristica: Papers Presented at the Tenth International Conference on Patristic Studies in Oxford 1979*, edited by E. Livingstone, Vol. 17, 1221-44, Leuven: Peeters, 1982.

Meconi, David Vincent, and Eleonore Stump, eds., *The Cambridge Companion to Augustine*, 2nd ed. Cambridge: Cambridge University Press, 2014.

Menn, Stephen, *Descartes and Augustine*, Cambridge: Cambridge University Press, 1998.

Merdinger, Jane, *Rome and the African Church in the Time of Augustine*, New Haven: Yale University Press, 1997.

Milbank, Arabella, "Review", *Journal of the Medieval Reading Group at the University of Cambridge* 16: 7/20/2013.

Miles, Margaret, *Carnal Knowing: Female Nakedness and Religious Meaning in the Christian West*, Boston: Beacon Press, 1989.

_____, *Desire and Delight: A New Reading of Augustine's Confessions*, 2nd ed., New York: Wipf & Stock Publishers, 2006.

Milweski, D. J., "Augustine's 124 Tractates on the Gospel of John: *The Status Quaestionis* and the State of Neglect, *Augustinian Studies* 33, no. 1 (2002): 61-77.

Monfasani, John, "Humanism", In *Augustine through the Ages: An Encyclopedia*, edited by Allan Fitzgerald, OSA, 714-15, Grand Rapids, MI: Wm. B. Eerdmans Publishing, 1999.

Morreto, Giovanni, "*Schleiermacher und Augustinus*", In *Internationaler Schleiermacher Kongress*, 365-80, Berlin: W. de Gruyter, 1984, Muller, Richard A. "Reformation, Augustinianism in the", In *Augustine through the Ages, an Encyclopedia*, edited by Allan Fitzgerald, OSA, 705-7, Grand Rapids, MI: Wm. B. Eerdmans Publishing, 1999.

Murray, Michael V., ed. *Theorems on Existence and Essence*, Medieval Philosophical Texts in Translation, Translated by Michael V. Murray, Vol. 7, 1973.

O'Connell, Robert J., SJ., *The Origin of the Soul in St. Augustine's Later Works*, New York: Fordham University Press, 1987.

O'Connor, W. R., "The *utilfrui* Distinction in Augustine's Ethics", *Augustinian Studies* 14 (1984): 169-81.

O'Daly, Gerard, *Augustine's City of God: A Reader's Guide*, 2nd ed., Oxford: Oxford University Press, 2004.

O'Donnell, James J., *Augustine: Confessions (3 Vols.)*, Oxford: Oxford University Press, 1992.

_____, *Augustine: A New Biography*, New York: Harper, 2006.

O'Donovan, O., "*Usus* and *Fruitio* in Augustine, *De Doctrina Christiana I*", *Theological Studies* 33, no. 2 (1982): 361-97.

O'Meara, John, *The Young Augustine: The Growth of St. Augustine's Mind Up to His Conversion*, 3rd ed., New York: Alba House, 2001.

Ortega, Mariano Martin, "The Augustinian Charism and Vatican II", In *Augustinian Spirituality and the Charism of the Augustinians*, edited by John E. Rotelle, OSA, 140-53, Villanova, PA: Augustinian Press, 1995.

Otten, Willemien, "Between Praise and Appraisal: Medieval Guidelines for the Assessment of Augustine's Intellectual Legacy", *Augustinian Studies* 43, no. 1/2 (2012): 201-18.

_____, "Views on Women in Early Christianity: Incarnational Hermeneutics on Tertullian and Augustine", In *Hermeneutics, Scriptural Politics, and Human Rights: Between Text and Context*, edited by Bas de Gaay Fortman, Kurt Martens, and M. A. Mohammed Salih, New York: Palgrave Macmillan, 2009.

Otten, Willemien, and Karla Pollmann, eds., *Oxford Guide to the Historical Reception of Augustine*, New York: Oxford University Press, 2013.

Paffenroth, Kim, and Kevin L. Hughes, eds., *Augustine and Liberal Education*, Augustine in Conversation: Tradition and Innovation, Lanham, MD: Lexington Books, 2008.

Paffenroth, Kim, and Robert Kennedy, eds., *A Reader's Companion to Augustine's Confessions*, Louisville, KY: Westminster John Knox Press, 2003.

Pagels, Elaine, *Adam, Eve, and the Serpent*, New York: Random House, 1988.

Peckhold, C. C., "Theo-Semiotics and Augustine's Hermeneutical Jew: Or, What's a Little Supersessionism among Friends?" *Augustinian Studies* 37, no. 1 (2006): 27-42.

Pelagius, *Pelagius's Commentary on St. Paul's Epistle to the Romans*, Oxford Early Christian Studies, Translated by Theodore de Bruyn, 2nd ed., Oxford: Clarendon Press, 2002.

Pelikan, Jaroslav, "*Canonica Regula*: The Trinitarian Hermeneutics of Augustine", In *Collectanea Augustiniana: Augustine, "Second Founder of the Faith"*, edited by Joseph Schnaubelt, OSA, and Frederick Van Fleteren, 329-43, New York: Peter Lang, 1990.

_____, *The Mystery of Continuity: Time and History, Memory and Eternity, in the Thought of St. Augustine*, Charlottesville, VA: University of Virginia Press, 1986.

Possidius, *The Life of Saint Augustine*, The Augustine Series, Translated by Michele Cardinal Pellegrino, edited by John E. Rotelle, OSA., Villanova, PA: Augustinian Press, 1988.

Power, Kim, *Augustine Writings on Women*, London: Darton, Longman and Todd, 1995.

Quillen, Carol Everhart, "Plundering the Egyptians: Petrarch and Augustine's *De Doctrina Christiana*", In *Reading and Wisdom: The 'De Doctrina Christiana' of Augustine in the Middle Ages*, edited by Edward D. English, 153-71, South Bend, IN: University of Notre Dame Press, 1995.

_____, "Renaissance to the Enlightenment", In *Augustine through the Ages: An Encyclopedia*, edited by Allan Fitzgerald, OSA., Grand Rapids, MI: Wm. B. Eerdmans Publishing, 1999.

_____, *Rereading the Renaissance: Petrarch, Augustine, and the Language of Humanism*, Recentiores: Later Latin Texts and Context, Ann Arbor, MI: University of Michigan Press, 1998.

Quinn, John, OSA., *A Companion to the Confessions of St. Augustine*, New York: Peter Lang, 2002.

Quy, Joseph, OSA, and Joseph Lam C. *Theologishe Verwandtschaft: Augustinus Von Hippo Und Joseph Ratzinger/Papst Benedikt XVI*, Wuerzburg: Echter, 2009.

Rahner, Karl, *Foundations of Christian Faith*, New York: Seabury Press, 1978.

Ramsey, Boniface, ed., *The City of God, The Works of Saint Augustine: A Translation for the 21st Century*, Translated by William Babcock, Vol. II/6, Hyde Park: New City Press, 2013.

Ratzinger, Joseph, *The Fathers*, Huntington, IN: Our Sunday Visitor, 2008.

_____, *Popolo e Casa Di Dio in Sant'Agonstino*, Milano: Jaca Book SpA, 1978/2005.

_____, *Volk und Haus Gottes in Augustins Lehre Von Der Kirche*, Munchen: Karl Zink Verlag, 1954.

Rees, Brinley Roderick, *Pelagius: Life and Letters*, Rochester, NY: Boydell, 2004.

Reuther, Rosemary Radford, "*Imago Dei*: Christian Tradition and Femi- nist Hermeneutics", In *The Image of God: Gender Models in Judaeo-Christian Tradition*, edited by Kari Elizabeth Borresen, 267-91, Minneapolis: Augsburg Fortress Publishers, 1995.

_____, *Sexism and God Talk: Toward a Feminist Theology*, Boston: Beacon Press, 1983.

Ricoeur, Paul, *Time and Narrative*, Translated by Kathleen Blamey, Kathleen McLaughlin, and David Pelauer, Vol. 1-3, Chicago: University of Chicago Press, 1984/1988/1990.

Rist, John, *Augustine: Ancient Thought Baptized*, Cambridge: Cambridge

University Press, 1996.
Rubenstein, Richard, *Aristotle's Children: How Christians, Muslims, and Jews Rediscovered Ancient Wisdom and Illuminated the Middle Ages*, New York: Houghton-Mifin-Harcourt, 2003.
Ruegg, Walter, and Hilde De Ridder-Symoens, eds., *A History of the University in Europe: Universities in the Middle Ages*, 2nd ed., Vol. 1, Cambridge: Cambridge University Press, 2003.
Rush, Ormond, *Still Interpreting Vatican II: Some Hermeneutical Principles*, Mahwah, NJ: Paulist Press, 2004.
Ruy Chais, Jules, "Maurice Blondell et saint Augustin", *Revue des études augustiniennes* 11 (1966): 55-84.
Saak, E. L., "Scholasticism, Late", In *Augustine through the Ages: An Encyclopedia*, edited by Allan Fitzgerald, OSA, 754-59, Grand Rapids, MI: Wm. B. Eerdmans Publishing, 1999.
Scanlon, Michael, OSA., "The Augustinian Tradition: A Retrieval", *Augustinian Studies* 20 (1989): 61-92.
_____, "Karl Rahner: A Neo-Augustinian Thomist", *The Thomist* 43 (1979): 178-85.
_____, "Theology, Modern", In *Augustine through the Ages, an Encyclopedia*, edited by Allan Fitzgerald, OSA, 825-26, Grand Rapids, MI: Wm. B. Eerdmans Publishing, 1999.
Schiller, Isabella, Dorothea Weber, and Clemens Weidmann, *Zeitshcrift Fur Klassische Philologie, Patristick und lateinische Tradition: Sermones Erfurt 1, 5, 6*, Wiener Studien, Vol. 121, Wien: Verlag der Oesterreicheschen Akademie Wissenschaften, 2008.
_____, *Zeitshcrift Fur Klassische Philologie, Patristick und lateinische Tradition: Sermones Erfurt 2, 3, 4*, Wiener Studien, Vol. 122, Wien: Verlag der Oesterreichischen Akademie der Wissenschaften, 2009.
Schnaubelt, Joseph, OSA, and Frederick Van Fleteren, eds., *Collectanea Augustiniana: Augustine, "Second Founder of the Faith"*, New York: Peter Lang, 1990.
Schoedel, W., "Augustine on Love: A Response (to the *Double Face of Love in Augustine* by Van Bavel)", Augustinian Studies 17 (1986): 183-85.
Secretariat for Justice and Peace, *Augustine, 'Father of Christian Political Activism'*, Edited by Curia Generalizia Agostiniana, Roma: Pubblicazioni

Agostiniane, 2007.

Seelbach, Larissa Carina, "Augustine on Concubinage and Women's Dignity?" *Studia Patristica* XLIII (2007): 245-49.

Selman, Francis, *Aquinas 101: A Basic Introduction to the Thought of Saint Thomas Aquinas*, South Bend, IN: Ave Maria Press, 2007.

Shaw, Brent, *Sacred Violence: African Christians and Sectarian Hatred in the Age of Augustine*, Cambridge: Cambridge University Press, 2011.

Stark, Judith Chelius, ed., *Feminist Interpretations of Augustine*, Re-Reading the Canon Series, University Park, PA: Penn State University Press, 2007.

Steinhauser, Kenneth B., *The Apocalypse Commentary of Tyconius: A History of its Reception and Influence*, European University Studies, xxiii, Vol. 310, Frankfurt: Peter Lang, 1987.

_____, "Manuscripts", In *Augustine through the Ages, an Encyclopedia*, edited by Allan Fitzgerald, OSA, 525-33, Grand Rapids, MI: Wm. B. Eerdmans Publishing, 1999.

Steinmetz, D. C., *Misericordia Dei: The Theology of Johannes Von Staupitz in its Late Medieval Setting*, Leiden: Brill, 1968.

Stock, Brian, *Augustine the Reader: Meditation, Self-Knowledge, and the Ethics of Interpretation*, Cambridge, MA: Harvard University Press, 1996.

Stone, Harold, S., "Cult of Augustine's Body", In *Augustine through the Ages: An Encyclopedia*, edited by Allan Fitzgerald, OSA, 256-59, Grand Rapids, MI: Wm. B. Eerdmans, 1999.

Stone, M. F. W., "Augustine and Medieval Philosophy", In *The Cambridge Companion to Augustine*, edited by Eleonore Stump and Norman Kretzmann, 253-66, Cambridge: Cambridge University Press, 2001.

Studer, Basil, OSB., "*Sacramentum et Exemplum chez Saint Augustin*", *Recherches augustiniennes* 10 (1975): 87-141.

Stump, Eleonore, "Augustine on Free Will", In *The Cambridge Companion to Augustine*, edited by Eleonore Stump and Norman Kretzmann, 124-27, Cambridge: Cambridge University Press, 2001.

Tack, Theodore, OSA., *As One Struggling Christian to Another: Augustine's Christian Ideal for Today*, Collegeville, MN: The Liturgical Press, 2001.

Tanner, Norman P. SJ., ed. *Decrees of the Ecumenical Councils*, Vol. I, II, Georgetown: Georgetown University Press, 1990.

Tertullian, *De Praescriptione*, Tertulliani Opera, Edited by Corpus Christianorum,

Series Latina I, Turnhout, Belgium: Brepols, 1954, TeSelle, Eugene, "Book Review: *Saint Augustin* by Serge Lancel", *Augustinian Studies* 31, no. 2 (2000).

Teske, Roland, SJ., *Augustine of Hippo: Philosopher, Exegete, and Theologian*, Milwaukee, WI: Marquette University Press, 2009.

_____ , *Paradoxes of Time in Saint Augustine*, Milwaukee: Marquette University Press, 1996.

_____ , *To Know God and the Soul: Essays on the Thought of St. Augustine*, Washington, DC: The Catholic University of America Press, 2008.

Thonnard, F. J., "*Saint Augustine et les grand courants de la philosophie contemporaine*", *Revue des études augustiniennes* 1 (1955): 68-80.

Tilley, Maureen A., ed., *Donatist Martyr Stories: The Church in Conflict in Roman North Africa*, Translated Texts for Historians, Translated by Maureen A. Tilley, Vol. 24, Liverpool: Liverpool University Press, 1997.

_____ , "Family and Financial Conflict in the Donatist Controversy: Augustine's Pastoral Problem", *Augustinian Studies* 43, no. 1/2 (2012): 49-64.

Trape, Agostino, OSA., *Agostino: Introduzione alla Dottina della Grazia I: Natura e Grazia*, Roma: Citta Nuova, 1987.

_____ , *Agostino: Introduzione alla Dottina della Grazia II: Grazia e Liberta*, Roma: Citta Nuova, 1990.

Trapp, Damasus, "*Adnotationes*", *Augustinianum* 5 (1965): 150.

Van Bavel, Tarcisius, OSA., "Augustine's Views on Women", *Augustiniana* 39 (1989): 5-53.

_____ , *Christians in the World*, New York: Catholic Book Publishing Company, 1980.

_____ , "The Double Face of Love in Augustine", *Augustinian Studies* 17 (1986): 169-81.

_____ , "*Fruitio, Delectatio*, and *Voluptas* in Augustine", *Augustinus* 38 (1993): 499-510.

_____ , *The Longing of the Heart: Augustine's Doctrine on Prayer*, Leuven: Peters, 2009.

Van der Meer, Frederic, *Augustine the Bishop*, London: Sheed and Ward, 1961.

Van Fleteren, Frederick, "Book Review: *Augustine: A New Biography* by James J. O'Donnell", *Augustinian Studies* 36, no. 2 (2005): 447-52.

_____, "In Memory of John J. O'Meara, 1915-2003", *Augustinian Studies* 35, no. 1 (2004): 2-42.

_____, *Martin Heidegger's Interpretations of Augustine: Sein und Zeit und Ewigkeit*, Lewiston, ME: The Edwin Mellen Press, 2005.

Van Oort, J., Otto Wermelinger, and Gregor Wurst, eds., *Augustine and Manichaeism in the Latin West: Proceedings of the Fribourg-Utrecht International Symposium of the International Association for Mission Studies, Nag Hammadi, and Manichaean Studies*, Leiden: Brill, 2001.

Verheijen, Luc, "Le premier livre du De Doctrina Christiana d'Augustin: un traite de Telicologie Biblique", In *Augustiniana Traiectina*, edited by J. den Boeft and J. van Oort, 169-87, Paris: Études augustiniennes, 1987.

_____, *Saint Augustine: Monk, Priest, Bishop*, Villanova, PA: Augustinian Historical Institute: Villanova University Press, 1978.

Vessey, Mark, ed., *A Companion to Augustine*, Blackwell Companions to the Ancient World, Oxford: Blackwell Publishing, 2012.

_____, "Response to Catherine Conybeare: Women of Letters", In *Voices in Dialogue: Reading Women in the Middle Ages*, edited by Linda Olsen and Kathryn Kerby-Fulton, 73-96, South Bend, IN: University of Notre Dame Press, 2005.

Vessey, Mark, Karla Pollmann, and Allan Fitzgerald, OSA., eds., *History, Apocalypse, and the Secular Imagination: New Essays on Augustine's City of God*, Bowling Green, OH: Bowling Green State University, Philosophy Documentation Center, 1999.

Weaver, Rebecca Harden, *Divine Grace and Human Agency: A Study of the Semi-Pelagian Controversy*, Washington DC: The Catholic University of America Press, 1996.

Wetzel, James, *Augustine and the Limits of Virtue*, Cambridge: Cambridge University Press, 1992.

_____, *Augustine's City of God: A Critical Guide, Cambridge Critical Guides*, Cambridge: Cambridge University Press, 2012.

_____, "The Force of Memory: Reflections on the Interrupted Self", *Augustinian Studies* 38, no. 1 (2007): 147-59.

_____, "Predestination, Pelagianism and Foreknowledge", In *The Cambridge Companion to Augustine*, edited by Eleonore Stump and Norman Kretzmann, Cambridge: Cambridge University Press, 2001.

_____ , "Snares of Truth: Augustine on Free Will and Predestination", In *Essays in Honour of Gerald Bonner*, edited by Robert Dodaro, OSA, and George Lawless, OSA, 124-41, London: Routledge, 2000.

_____ , "Will and Interiority: Reflections on the Interrupted Self", *Augustinian Studies* 33, no. 2 (2002): 139-60.

Wiles, James W., *A Scripture Index to the Works of St. Augustine in English Translation*, Lanham, MD: University Press of America, 1995.

Wilks, Michael, *The Problem of Sovereignty in the Later Middle Ages*, Cambridge Studies in Medieval Life and Thought, Vol. 9, Cambridge: Cambridge University Press, 1964.

Williams, Rowan, *Arius*, 3rd ed., Grand Rapids, MI/Cambridge: Wm. B. Eerdmans Publishing, 2002.

_____ , "Good for Nothing?", *Augustinian Studies* 25 (1994): 9-24.

_____ , "Insubstantial Evil", In *Augustine and His Critics*, edited by Robert Dodaro, OSA, and George Lawless, OSA, 105-23, 2000.

_____ , "Language, Reality and Desire in Augustine's De Doctrina", *Literature and Theology* 3, no. 2 (1989): 138-50.

Wills, Gary, *Saint Augustine: A Life*, New York: Penguin Books, 2005.

Wittgenstein, Ludwig, *Philosophical Investigations*, Translated by G. E. M. Anscombe, P. M. S. Hacker, and Joachim Schulte, edited by P. M. S. Hacker, Joachim Schulte, 4th ed., Oxford: Wiley-Blackwell, 2009.

Young, Frances, "The Confessions of St. Augustine: What is the Genre of this Work?", *Augustinian Studies* 30, no. 1 (1999): 1-16.

Zumkeller, Adolar, OSA., *"Die Augustinerschule des Mittelalters: Vertreter und Philosophisch-Theologische Lehre"*, *Analecta Augustiniana* 27 (1964): 167-262.

_____ , Augustine's Rule: *A Commentary*, Villanova, PA: Augustinian Press 1987.

_____ , *Theology and History of the Augustinian Order in the Middle Ages*, The Augustine Series, edited by John E. Rotelle, OSA., Villanova, PA: Augustinian Press, 1996.